Herbert Schnädelbach

Was Philosophen wissen

Herbert Schnädelbach

Was Philosophen wissen

und was man von ihnen lernen kann

C.H.Beck

Satz: Aldus und ITC Offizina Serif im Verlag
Druck und Bindung: Pustet, Regensburg
Gedruckt auf säurefreiem, altersbeständigem Papier
(hergestellt aus chlorfrei gebleichtem Zellstoff)
Printed in Germany
978 3 406 63360 7
www.beck.de

Inhalt

Felix Paul,
meinem Enkel

Einleitung

Philosophie ist eine Kultur der Nachdenklichkeit; wir philosophieren, wenn wir über unsere Gedanken, Meinungen, Überzeugungen und Handlungen nachdenken, ihnen hinterherdenken und dabei grundsätzlich werden. Anlass dafür sind in der Regel plötzlich auftretende Unsicherheiten und Zweifel, ob es bei dem allen seine Richtigkeit hat und wie es zueinander passt. Theodor W. Adorno meinte einmal, als Kinder philosophierten wir alle, aber das würde uns später ausgetrieben. In der Tat passt das Innehalten und Sichbesinnen nicht zum Alltagsbetrieb und gilt vielen als pure Zeitverschwendung. Gleichwohl hat das philosophische Interesse in den letzten Jahrzehnten beständig zugenommen, was man an der Nachfrage nach Philosophieunterricht an Schulen, Universitäten und in der Erwachsenenbildung sowie an der Fülle philosophischer Einführungen auf dem Buchmarkt ablesen kann. Dabei scheint es nicht primär um Bildung oder Fachausbildung zu gehen, sondern um ein wachsendes Bedürfnis nach gedanklicher Orientierung im Bereich der Grundsätze unseres Denkens, Erkennens und Handelns. So lauten die einschlägigen Fragen: ‹Gibt es Wahrheit oder ist alles bloße Meinungssache?›, ‹Was ist Moral und warum sollte man moralisch sein?›, ‹Was ist Glück und wie kann man glücklich werden?›, ‹Wo verlaufen die Grenzen der Toleranz?›, um nur wenige Beispiele zu nennen. Ohne alle Menschen zu Philosophen machen zu wollen, kann man behaupten, dass alle nachdenklichen unter ihnen an solchen Fragen letztlich nicht vorbeikommen, wenn sie nur weit genug weiterdenken.[1]

Dieses philosophische Interesse sollte aber nicht mit einem Interesse an der Philosophie als einem etablierten wissenschaftlichen Fach verwechselt werden. Sie präsentiert sich meist so, dass die Öffentlichkeit und auch die anderen Fachdisziplinen gar nicht auf die Idee kommen, die Philosophen hätten überhaupt etwas zu unseren Grundsatzproblemen zu sagen. Ein drastisches Beispiel dafür ist die Debatte über die Willensfreiheit, die uns bestimmte Neurophysiologen aufgedrängt haben, wobei sie bei der Interpretation ihrer Forschungsergebnisse souverän ignorierten, was in der philosophischen Fachliteratur über Wille, Handlung oder Freiheit zu lesen gewesen wäre; sie blieben einfach bei ihren Common-Sense-Meinungen und erregten damit erhebliches Aufsehen. Von philosophischer Seite war dies nicht ganz unverschuldet, denn wenn man gemäß der Reduktion dieses Faches auf eine «Geisteswissenschaft» im historisch-hermeneutischen Sinn, die im 19. Jahrhundert einsetzte,[2] auf die Frage nach der Freiheit nur mehr mit Auskünften darüber aufwarten kann, was Kant, Hegel oder Schopenhauer dazu gesagt haben, muss man sich nicht wundern, wenn die Nachfragen ausbleiben.

Zugleich haben wir seit dem letzten Jahrhundert eine starke Verwissenschaftlichung unseres Faches erlebt. Bis in die Jahrhundertmitte wurde sie repräsentiert durch Großordinarien und Meisterdenker wie Martin Heidegger, Max Horkheimer, Theodor W. Adorno, Nicolai Hartmann, Paul Lorenzen oder Karl R. Popper, die in ihrer Person immer eine «ganze» Philosophie verkörperten und dann auch «Schulen» ausbildeten. Aber diese zerfielen schließlich, und zwar vor allem durch den Wandel in der Wissenschaftsförderung, die nicht mehr auf personenorientierte, sondern auf themenorientierte Projekte setzte; dies nötigte vor allem die jüngere Generation zu schulübergreifender Kooperation. So bildeten sich immer neue Zirkel, die nur durch immer weitergehende Spezialisierung davon zu überzeugen vermochten, dass auch sie die heißbegehrten Forschungsmittel wirklich verdienten; zugleich entstanden immer neue philosophische Spezialgesellschaften und Fachzeitschriften. Verstärkt wurde dieser Trend auch durch die ständig steigenden Anforderungen an die Qualifikation des wissenschaftlichen Personals; angesichts der riesigen Konkurrenz muss man in einem bestimmten Teilgebiet der Philosophie exzellent ausgewiesen und möglichst noch international vernetzt sein, um eine Chance als Professor zu erhalten; für Universaldilettanten, als die viele ältere Kollegen heute von den jüngeren angesehen werden, ist da kein Platz mehr.

Ein Nebeneffekt dieser Entwicklung ist, dass die großen Kontroversen wie der sogenannte Positivismusstreit oder die Kriege gegen alles, was als marxistisch angesehen werden konnte, von der philosophischen Bühne verschwunden sind und nur noch in der nostalgischen Erinnerung der inzwischen Altgewordenen weiterleben. Heute existieren die verschiedenen philosophischen Biotope schiedlich-friedlich nebeneinander; man bestellt jeweils den eigenen Garten und stößt sich nicht daran, dass von da nichts nach außen dringt. Wenn etwas dran ist an der These von der «Amerikanisierung» der Philosophie, dann ist es die Beobachtung, dass sich die Philosophie in Europa – durch fortgesetzte Verwissenschaftlichung – zu dem Orchideenfach zurückbildet, das sie in den USA immer schon war. In der Alten Welt war die Philosophie gerade auch der großen Denker immer auch eine Stimme im gesamtkulturellen Diskurs gewesen; diese exoterische Rolle hat unser Fach weitgehend eingebüßt, denn es hat sich fast völlig in die Esoterik einer professionalisierten Fachdisziplin hineindrängen lassen, aus der wichtige Beiträge zu den großen Orientierungsproblemen der nachdenklichen Menschen nicht länger zu erwarten sind. Zudem ist die philosophische Exoterik längst ausgewandert in das Metier popularisierender Bestsellerautoren und Großliteraten, die in der Öffentlichkeit für die eigentlichen Philosophen gehalten werden.

Dabei handelt es sich allerdings nicht um ein einseitiges Verschulden «der» Philosophie, sondern um ein Dilemma. Dass das öffentliche philosophische Interesse und das Interesse an der Philosophie als Fachwissenschaft so weit auseinandergetreten sind, ist darauf zurückzuführen, dass wir in einer wissenschaftlich-technischen Welt leben, in der nur das Gehör findet, was solchen Standards auch genügt. Je stärker die Philosophie bemüht ist, dem zu entsprechen, umso mehr scheint sie dieses öffentliche Gehör gerade zu verlieren – aus Gründen der Verständlichkeit; die Übersetzung können höchstens kundige Wissenschaftsjournalisten übernehmen, die aber im philosophischen Bereich selten sind. Dieser Zwickmühle kann man freilich dadurch entgehen, dass man den Wissenschaftlichkeitsanspruch an die Philosophie ermäßigt oder ganz aufgibt, mit dem Ergebnis, dass die Grenzen zur Literatur verschwinden. Dann sind die großen Vorbilder Friedrich Nietzsche (1844–1900) und vor allem Martin Heidegger (1889–1976), der mit dem Verdikt «Die Wissenschaft denkt nicht» die Philosophie gegen die Wissenschaften auszuspielen versuchte, was in der Konsequenz bedeutet, dass sie aus dem Diskurs der Wissenschaftler ausscheidet. Vor allem französische Autoren sind dem gefolgt und haben auch im deutschen Sprachraum Nachahmer gefunden. Andererseits wurde gerade in Frankreich, aber auch in Italien die Universitätsphilosophie so sehr verwissenschaftlicht (im Sinne ihrer Reduktion auf die historisch-hermeneutischen «Geisteswissenschaften»), dass sie in ihren Ländern als nennenswerte kulturelle Kraft ausfällt.

Zu dieser Neutralisierung der Philosophie durch Verwissenschaftlichung hat vor allem die Legende beigetragen, dass Philosophie nach Hegel in Wahrheit nicht mehr möglich sei; sie wurde zunächst von der marxistisch geprägten Intelligenz verbreitet. Noch in den 1960er- und 1970er-Jahren musste man sich unter Intellektuellen rechtfertigen, wenn man sich für Philosophie interessierte, denn die schien doch durch die marxistische Gesellschaftstheorie endgültig abgelöst worden zu sein. Die Überzeugung, dass der rationale Kern all unserer Probleme letztlich in unseren sozialen Verhältnissen aufzusuchen sei, war außerordentlich verbreitet, und sie stellte die Philosophie generell unter Ideologieverdacht, wobei mit

‹Ideologie› nicht nur irgendein Irrtum gemeint war, sondern gesellschaftlich notwendig falsches Bewusstsein. Für Marx und Engels galt Hegels Idealismus als «die» Philosophie überhaupt, somit als Gipfelpunkt, aber auch als Abschluss der Philosophiegeschichte, denn endlich sei doch klar geworden, dass nicht das Bewusstsein das Sein bestimmt, wie die Idealisten meinten, sondern dass umgekehrt das gesellschaftliche Sein im Sinn des materiellen Lebensprozesses der Menschen ihr Bewusstsein prägt. Von dem Grad, in dem diese Lehre damals unter Gebildeten für selbstverständlich gehalten wurde, kann man heute kaum mehr eine Vorstellung vermitteln, und dadurch, dass man insgeheim immer noch Hegels System als die einzig ernstzunehmende Form von Philosophie anerkannte, aber zugleich von seinem ideologischen Charakter überzeugt war, schien das Ende der Philosophie eine ausgemachte Sache zu sein. Was nach Marx noch als Philosophie weiterexistierte, konnte demzufolge ebenfalls nur bürgerliche Ideologie sein, deren Stunde längst geschlagen habe.

Auch viele nichtmarxistische Philosophen stimmten dieser These zu, weil sie ebenfalls am Maßstab hegelscher Systemansprüche festhielten, gleichzeitig aber von deren Unerfüllbarkeit überzeugt waren und daher vom Verfall, dem Scheitern oder dem Zusammenbruch von Philosophie überhaupt sprachen. «Große» Philosophie ist nicht mehr möglich, lautete die Devise, und sofern man sich nicht ohnehin in Philosophiegeschichte und Textphilologie zurückgezogen hatte, sondern dennoch mit dem Selbstdenken fortfahren wollte, flüchtete man sich ins Fragmentarische, Essayistische bis hin zur Selbstironie. Wenn als die spezifische Kompetenz der Philosophen die «Inkompetenzkompensationskompetenz»[3] gilt, dann spürt man im Hintergrund die Resignation gegenüber den herkömmlichen grandiosen Ansprüchen an das Philosophieren und gleichzeitig die Trauer darüber, dass man ihnen «nach Hegel» nicht mehr gerecht werden könne. Damals war es üblich, dass die Philosophen mit ihrer Uneinigkeit kokettierten und sogar vom prinzipiell kontroversen Charakter von Philosophie die Rede war.[4]

Natürlich hatte es seit der Mitte des 19. Jahrhunderts, als die Philosophie insgesamt meist als überholt galt, nicht an Versuchen gemangelt, sie als Wissenschaft zu rehabilitieren,[5] aber die Resultate waren so unterschiedlich, dass schließlich der Eindruck entstand, dies habe den Dissens unter den Fachvertretern nur noch vergrößert. Da immer noch die Vorstellung verbreitet war, ein ordentlicher Professor müsse über ein System verfügen, das er selbst zureichend begründet habe, konnte man den Eindruck gewinnen, hierzulande gebe es so viele Philosophien wie Ordinariate.

Die deutschsprachige Rezeption der angelsächsischen Analytischen Philosophie, die seit den 1960er-Jahren zunächst in kleinen Zirkeln einsetzte, vermochte dann vor allem den jüngeren Fachvertretern bald ein neues disziplinäres Selbstbewusstsein zu verschaffen. Dazu trug wesentlich bei, dass es in diesem Bereich nicht auf personenbezogene Systembildung ankam, sondern auf strikte Problemorientierung, die die Diskussionsteilnehmer in einen gemeinsamen Lernprozess einband; dieser Stil blieb vorherrschend in der gesamten Analytischen Philosophie-Tradition und begründete ihre nachhaltige Attraktivität angesichts der immer noch dominierenden Ordinarienherrschaft. Neben der logischen und semantischen Sprachanalyse ist hier besonders die vom Wiener Kreis (Moritz Schlick, Rudolf Carnap, Otto Neurath, C.G. Hempel u.a.) begründete Analytische Wissenschaftstheorie zu nennen, deren Vertreter vor dem Nationalsozialismus fliehen mussten und vor allem in die USA emigrierten; von da kehrte sie, inzwischen mächtig verstärkt, nach 1945 auf den Kontinent zurück. Da sie ja als Theorie der Wissenschaften selbst schlechterdings nicht unwissenschaftlich sein konnte, war sie besonders geeignet, den jüngeren Philosophen den wissenschaftlichen Rücken zu stärken, und dementsprechend laut war die Nachfrage nach Wissenschaftstheorie. Hinzu kam, dass gerade in der angelsächsischen Welt die spezifisch deutsche Skepsis gegenüber den Wissenschaftsansprüchen von Philosophie überhaupt gar nicht existiert hatte; Hegel und der Marxismus waren dort lange Zeit Terra incognita, sodass die einschüchternden Vergleiche mit der «ganz großen» Philosophie einfach entfielen.

Gleichwohl sind bei uns Bedenken, ob die Philosophie trotz ihres beträchtlichen kulturellen Prestiges wirklich wissenschaftlich sein könne, nicht verstummt. Man kann ihnen freilich entgegenhalten, dass ein einheitliches und universelles Kriterium der Wissenschaftlichkeit nicht existiert, sondern nur eine Mehrzahl von methodologischen Anforderungen, die in den verschiedenen Wissenschaften, und eben dann auch in der Philosophie, in unterschiedlicher Weise erfüllt werden.[6] Aber über die Methoden hinaus möchte man doch gern wissen, ob die Philosophen, die sie befolgen, auch wirklich etwas wissen: Gelangen sie damit zu Ergebnissen, die den in den unumstrittenen Wissenschaften gültigen Standards genügen? Vielen erscheint die philosophische Tätigkeit vor allem als ein beständiges Problematisieren und Hinterfragen, das zu keinem natürlichen Ende kommt und zu einem unaufhörlichen Weiterdenken nötigt. Die Auskunft, der Sinn des Philosophiestudiums sei es zu begreifen, dass alles noch viel schwieriger sei, als man ursprünglich gedacht habe, und genau dann habe man doch auch etwas gelernt, ist sicher nicht ganz falsch, aber wenig geeignet als Motivation, sich wissenschaftlich mit philosophischen Fragen zu beschäftigen. Dann werden Autoren interessant, die von vornherein auf eindeutige Wissensansprüche verzichtet haben. Karl Jaspers verstand das Philosophieren als die Praxis der «Existenzerhellung» jenseits der Wissenschaften, und Martin Heidegger betrachtete die Frage als den besten Teil der Philosophie, weil nur sie geeignet sei, den Horizont des Seinsdenkens zu eröffnen, das im Gegenzug zu aller wissenschaftlichen Objektivierung dem Sein selbst gehört, indem es auf das Sein hört.[7]

Dieses Buch versucht anhand von Beispielen, die aus Kompetenzgründen primär aus der Theoretischen Philosophie ausgewählt wurden, zu zeigen, dass der Ausdruck ‹philosophisches Wissen› kein leeres Wort ist. In der Tat besteht die wissenschaftliche Philosophie aus sehr verschiedenen Teildisziplinen und im systematischen Bereich aus mehreren heterogenen Ansätzen und Programmen, zwischen denen eine fruchtbare Diskussion fast ausgeschlossen zu sein scheint. Verglichen freilich mit anderen Fächern steht die Philosophie hier gar nicht so schlecht da; man denke nur an die Psychologie, in der die meisten Fachvertreter sich nicht einmal darüber einig sind, was eigentlich ihr Gegenstand sei. Auch in der Mathematik tobte lange ein Glaubenskrieg zwischen Formalisten und Intuitionisten bei der Interpretation dessen, was Zahlen sind. Im Folgenden soll deutlich werden, dass die Philosophie über einen wenig umstrittenen Kernbestand philosophischen Wissens verfügt: Dies könnte dazu beitragen, das disziplinäre Selbstverständnis unseres Faches weiter zu klären, und dies vor allem im Hinblick auf die philosophische Lehre. In diesem Bereich, vor allem in den geltenden Studienordnungen, ist übrigens der Konsens darüber, was an elementarem Wissen in ein Grundstudium gehört, bemerkenswert ausgeprägt, und diese Tatsache mag man als Ermutigung nehmen, davon auszugehen, dass die Philosophen wirklich etwas wissen.

Wie in allen anderen Wissenschaften kann ein solcher Nachweis nicht bedeuten, dass es sich bei philosophischem Wissen um unumstößliche und jeden Zweifel a priori ausschließende Einsichten handelt; unser Wissen ist fehlbar, und dies kann sowohl an fehlender Begründbarkeit als auch am Scheitern unseres Wahrheitsanspruchs liegen. Dass wir etwas faktisch nicht begründen können, ist noch kein zureichender Grund, es für falsch zu halten; irgendjemand könnte ja die notwendigen Argumente nachliefern. Wenn man aber zeigen kann, dass etwas wirklich falsch ist, und zwar nicht nur aus logischen Konsistenzgründen, sondern weil es anderem, bisher mit Gründen nicht bestrittenem Wissen widerspricht, ist dies auch Wissen; es ist dann im Raum ‹wahr oder falsch› situiert, und so entspricht dem Nachweis des Falschseins eine negative Tatsache der Form ‹Es ist nicht der Fall, dass p›, und die wird dann gewusst.

Der disziplinäre Wissensbestand, der in diesem Buch exemplarisch präsentiert werden soll, hat sich in der neueren Philosophiegeschichte im ständigen kritischen Dialog mit dem Tradierten herausgebildet. Ein solches Fundament einer jeden fruchtbaren Debattenkultur existiert auch in der Philosophie und macht sie, sofern die Philosophen nicht in den Bereich letztlich privater Weltanschauungen oder der Literatur auswandern, zu einer wissenschaftlichen Disziplin. Wie später im Einzelnen gezeigt werden soll, wird in der modernen erkenntnistheoretischen Diskussion niemand ernst genommen, der immer noch mit den Modellen ‹Subjekt–Objekt› oder ‹Bewusstsein–Gegenstand› operiert, in der Semantik Bedeutung und Gegenstand miteinander gleichsetzt, in metaphysischen Fragen das Sein für eine Eigenschaft von Gegenständen hält oder in der praktischen Philosophie Werte und Normen nicht auseinanderhalten kann. Entscheidend ist dabei das angemessene Verständnis des Wissensbegriffs. Die Skepsis gegenüber philosophischen Wissensansprüchen entstammt einem fundamentalistischen Vorurteil, nämlich der Meinung, nur was vollständig und zweifelsfrei begründet sei, dürfe man als Wissen ansehen, und solange dies nicht der Fall sei und nicht alle in allem übereinstimmten, könne auch in der Philosophie nicht von Wissen die Rede sein.[8] Das cartesianische Systemideal, das das philosophische Selbstverständnis bis weit ins 20. Jahrhundert dominierte, erweist sich im Rückblick als der Ursprung völlig überzogener Wissensansprüche, die geeignet sind, die Philosophierenden in die Resignation zu treiben. In den einzelnen Wissenschaften kommt so etwas gar nicht vor; dort ist akzeptiert, dass unser Wissen fehlbar ist, dass damit zu rechnen ist, dass wir uns geirrt haben könnten, und dass Irrtümer einzusehen auch einen Wissensfortschritt beinhaltet.

1 Philosophie und Wissenschaft – eine kurze Problemgeschichte

Es geht nicht darum aufzuzählen, was Philosophen alles wissen, sondern um die Frage, ob sie überhaupt etwas wissen, denn das wurde immer wieder bestritten. Kant oder Hegel wäre dies als ganz unsinnig erschienen, denn ihnen zufolge definierte die Philosophie, was Wissen ist und was nicht, und darin folgten sie der gesamten abendländischen Tradition seit den Vorsokratikern. Diese Sicht fasst Hegel zusammen in dem Satz: «Worauf ich überhaupt in meinen philosophischen Bemühungen hingearbeitet habe und hinarbeite, ist die wissenschaftliche Erkenntnis der Wahrheit» (H 8, 14); und diese Bemühungen bedeuten: «Daran mitzuarbeiten, daß die Philosophie der Form der Wissenschaft näherkomme, – dem Ziele, ihren Namen der *Liebe* zum *Wissen* ablegen zu können und wirkliches *Wissen* zu sein –, ist es, was ich mir vorgesetzt.» (H 3, 14) Wirkliches Wissen ist somit nur als Philosophie möglich, die wissenschaftlich ist, und Hegel stimmt mit der neuzeitlichen Philosophie seit Descartes darin überein, dass die Grundbedingung dafür die «Form der Wissenschaft», also die Systemform im Sinne eines möglichst vollständigen Begründungs- und Beweiszusammenhangs ist. In der *Phänomenologie des Geistes* heißt es: «Das Bekannte überhaupt ist, darum daß es *bekannt* ist, nicht erkannt» (H 3, 35), und unter einem Porträt Hegels steht das Motto: «Unsere Kenntnis soll Erkenntnis werden». Möglich ist dies ihm zufolge nicht durch die bloße Sammlung und äußere Ordnung unserer Kenntnisse, sondern nur durch deren Transfer in den Systemkontext; hier entscheidet sich, ob das, was wir zu wissen glauben, «wirkliches Wissen» ist oder nicht.

Das cartesianische Erbe des Systemideals der Wissenschaft, dem auch Hegel noch folgte und das er endlich verwirklicht zu haben beanspruchte, war aber schon im 18. Jahrhundert nicht mehr unumstritten. Die Unterscheidung zwischen dem «*esprit de système*» und dem «*esprit systématique*» und ihre Entgegensetzung durch d'Alembert[9] markiert sehr genau die Gegenposition. Die englische und französische Aufklärungsphilosophie war wesentlich durch den Empirismus bestimmt, das heißt durch die Überzeugung, dass ausschließlich unsere sinnliche Erfahrung die Grundlage und den Inhalt des Wissens bereitstellt. Dies richtete sich gegen den Rationalismus der Cartesianer, die in den erfahrungsunabhängigen, «eingeborenen» Vorstellungen der Vernunft das Fundament aufzufinden meinten, auf dem man ein System des Wissens nach dem Vorbild der euklidischen Geometrie aufbauen könne. Dass dies auf empirischer Basis nicht gelingen könne, darüber waren sich Rationalismus und Empirismus einig. Dagegen sahen die Vertreter des Empirismus jedoch nicht ein, warum man Kenntnisse, die man aus der Beobachtung von Phänomenen gewinnen kann, nicht auch ‹Wissen› nennen dürfe; schließlich stamme doch unsere gesamte Kenntnis der Welt und von uns selbst daher.

Nicht alles freilich, was wir aus Erfahrung kennen, kann schon als wissenschaftliches Wissen gelten; diese Auffassung vertraten auch die Empiristen, und sie folgten darin der wichtigen Unterscheidung zwischen der «*experientia vaga*» und der «*experientia ordinata*» durch den Vater des Empirismus, Francis Bacon:[10] Ihr zufolge macht nicht die unbestimmte und zufällige, sondern allein die methodisch gewonnene und dann logisch geordnete Erfahrung Wissenschaft möglich. Genau dies aber ist mit dem «*esprit systématique*» gemeint: In der Wissenschaft muss man systematisch, nach vernünftig begründbaren Methoden vorgehen, und dies gilt nicht nur für die Tatsachenfeststellungen, sondern auch für deren Systematisierung durch kontrollierte Verallgemeinerung. Dies darf freilich nicht mit dem «*esprit de système*» der rationalistischen Systemarchitekten verwechselt werden, die mit

Bausteinen der «reinen» Vernunft auskommen und auf dieser Basis ein metaphysisches Gesamtbild der Wirklichkeit entwerfen wollten.

Im 18. Jahrhundert gewinnt in der Philosophie das empiristische Wissenschaftsverständnis die Oberhand, und sie ratifiziert gewissermaßen damit das, was in den empirischen Wissenschaften längst geübte Praxis ist. Das bedeutet nicht, dass man nicht mehr an einem System des Wissens interessiert wäre, aber ein solches gilt nun als ein sekundäres Ziel. Am Anfang der Erkenntnis stehen demnach nicht mehr abstrakte Prinzipien, die man angeblich durch bloßes Denken ermitteln kann, sondern die nach wissenschaftlichen Methoden gewonnenen Beobachtungen und experimentellen Ergebnisse, deren Systematisierung in einer Theorie stets vorläufig bleiben muss, weil uns die Erfahrung immer neue Kenntnisse zu erschließen vermag. Dieses Neue ist jetzt der primäre Gegenstand des Interesses, und nicht mehr der vermeintlich sichere Besitz von Wissen in abgeschlossenen Systemen.[11] Für den Empirismus ist die Wissenschaft wesentlich Forschung, und deren Wissenschaftlichkeit wird normiert und garantiert durch Methoden, die die empirischen Forschungsergebnisse intersubjektiv überprüfbar machen. Die Wissenschaftlichkeit des Wissens beginnt somit nicht erst auf der Systemebene, wie es die Cartesianer bis zu Hegel vertreten, sondern es gilt das Umgekehrte: Nicht die Systeme bestimmen, was als wissenschaftliche Empirie gelten kann, vielmehr legt die methodisch organisierte empirische Forschung fest, was als wissenschaftliche Systematisierung des Wissens akzeptabel ist.

Dieser durchgreifende Wandel des Wissenschaftsverständnisses, der sich im späteren 18. Jahrhundert auch im deutschen Bereich durchsetzt, lässt sich wie folgt charakterisieren: «Von der propositional definierten Systemwissenschaft zur prozedural definierten Forschungswissenschaft.»[12] Bekanntlich war Kant nicht davon überzeugt, dass Wissenschaft, wie sie vor allem in der Mathematik und in der galileisch-newtonschen Physik faktisch vorliegt, auf ausschließlich empirischer Basis möglich ist und von da aus erklärt werden kann. Gleichwohl folgte auch er jenem forschungswissenschaftlichen Trend, wenn er betonte: «Das System aller philosophischen Erkenntnis ist nun *Philosophie*. Man muß sie objektiv nehmen, wenn man darunter das Urbild der Beurteilung aller Versuche zu philosophieren versteht, welche jede subjektive Philosophie zu beurteilen dienen soll, deren Gebäude oft so mannigfaltig und so veränderlich ist. Auf diese Weise ist Philosophie eine bloße Idee von einer möglichen Wissenschaft, die nirgend in concreto gegeben ist, welcher man sich aber auf allerlei Wegen zu nähern sucht.» (KK, B 866) Wilhelm von Humboldt als getreuer Kantianer forderte in seinen Denkschriften zur Gründung der Berliner Universität im Jahre 1810, «das Princip zu erhalten, die Wissenschaft als etwas noch nicht ganz Gefundenes und nie ganz Aufzufindendes zu betrachten, und unablässig danach zu suchen»,[13] und so trug Humboldt gemeinsam mit Friedrich Schleiermacher, der dieses Prinzip ebenfalls nachdrücklich vertrat, wesentlich dazu bei, dass jene Neugründung zum nationalen und internationalen Vorbild einer modernen Forschungswissenschaft wurde.[14]

Das Problem, dass die faktisch unangefochtene Geltung der mathematischen und physikalischen Erkenntnis im Rahmen der klassischen Mechanik nicht empiristisch erklärt werden kann, bewog Kant, nach einem Kompromiss zwischen Rationalismus und Empirismus zu suchen. Die Erklärungslücke zwischen dem allgemeingültigen Charakter mathematischer und mathematisch-naturwissenschaftlicher Sätze und ihrer angeblichen Basis in der Erfahrung, die ja immer nur singuläre Beobachtungen bereitstellt, hatte schon David Hume entdeckt; sie veranlasste ihn zu einer skeptischen Einschätzung dessen, was gerade die Aufklärungsphilosophie als ihren wertvollsten Besitz ansah – Logik, Mathematik und die moderne Naturwissenschaft. Kant versuchte, diese Aporie dadurch aufzulösen, dass er das wissenschaftliche Wissen als eine Synthese von Erfahrung und Denken, von Sinnlichkeit und Verstand zu rekonstruieren unternahm, wobei er darauf bestand, dass der Verstand als das Vermögen des begrifflichen Denkens seinerseits nicht empiristisch erklärt werden könne. Daraus folgt: «Ohne Sinnlichkeit würde uns kein Gegenstand gegeben, und ohne Verstand keiner gedacht werden. Gedanken ohne Inhalt sind leer, Anschauungen ohne Begriffe sind blind ... Der Verstand vermag nichts anzuschauen, und die Sinne nichts zu denken. Nur daraus, daß sie sich vereinigen, kann Erkenntnis entspringen.» (KK, B 75 f.)

Auf dieser Basis versuchte Kant, dem modernen forschungswissenschaftlichen Konzept gerecht zu werden, es aber zugleich mit dem traditionellen Systemideal vereinbar zu halten. Dies zeigt sein terminologischer Vorschlag: «Alle Philosophie ... ist entweder Erkenntnis aus reiner Vernunft, oder Vernunfterkenntnis aus empirischen Prinzipien. Die erstere heißt reine, die zweite empirische Philosophie.» (KK, B 867) Die «reine» Philosophie ist nichts anderes als die Metaphysik in ihrer neuzeitlichen, rationalistischen Form, die Kant in der *Kritik der reinen Vernunft* radikal demontierte, aber nicht, um sie zu vernichten, sondern um sie auf tragfähigen Fundamenten neu zu begründen und gegen die empiristische Skepsis gegenüber erfahrungsunabhängigem Wissen zu verteidigen. Mit dem Konzept der empirischen Philosophie wollte Kant den legitimen Ansprüchen der modernen Forschungspraxis auf Wissenschaftlichkeit gerecht werden, die er aber nur dann für einlösbar hielt, wenn sie ihre Ergebnisse auf «empirische Prinzipien» zurückbeziehen könnte. Dabei folgte er dem seit Aristoteles unbestrittenen Grundsatz, dass nur begründetes Wissen als wissenschaftlich gelten kann, während alles übrige bloßes Erfahrungswissen von lauter Einzelheiten darstellt. Nur durch das Einrücken solcher Daten in einen Begründungszusammenhang, der letztlich auf Prinzipien als erste Grundsätze führt, wenn er sich nicht im

Unendlichen verlieren soll, gelingt auch nach Kant der Übergang von bloßen Kenntnissen zur Erkenntnis, von dem später Hegel sprach.

Man hat immer wieder von der «Emanzipation der Einzelwissenschaften» vom philosophischen System gesprochen, die sich um 1800 abgespielt haben soll. Diese Sicht der Dinge ist aber irreführend, denn die Vorstellung, es habe jemals eine Systematik der verschiedenen wissenschaftlichen Disziplinen unter dem Primat der Philosophie existiert, aus der heraus sich jene zu «Einzelwissenschaften» hätten vereinzeln können, ist historisch unhaltbar; sie ist in Wahrheit eine Projektion von Philosophen wie Hegel, die damals und teilweise bis in unsere Tage versuchten, den verschiedenen Fächern ihren Platz in ihrem jeweiligen System anzuweisen. Tatsächlich entstanden im 18. und frühen 19. Jahrhundert nicht «Einzelwissenschaften», sondern neuartige einzelne Wissenschaften als moderne Forschungsdisziplinen, deren Vertreter nicht bereit waren, sich dem philosophischen Definitionsmonopol der Wissenschaftlichkeit zu unterwerfen. Das mussten Hegel, die Hegelianer und alle späteren Systemphilosophen erfahren: Die Wissenschaftsgeschichte ging über sie hinweg. Das Systemmodell hatte als Kriterium und Garant der Wissenschaftlichkeit ausgedient; in der Wissenschaftswirklichkeit genügte jetzt der methodologisch normierte *«esprit systématique»*. Auf diese Weise entstanden jetzt Disziplinen, die von Aristoteles bis zu Kant gar nicht als wissenschaftsfähig gegolten hatten: die moderne Chemie und Biologie, die Geografie, vor allem aber die «Geisteswissenschaften» – allen voran die Geschichtswissenschaft und die Philologien, aber auch die Ethnologie und schließlich die empirische Psychologie als «Naturwissenschaft des Geistes», die dann nicht mehr als Systemteil der Philosophie auftreten konnte.

Wenn an dieser Stelle überhaupt von Emanzipation die Rede sein kann, dann nur in dem Sinn, dass sich die modernen, «prozedural definierten» Forschungswissenschaften den normativen Ansprüchen der herkömmlichen Systemphilosophie zu entziehen begannen. Belegen lässt sich dies auch institutionsgeschichtlich: Wilhelm von Humboldts berühmte Formel von der «Einheit von Forschung und Lehre» – wobei ‹Lehre› nicht bloß die unentbehrliche Wissensvermittlung, sondern vor allem das Forschen-Lehren bedeutete – beschrieb die oberste Zielsetzung seiner Berliner Universitätsgründung.

Dies entsprach auch den Intentionen Friedrich Schleiermachers, dessen Einfluss auf die Ausgestaltung der neuen Institutionen bis heute unterschätzt wird. Der hartnäckige Konflikt zwischen ihm und Hegel fand hier seinen Grund: An einer Forschungsuniversität hatten Systemphilosophen wie Fichte, Hegel und seine Nachfolger keinen legitimen Platz, denn diese beanspruchten ja über ein fertiges und systematisch abgeschlossenes Wissen zu verfügen, das sich längst über die empirische Ebene erhoben habe. Schleiermacher verstand vor allem die Königlich-Preußische Akademie der Wissenschaften als Forschungsinstitution, und sein Einfluss reichte aus, um zuerst Fichtes, dann aber vor allem Hegels Mitgliedschaft zu verhindern. Was man später dramatisch den «Zusammenbruch des Idealismus» nannte, war ein ziemlich trivialer Vorgang. Mit seiner Behauptung, dass die empirischen Forschungsdisziplinen nur durch die philosophische Bearbeitung ihrer Kenntnisse zu wahrer Wissenschaftlichkeit gelangen könnten, fand Hegel bald kein Gehör mehr, und seine in diesem Sinn konstruierte Naturphilosophie galt von da an bis heute als abschreckendes Beispiel fehlgeleiteter Wissenschaftlichkeit. Ähnliches ist von Hegels Rechts-, Geschichts-, Kunst-, Religionsphilosophie und Philosophiegeschichte zu sagen, wo er das vorhandene fachwissenschaftliche Wissen durch Systematisierung am Leitfaden seiner Wissenschaft der Logik auf das Niveau «wirklichen Wissens» anzuheben beanspruchte. Es ist eine Ironie der Wissenschaftsgeschichte, dass Hegel mit diesen gigantischen Projekten, die von der jeweiligen Forschergemeinschaft einhellig abgelehnt wurden, gleichwohl zum Mitbegründer der modernen Sozial- und Geisteswissenschaften wurde: Man brauchte ja nur den philosophischen Überbau wegzulassen oder zu neutralisieren und konnte sich dann an der Materialfülle von Hegels Philosophie des Geistes bedienen.

Diese Geschichte muss man zumindest in Umrissen im Auge behalten,[15] wenn man erklären will, wie der Zweifel daran aufkommen konnte, dass die Philosophen überhaupt etwas wissen, denn wenn die Philosophie nicht mehr verbindlich festzustellen vermag, was wissenschaftlich ist und was nicht, muss sie sich selbst die Frage gefallen lassen, wie es um ihre eigene Wissenschaftlichkeit bestellt ist. Allgemein gilt seit dem 19. Jahrhundert das methodologisch normierte Forschungsparadigma der Wissenschaft, aber was heißt in der Philosophie schon ‹Forschung›? Was wissen denn die Philosophen im Unterschied zu den einzelnen Wissenschaften? Gibt es denn überhaupt so etwas wie «reine», erfahrungsunabhängige Philosophie, die Kant noch einmal als Metaphysik rehabilitieren wollte, wo doch längst diesem Ausdruck die allgemeine Verachtung durch die Forschergemeinschaft galt? Tatsächlich gerät die Philosophie um die Mitte des 19. Jahrhunderts in eine nachhaltige Identitätskrise, und dies obwohl ihre Existenz als Fach an den Universitäten zunächst nicht gefährdet ist. In der intellektuellen Öffentlichkeit dominiert von jetzt an die Überzeugung: Wir brauchen die Philosophie nicht mehr, denn wir haben ja die Wissenschaften, die alle unsere Fragen beantworten werden. Damit sind nicht nur die Naturwissenschaften gemeint, sondern auch die Geschichts- und die entstehenden Sozialwissenschaften, und so entwickelt sich die auch noch heute verbreitete Meinung, alle Probleme der herkömmlichen Philosophie ließen sich in forschungswissenschaftliche Fragestellungen auflösen.

Die Philosophen haben auf verschiedenen Wegen diese

Krise zu bewältigen und damit ihr universitäres Existenzrecht zu verteidigen versucht. Eine Möglichkeit sahen sie darin, sich den Zielen und Standards anderer, bereits etablierter Disziplinen unterzuordnen; und nichts lag da näher, als zu einer «Geisteswissenschaft» zu werden. Unter diesem von Wilhelm Dilthey geprägten Titel fasste man vor allem die historischen und philologischen Fächer zusammen und stellte sie den Naturwissenschaften pauschal gegenüber; diese höchst problematische Entgegensetzung ist auch heute noch im Gebrauch und bestimmt in verhängnisvoller Weise unsere Wissenschaftspolitik.[16]

Nach der Wende zur methodologischen Charakterisierung der Wissenschaftlichkeit konnte es nicht mehr darum gehen, die Wissenschaften gemäß ihrem Gegenstandsbereich zu klassifizieren, sondern am Leitfaden ihrer jeweiligen Vorgehensweise, und dafür bot sich das Begriffspaar ‹Erklären vs. Verstehen› an, wobei Johann Gustav Droysen in seinen außerordentlich wirksamen Vorlesungen *Grundriss der Historik* (1857ff.) ausdrücklich von «forschendem Verstehen» gesprochen und das Erklären den Naturwissenschaften überlassen hatte. Auf die Philosophie angewandt konnte dies nur bedeuten, dass man, wollte man dem Vorwurf schlechter Metaphysik ausweichen, für sich selbst einen Bereich für forschendes Verstehen reservieren musste, und nichts lag da näher als die Geschichte des eigenen Faches und der riesige Bestand als philosophisch geltender Texte. Dieses historisch-hermeneutische Verständnis von Philosophie, deren wissenschaftliche Basis nur mehr in der Autoren-, System- oder Begriffsgeschichte sowie in der philologischen Erschließung und Auslegung der eigenen Textüberlieferung zu suchen sei, bestimmte lange Zeit das disziplinäre Selbstverständnis unseres Faches, mit der Konsequenz, dass eigene philosophische Gedanken oder gar Theorien stets in den Verdacht gerieten, unwissenschaftlich zu sein.[17]

Der Idee, dass die Philosophie nur als «Geisteswissenschaft» wissenschaftlich sein könne, stellten die Marxisten den Grundsatz gegenüber, der rationale Kern aller vermeintlich rein philosophischen Probleme sei in der Gesellschaftstheorie aufzusuchen. Dieser Soziologisierung der Philosophie entsprach seit dem späten 19. Jahrhundert ihre Psychologisierung, und zwar mit dem besten kantianischen Gewissen: Wenn Kant gelehrt hatte, dass unser gesamtes wissenschaftliches Weltverständnis letztlich auf Bewusstseinstatsachen zurückverweist, lag es nahe, diese Tatsachen selbst forschungswissenschaftlich zu untersuchen, und damit schien die moderne Psychologie der traditionellen Philosophie den methodischen Vorrang abgelaufen zu haben. Zu nennen wäre auch der Versuch, die herkömmlichen philosophischen Fragen als anthropologische zu reformulieren, und dies führte Arnold Gehlen im Anschluss an Helmuth Plessner und Max Scheler zur Idee einer «empirischen Philosophie». Und auch nach der von Bertrand Russell und Ludwig Wittgenstein initiierten Wende der Philosophie zur Sprachanalyse konnte man den Eindruck gewinnen, hier suchten Denker, die die Philosophie nicht einfach aufgeben wollten, Zuflucht unter dem Schirm der angewandten Logik oder gar der Linguistik, also von Disziplinen, deren Wissenschaftlichkeit niemand zu bestreiten bereit war.

Neben solchen Strategien, die Wissenschaftlichkeit der Philosophie dadurch zu retten, dass man die Ziele und Methoden der modernen Forschungswissenschaften übernahm, obwohl die ja recht einhellig von der Unmöglichkeit eines rein philosophischen Wissens überzeugt waren, bot sich als Alternative die Idee an, die Philosophie als Fach in ein komplementäres Verhältnis zu den vorhandenen Wissenschaften zu setzen. Bereits Johann Gottlieb Fichte hatte die Philosophie als «Wissenschaftslehre» bestimmt, also nicht als Wissenschaft unter anderen, sondern als Wissenschaft vom Wissen und damit als Wissenschaftswissenschaft. Wenn vor allem im letzten Jahrhundert von Philosophie als Wissenschaftslehre oder Wissenschaftstheorie die Rede war, erinnerte sich sicher kaum jemand mehr an Fichte; diese Ausdrücke rückten vielmehr an die Stelle des Begriffs ‹Erkenntnistheorie› als dem Titel, unter welchem die Kantbewegung und der Neukantianismus seit der Jahrhundertmitte die in Verruf geratene Philosophie als wissenschaftliches Fach zu rehabilitieren unternommen hatten.[18] In der Philosophie als Metawissenschaft sollten nun die Probleme behandelt werden, die in den Forschungswissenschaften in der Regel oder sogar aus prinzipiellen Gründen nicht thematisiert werden, vor allem Fragen der «Bedingungen der Möglichkeit» (Kant) wissenschaftlicher Forschung, die die Wissenschaftler in ihrer Forschungspraxis immer schon als erfüllt voraussetzen. Auch die analytische Sprachphilosophie in ihrem wissenschaftsorientierten Zweig folgte zunächst diesem Modell und erwies sich im Nachhinein als Fortsetzung der Erkenntnistheorie mit anderen Mitteln.[19]

Zu erwähnen wären weitere Modelle der Philosophie als Komplementärwissenschaft, wie die Idee des südwestdeutschen Neukantianismus und ähnlicher Positionen, die Philosophie als Wissenschaft von den Werten von den üblichen Tatsachenwissenschaften zu unterscheiden. Auch Edmund Husserls Konzept einer phänomenologischen «Philosophie als strenger Wissenschaft»,[20] das beanspruchte, am Orte des Bewusstseins einen eigenen Forschungsbereich «reiner», nicht bloß psychischer Phänomene erschlossen zu haben, gehört hierher. Die radikalste Lösung des vertrackten Problems der Wissenschaftlichkeit von Philosophie bestand schließlich darin, auf solche Ansprüche ausdrücklich zu verzichten und gleichwohl an ihr als einem wichtigen, ja unentbehrlichen Projekt festzuhalten.

In Ludwig Wittgensteins *Tractatus* heißt es: «Die Gesamtheit der wahren Sätze ist die gesamte Naturwissenschaft (oder die Gesamtheit der Naturwissenschaften). (4.11) Die Philosophie ist keine der Naturwissenschaften. (Das Wort

‹Philosophie› muß etwas bedeuten, was über oder unter, aber nicht neben den Naturwissenschaften steht.) Der Zweck der Philosophie ist die logische Klärung der Gedanken. Die Philosophie ist keine Lehre, sondern eine Tätigkeit. Ein philosophisches Werk besteht wesentlich aus Erläuterungen. Das Resultat der Philosophie sind nicht ‹philosophische Sätze›, sondern das Klarwerden von Sätzen. Die Philosophie soll die Gedanken, die sonst, gleichsam, trübe und verschwommen sind, klar machen und scharf abgrenzen.» (WT, 4.112) Demzufolge ist die Philosophie eine bestimmte intellektuelle Praxis, in der aber nicht mit Wissen im Sinne des Verfügens über wahre Sätze gerechnet werden kann, und dies gilt auch für die Sprachspiel-Phänomenologie des späteren Wittgenstein. Diese pragmatische Kennzeichnung des Philosophierens als eines Tuns, das sich toto genere von dem der Wissenschaften unterscheidet, weil es anderen Zwecken dient, findet sich ferner in der Tradition des Existenzdenkens von Søren Kierkegaard über Karl Jaspers und Martin Heidegger bis hin zum französischen Existenzialismus.

So bietet die nachidealistische Philosophie bis heute ein verwirrend vielfältiges Bild. Ob als Forschungswissenschaft nach fremdem Vorbild, als Komplementärwissenschaft oder schließlich als intellektuelle Alternative gegenüber jeder wissenschaftlichen Praxis – immer sieht sie sich der Frage ausgesetzt, was in all diesen Bereichen ‹Wissen› bedeutet und ob es sich überhaupt auf einen gemeinsamen Nenner bringen lässt. Versteht sich die Philosophie als «Geisteswissenschaft», dann unterscheidet sie sich nicht methodisch von den Geschichts- und Textwissenschaften, sondern nur durch ihren Gegenstand. Was also ist am historisch-hermeneutischen Wissen über die Philosophie genuin philosophisches Wissen? Warum ist das, was man wissenschaftlich über die Wissenschaften wissen kann, ‹philosophisch› zu nennen, und wodurch unterscheidet sich die Wissenschaftswissenschaft von den anderen historischen und empirischen Forschungswissenschaften?

Dass Gegenstandsbereiche existieren, die nur den Philosophen zugänglich sind, kann man mit guten Gründen bestreiten;[21] wer gleichwohl die Philosophie für das «ganz Andere» der Wissenschaft hält und dennoch behauptet, in diesem Feld etwas zu «wissen», muss ebenfalls Rechenschaft darüber geben können, was er mit diesem Ausdruck meint.

2 ‹Wissen›

Damit wird die Frage nach dem Wissen der Philosophen zu einem Metaproblem: Wissen die Philosophen, was Wissen ist? Jede mögliche Antwort hängt von der Fassung des Wissensbegriffs ab, die man hier mit guten Gründen akzeptiert und zu verteidigen bereit ist. Wer in der Philosophie auf einfache Einsichten aus ist oder sich damit begnügt, Kant oder Hegel richtig verstanden zu haben, wird nicht zögern, das dabei Gewonnene ‹Wissen› zu nennen. Selbst wenn man mit Wittgenstein das «Klarwerden von Sätzen» (WT, 4.112) oder die «übersichtliche Darstellung» (WPU, § 122) unseres faktischen Wortgebrauchs als Zweck und Ziel des Philosophierens bestimmt, ist schwer zu bestreiten, dass man, wenn dies erreicht ist, etwas weiß, was man vorher nicht wusste. Ähnlich ist es beim Argumentieren: Hat man eingesehen, dass eine bestimmte Behauptung nicht haltbar ist, weil sie entweder auf einen Widerspruch hinausläuft oder mit anderen, bereits akzeptierten Thesen unverträglich ist, weiß man mehr als vorher. Im Übrigen sind im philosophischen Diskurs sehr verschiedene Geltungsansprüche im Spiel. Hinweise können intuitiv einleuchten oder nicht, Interpretationen sind überzeugend oder werden zurückgewiesen, Thesen mögen verständlich bzw. unverständlich sein und Argumente korrekt oder fehlerhaft. In diesem unübersichtlichen Feld miteinander konkurrierender Geltungsansprüche findet die Philosophie faktisch statt, und wenn sie sich in unserer durch Technik und Wissenschaft bestimmten Kultur auch als Wissenschaft behaupten will, wird ihr das nur dann gelingen, wenn sie sich an einem möglichst starken Wissensbegriff orientiert.

In der Gegenwartsphilosophie ist es weitgehend unumstritten, Wissen als den Inbegriff wahrer, gerechtfertigter

Überzeugungen aufzufassen. Solche Überzeugungen haben unhintergehbar sprachliche Gestalt, nur so sind sie kommunizierbar. Die zweite Bedingung ist, dass sie propositional verfasst sind, also in Satzform geäußert werden können, denn nur Aussagesätze können wahr oder falsch sein; es gibt keine falschen Eigennamen oder Begriffe. Wenn ein solcher Aussagesatz wahr ist, könnte das allerdings auch Zufall sein – zum Beispiel der gestern auf gut Glück geäußerte Satz «In Japan findet gerade ein Erdbeben statt», falls sich nachträglich herausstellt, dass es da wirklich ein Erdbeben gab. Also muss man gute Gründe haben, die einen dazu berechtigen, einen Wahrheitsanspruch zu erheben, und genau dies ist oben mit ‹gerechtfertigt› gemeint.

Wenn es sich um Wissen handeln soll, ist es nicht erforderlich, ganz sicher zu sein, dass der als Wissen präsentierte Aussagesatz auch wirklich wahr ist; hier muss man Wissen und Gewissheit unterscheiden. Descartes' Ziel der Gewissheit der Wahrheit, dem auch noch Hegel nachstrebte, bedeutet eine Überlastung des Wissensbegriffs und beschwört das Gespenst des Skeptizismus, das uns weismachen möchte, wenn wir unseres Wissens nicht ganz gewiss wären, wüssten wir überhaupt nichts. Gewissheit ist ein subjektiver Zustand, Wissen hingegen ist wie Wahrheit ein Geltungsanspruch, den wir mit bestimmten Behauptungssätzen verbinden, und dabei können wir uns geirrt haben. Wissen ist fehlbar, aber das ist kein Grund, auf den Wissensbegriff zu verzichten. Dies begründet die Differenz zwischen Skeptizismus und Fallibilismus, die häufig übersehen wird.

Wo niemand Grund hat, etwas als wahr zu behaupten, kann man auch nicht irren, und so können wir an dieser Stelle Hegel folgen, dem zufolge die skeptische Angst vor dem Irrtum in Wahrheit eine Angst vor der Wahrheit ist. (Vgl. H 3, 70) Wittgenstein sagt im *Tractatus:* «Skeptizismus ist *nicht* unwiderleglich, sondern offenbar unsinnig, wenn er bezweifeln will, wo nicht gefragt werden kann. Denn Zweifel bestehen nur, wo eine Frage besteht; eine Frage nur, wo eine Antwort besteht, und dies nur, wo etwas *gesagt* werden *kann.*» (WT, 6.51) Wer von vornherein ausschließt, dass überhaupt etwas geäußert werden kann, was möglicherweise wahr oder falsch ist – und dies meint Wittgenstein hier mit ‹sagen›–, kann auch nicht im Ernst fragen wollen, denn alle denkbaren Antworten, nach denen wir uns beim Fragen erkundigen, sollen selbst entweder wahr oder falsch sein, sonst fragten wir doch gar nicht.

Die Antwort auf die Frage, ob die Philosophen überhaupt etwas wissen, also über wahre gerechtfertigte Überzeugungen verfügen können, ist somit selbst nur sinnvoll, wenn man diese Möglichkeit nicht von vornherein negiert, sondern offenlässt. Skeptische Fragen dieser Art sind gerade vor dem Modell des falliblen Wissens immer angebracht, ja unentbehrlich, wenn es sich nicht um eine bloße Übernahme, sondern um eine kritische Aneignung von Wissen handeln soll. Deswegen hat Kant die skeptische Methode als Eingrenzung des Skeptizismus ausdrücklich verteidigt, während der Skeptizismus aus vorausgesetzter Position die Erkenntniskritik gerade unmöglich macht. (Vgl. KK, B 450) Insofern kann man zwar die Philosophie unter Generalverdacht stellen, was ihr Wissen betrifft, denn dazu gibt es angesichts der verwirrenden Vielfalt von Philosophiekonzeptionen und unausgetragenen Kontroversen Grund genug; aber es ist unsinnig, ihr keine Chance zu lassen, diesen Verdacht zu entkräften.

In einer Philosophie, die beansprucht, in dem angedeuteten Sinn von ‹Wissen› etwas zu wissen, sind zunächst Begründungen unentbehrlich; «letzte» Gründe nach dem Muster der traditionellen Systemphilosophie sind hier zunächst nicht erforderlich, Argumente genügen. Mit Argumenten führen wir Gründe an, warum es gerechtfertigt ist, etwas Bestimmtes zu behaupten; wenn dies mit Gründen bestritten wird, handelt es sich ebenfalls um Argumente, und zwar um Kritik. Es ist irreführend, Begründung und Kritik gegeneinander auszuspielen, wie dies im Kritischen Rationalismus meist geschah, denn an unbegründeter Kritik sind wir ebenso wenig interessiert wie an Begründungen, die der Kritik nicht standhalten. Gleichwohl existiert in der philosophischen Fachgenossenschaft ein verbreitetes Misstrauen gegen Argumente und gegen die Vorstellung, dass es immer auf das bessere Argument ankomme. Zwar fällt es schwer, im philosophischen Diskurs gänzlich auf Argumente zu verzichten; gleichwohl waren immer wieder sehr verschiedene Denker vom Ideal fasziniert, das Argumentieren hinter sich zu lassen und das philosophische Wissen so zu präsentieren, dass es sein Wahrsein selbst zeigt.[22] Hier kann man «Monologen», Phänomenologen und Quasi-Theologen unterscheiden.[23] Manche Philosophen monologisieren unablässig, ohne sich auf Diskussionen oder gar Kritik einzulassen, denn sie meinen, nur sie brächten die «Sache selbst» zur Sprache. Die Phänomenologen beanspruchen in ähnlicher Weise, Phänomene, also Dinge und Sachzusammenhänge, rein beschreibend sehen zu lassen, und nur dies führe zu genuin philosophischem Wissen. Die Quasi-Theologen hingegen vermuten, das den Philosophen erreichbare Wissen sei ähnlich wie in der Bibel in bestimmten prominenten Texten enthalten, und es sei ihre Aufgabe, dies offenzulegen und sichtbar zu machen. Alle drei Auffassungen lassen zwar in der Regel auch das Argumentieren zu, aber bestenfalls als Vorbereitung auf das, was der Philosoph schließlich begründungsfrei erkennen und wissen kann.

Der Grund für diese Wissenskonzeption ist der hier vorausgesetzte Wahrheitsbegriff, der sich am Modell der unmittelbaren Einsicht oder Evidenz orientiert. Leitend ist dabei die bis auf Platon zurückgehende Vorstellung, das Erkennen sei eine bestimmte Art des Sehens, und so stammen in der Tat viele unserer erkenntnistheoretischen Begriffe aus der Metaphorik des Gesichtssinnes, wofür ‹Einsicht› und ‹Evidenz› treffende Beispiele sind; ähnliches gilt für die Termini ‹Phänomen› (Erscheinung), ‹Vorstellung›, ‹Intuition›, ‹Idee› (wörtlich: gesehene Gestalt) oder ‹Theorie› (ursprünglich: Schau). Die Evidenztheorie der Wahrheit versteht das Wahrsein als unmittelbare Präsenz eines bestimmten Sachverhalts, bei der sich wie bei einer Farbwahrnehmung die Frage gar nicht mehr stellt, ob er so ist, wie er sich zeigt, oder nicht. Wahrheit als Evidenz hat Martin Heidegger (1889–1976) als «Seinswahrheit» bestimmt und behauptet, dass sie der Urteilswahrheit vorausliege; demzufolge verstand er phänomenologisches Philosophieren als ein Die-Phänomene-von-ihnen-selbst-her-sehenlassen. (HSZ, insbes. 32–34) Diese Konzeption kann man als exemplarische Charakterisierung des Ideals phänomenologischen Philosophierens ansehen. Sie bestimmte auch seinen quasi theologischen Umgang mit den Texten der philosophischen Klassiker; immer ging es ihm darum, sehen zu lassen, was jene angeblich schon gesehen hatten, und er machte damit Schule; ein argumentativer oder gar kritischer Umgang mit dem Klassischen konnte im Umkreis Heideggers nur auf Unbildung oder gar Verblendung beruhen.

Die Evidenztheorie der Wahrheit versucht somit, die im üblichen Wissensbegriff enthaltene Verknüpfung des Wahrseins mit der Begründung/Rechtfertigung aufzulösen. So wie wir es bei einer Rotwahrnehmung unangemessen finden, wenn uns jemand fragt, ob das Gesehene wirklich rot ist oder nicht, soll es auch bei den philosophischen Einsichten sein: Kritische Rückfragen an das angeblich in Evidenz Gewusste sollen sich von der «Sache selbst» her erübrigen.[24] Es ist aber schwierig, dieses Evidenzmodell mit unserem intuitiven Vorverständnis von Wahrheit in Einklang zu bringen, denn wir meinen, was wahr ist, müsse auch falsch sein können, denn schließlich bildeten Wahrheit und Irrtum ein nicht auflösbares Gegensatzpaar, an dem wir uns beim Erkennen unvermeidlich orientieren. Was hingegen angeblich unmittelbar evident ist, kann nicht falsch sein, sondern nur existieren oder nicht existieren. So gibt es hier auch keinen Übergang zur Urteilswahrheit, die nur dann einen Sinn macht, wenn sie die Möglichkeit des Irrtums offenlässt, und dies ist bei der «Seinswahrheit» nicht der Fall.

Wenn somit Philosophen etwas zu wissen glauben, sollten sie auf der Urteilswahrheit bestehen und sich nicht auf bloße Evidenzen berufen; damit überzeugt man niemanden, weil dann kritische Rückfragen ausgeschlossen sind. Dies bedeutet ferner, dass das Prädikat ‹... ist wahr› nicht auf Gegenstände, Zustände oder Ereignisse anzuwenden ist: ‹Ein wahrer Freund›, ‹eine wahre Freude› oder ‹eine wahre Katastrophe› sind umgangssprachliche Redewendungen, die Einschätzungen oder Bewertungen wiedergeben, nicht jedoch Erkenntnisse. Kandidaten für das Wahrsein sind dann allein Urteile, also Aussage- oder Behauptungssätze. Nicht das, worauf sie sich im Subjektausdruck beziehen, kann wahr oder falsch sein, sondern nur das, was davon ausgesagt oder behauptet wird. Somit ist «... ist wahr» ein Metaprädikat, das sich sekundär auf schon vollzogene Prädikationen bezieht und nur explizit macht, was in der Regel damit verbunden ist: ein Wahrheitsanspruch, der freilich bestreitbar ist. Evidenzerlebnisse und andere Erfahrungen mögen dazu dienen, solche Ansprüche zu verteidigen oder zu entkräften, aber dies gehört in den Begründungsaspekt des Wissens als wahrer gerechtfertigter Überzeugung. Es gibt dabei keinen internen Übergang von der Seins- zur Urteilswahrheit.

Die Frage, was mit ‹... ist wahr› gemeint ist, führt in das schwierige Feld der Wahrheitstheorien hinein. Dabei ist zu unterscheiden zwischen dem Wahrheitsbegriff, der nur die Bedeutung jenes Prädikats erläutert, und dem Wahrheitskriterium, anhand dessen sich entscheiden lässt, ob eine Aussage wahr ist im Sinne des vorausgesetzten Wahrheitsbegriffs; beides wird meist nicht deutlich getrennt. Wie es möglich ist, einen bestimmten Wahrheitsbegriff überhaupt als Wahrheitskriterium in konkreten Fällen erfolgreich anzuwenden, hat die umfassendere Wahrheitstheorie zu zeigen.

So wenig es uns überzeugt, wenn bei Wissensansprüchen das Wahrsein von Aussagen ohne Gründe behauptet wird, so wenig ist es angebracht, Wahrheit ausschließlich von den Begründungen her aufzufassen. Es ist nicht alles wahr, was wir begründen können, denn auch Wahnsysteme können in sich logisch völlig konsistent sein. Beim Wahrsein muss zu den Argumenten zugunsten einer Behauptung noch etwas hinzutreten, nämlich dass das, was da behauptet wird, wirklich so ist, wie es behauptet wird. Alfred Tarski (1901–1983) hat dafür eine klassische Formulierung gefunden: «Der Satz ‹Der Schnee ist weiß› ist genau dann wahr, wenn der Schnee weiß ist.» Die Wahrheitsprädikation bezieht sich somit auf einen Behauptungssatz, setzt ihn in Beziehung zu einer Tatsache und behauptet, dass beides einander entspricht, und so spricht man hier vom Korrespondenzmodell der Wahrheit. Durch diesen beanspruchten Wirklichkeitsbezug, den die Scholastik ‹adaequatio› nannte, geht die Wahrheit solcher Sätze über den internen Begründungszusammenhang von Sätzen durch Sätze hinaus.

Die Frage ist dann, was das ist, was da hinzukommen muss, damit gut Begründetes als wahr gelten kann. Der Vater des Empirismus, John Locke (1632–1704), verwies an dieser Stelle auf das sinnliche Wahrgenommene, Kant (1724–1804) auf das «Gegebene»; der Wiener Kreis – also die Vertreter des Logischen Empirismus, zu denen auch Tarski gehört – sprach stattdessen von empirischer Verifikation von wissenschaftlichen Sätzen, und zwar durch deren Rückbezug auf einfache Beobachtungen oder ihre experimentelle Bestätigung. Die Tatsache, dass unser Wissen ohne solche «Wahrheitsmacher» nicht auskommt, stärkt die Intuition derer, die darauf bestehen, dass es beim Wissen nicht bloß auf das bessere Argument ankomme, und deswegen dem Evidenzbegriff der Wahrheit zuneigen. Sie geraten dann in Gefahr, den Wissensbegriff ebenfalls zu reduzieren, aber nun in der anderen Richtung: Statt der Reduktion des Wahrseins auf Begründungen drohen nun die Begründungen im Wahrheitsbegriff zu verschwinden. Dem kann man entgegenhalten, dass wir im Bereich des Wissens nicht bei einfachen Evidenzerlebnissen stehen bleiben können, die als rein private ja weder kommunizierbar noch kritisierbar sind; tatsächlich präsentieren wir unsere empirischen Wahrmacher ja selbst in Behauptungssätzen, seien es Wahrnehmungsurteile, Beobachtungsprotokolle oder experimentelle Berichte. Die Qualität von Argumenten hängt in der Regel ja nicht nur von ihrer logischen Stimmigkeit ab, sondern auch davon, ob wir darüber hinaus auch über glaubwürdige Erfahrungssätze verfügen oder nicht.

Nun verlangen wir ja gar nicht, dass alle unsere Aussagen, mit denen wir einen Wahrheitsanspruch erheben, sich unmittelbar auf etwas Außersprachliches beziehen, das sie wahr macht; wir sind zufrieden, wenn sie sich in einem durchsichtigen Zusammenhang mit anderen Aussagen befinden, in dem sich das Wahrsein gewissermaßen «forterbt». Aber wir bestehen doch darauf, dass sich irgendwo jener Aussagenzusammenhang mit der Wirklichkeit berühre, denn dort entscheide sich das Wahrsein des Ganzen, und deswegen sprachen die Logischen Empiristen an dieser Stelle von «Protokollsätzen» und Karl R. Popper von «Basissätzen». Die Tatsache, dass wir nicht aus der Sprache heraustreten können, um nachzusehen, ob ein Erfahrungssatz mit der Wirklichkeit übereinstimmt oder nicht, sondern dass dies nur in der Sprache selbst möglich ist, hat immer wieder dazu geführt, das Korrespondenzmodell der Wahrheit aufzugeben und es bei der Forderung nach systematischer Vereinbarkeit mit einem schon vorgegebenen und im Wesentlichen als wahr vorausgesetzten Aussagensystem zu belassen; man spricht dann vom Kohärenzmodell der Wahrheit. Aber wenn man nicht angeben kann, was diese Wahrheitsvoraussetzung rechtfertigt, unabhängig von der Kohärenz des Ganzen, wäre man wieder an dem Punkt angelangt, an dem man den Unterschied zwischen Wahr- und Begründetsein nicht mehr angeben kann; schließlich existieren immer auch ganz kohärent begründete Wahnsysteme.

Wie es überhaupt möglich ist, dass wir uns sprachlich direkt oder indirekt auf etwas außerhalb der Sprache zu beziehen vermögen, was unsere sprachlichen Äußerungen wahr oder falsch macht, ist ein vertracktes Problem der Bedeutungstheorie, von der man sagen kann, dass sie das Zentrum der sprachanalytischen Philosophie ausmacht. Ein definitiver Konsens ist dabei nicht in Sicht. Die Schwierigkeit besteht hier vor allem darin, dass wir auf der einen Seite die Intuition des Korrespondenzmodells, dass Wahrheit nicht nur sprach- und begründungsabhängig sein kann, nicht einfach aufzugeben bereit sind, während wir gleichzeitig anerkennen müssen, dass wir in der Regel bei Nachprüfungen des Wahrheitsanspruchs von Aussagen gar nicht anders können, als sie in Beziehung zu anderen Aussagen zu setzen, von denen wir mit Gründen überzeugt sein können, dass sie wahr sind. Auch einfache Wahrnehmungsurteile haben ja ebenfalls ihren logischen und semantischen Ort in sprachlichen Systemen; sie sind nicht voraussetzungslos möglich und vor allem nicht unmittelbarer und unfehlbarer Ausdruck von Wahrnehmungen.

Eine Wahrheitstheorie, die diesen Knoten auflösen könnte, wäre die Grundlage einer umfassenden Erkenntnistheorie, um die es hier nicht gehen kann. Die Frage lautet: Gibt es auch in der Philosophie Wissen im Sinne wahrer, gerechtfertigter Überzeugungen? Existiert ein objektiver Kontrollbereich für philosophische Behauptungen, in dem sich entscheidet, ob sie wahr oder falsch sind? Oder müssen wir uns mit bloßer Kohärenz im Sinne eines möglicherweise gegenüber der Wirklichkeit abgeschotteten Aussagensystems zufriedengeben? Gibt es «bessere» Argumente ohne Wahrheitsgehalt? Freilich sollte man den Kohärenzgesichtspunkt nicht geringschätzen. Mit Kant, der die Widerspruchsfreiheit als «logisches Kriterium» (KK, B 84) des Wahrseins von Urteilen und Urteilssystemen bestimmte, können wir davon ausgehen, dass Aussagen von der Form ‹Schnee ist weiß und zugleich nicht weiß› oder Aussagenkonstruktionen, die simple Widersprüche enthalten, nicht wahr sein können. Daraus folgt aber nicht, dass alles, was widerspruchsfrei ist, deswegen wahr ist.

In der Praxis der wissenschaftlichen Philosophie spielt dies eine wichtige Rolle. Kritik bedeutet häufig den Versuch, nachzuweisen, dass eine Argumentation auf widersprüchlichen Annahmen beruht, sich in der Ausführung in Widersprüche verwickelt *(reductio ad absurdum)* oder genau das voraussetzt, was sie erst beweisen möchte *(petitio principii)*; wenn dies gelingt, gilt es als Nachweis, dass es sich hier nicht um Wahrheit handeln kann. Auf diese Weise vermag man den Kreis der philosophischen Wahrheitskandidaten einzugrenzen, aber man erfährt damit nicht, welche von ihnen den Wahrheitstest bestehen könnten.

Wenn man an dieser Stelle resigniert, bleibt für die Philosophie nur das kritische Geschäft, vorgegebene Argumentationszusammenhänge auf ihre Kohärenz zu prüfen. Das würde sie davon abhängig machen, dass es Leute gibt, die überhaupt so etwas vortragen; eine solche parasitäre Existenz wäre wenig befriedigend. In der Regel wollen die Philosophen auch selbst etwas sagen, was Hand und Fuß hat und zum philosophischen Wissen beiträgt. Zwar setzt der Wissensfortschritt in allen Disziplinen den Ausschluss von Irrtümern und die damit verbundene Vermeidung von Sackgassen voraus, und dies gilt auch für die Philosophie; aber man kann Irrtümer nicht ausschließen, ohne schon etwas zu wissen; immer ist für die Anerkennung des Irrtumsnachweises eine konsensuelle Basis anerkannten Wissens erforderlich. Diese kann freilich auch ins Wanken geraten, aber auch diese Einsicht erfordert ihrerseits Wissen.

Überhaupt setzen wissenschaftliche Kontroversen immer einen gemeinsamen Rahmen voraus, innerhalb dessen Kontrahenten aufeinandertreffen können, denn sonst redeten sie ja nur aneinander vorbei. Der mittelalterliche Universalienstreit war nur auf der Grundlage der gemeinsam als verbindlich vorausgesetzten aristotelischen Logik und Semiotik möglich. Die große Kontroverse ‹Rationalismus vs. Empirismus›, die Kant salomonisch zu entscheiden versuchte, fußte auf der Prämisse, dass all unser Wissen auf einfache Vorstellungen *(ideae, ideas)* zurückführbar sei, die entweder auch angeboren oder nur durch sinnliche Wahrnehmung gegeben sein könnten. Die phänomenologische Kritik Edmund Husserls am Psychologismus bei der Interpretation der formalen Logik teilte mit ihrem Gegner die Überzeugung, dass hier wie da von unhintergehbaren Bewusstseinstatsachen auszugehen sei, sodass der Streit sich nur darauf beziehen konnte, wie diese zu interpretieren seien. Die angeführten und weitere Basisüberzeugungen ähnlicher Kontroversen waren in der Tat nicht davor gefeit, durch zwingende Argumente außer Kraft gesetzt zu werden, aber dies rechtfertigt nicht, philosophisches Wissen für unmöglich zu halten. Die Tatsache also, dass auch in der Philosophie vieles kontrovers ist, was einen jeweils gemeinsamen Kampfplatz der Meinungen voraussetzt, und dass dieses Areal selbst wieder zum Gegenstand neuer Auseinandersetzungen auf anderen Kampfplätzen zu werden vermag, spricht nicht gegen ihren Wissenschaftlichkeitsanspruch – es sei denn, man nähme eine fiktive Wissenschaftsutopie zum Maßstab.

Philosophisches Wissen im fallibilistischen Sinn liegt somit vor, wenn man zeigen kann, dass etwas aus logischen Konsistenzgründen nicht wahr sein kann, dass es ferner nicht wahr sein kann, weil es sich mit dem Korpus des bislang in seinem Wahrheitsanspruch nicht mit Gründen bestrittenen Wissens nicht verträgt, und wenn wir Grund haben, es auf der Basis dessen, was wir sonst noch wissen, für wahr zu halten. Zu den Bereichen dessen, was unsere philosophischen Überzeugungen über die bloße Begründbarkeit hinaus wahrmachen könnte, gehören somit logisch-methodologisches, sprachliches und Faktenwissen. Fasst man den ersten Kontrollbereich nur als einen negativen auf, so verbleiben immerhin grammatisches und empirisches Wissen als Ressourcen positiver Wahrmacher. Die sprachanalytische Philosophie bestand lange Zeit darauf, dass nur sprachliches Wissen eine Entscheidung über das Wahr- oder Falschsein philosophischer Behauptungen ermöglicht; dies sollte zunächst nur für die formale Sprache der fortgeschrittenen Logik gelten, aber unser natürlichsprachliches Wissen ließ sich nicht gänzlich ausgrenzen. Durch Willard Van Orman Quine (1908–2000) und seine Nachfolger haben wir zudem gelernt, dass die Philosophie als nichtempirische Disziplin gleichwohl gut daran tut, Erfahrungswissen in ihre Überlegungen einzubeziehen, und dass dies ohne Diskursvermengungen auch möglich ist.[25]

Es gehört aber auch zum methodologischen Wissen der modernen Philosophie, dass der umgekehrte Weg eines direkten Zugriffs auf die Tatsachen, und seien es die des Bewusstseins selbst, nicht gangbar ist – jedenfalls nicht für eine nicht metaphysisch-naive, aufgeklärte und der Idee der Kritik verpflichtete Philosophie. Hier handelt es sich um ein unverlierbares Erbe der sprachanalytischen Philosophie; es verpflichtet uns, alle philosophischen Probleme zunächst von ihrer sprachlichen Gestalt her aufzugreifen, ihre Grammatik genau zu untersuchen, um dann nach den Methoden und Kriterien zu fragen, die eine befriedigende Lösung ermöglichen.[26] Es bleibt dabei: «Der kritische Weg ist allein noch offen.» (KK, B 884)

3 Sinn und Bedeutung

Der Sinnbegriff schillert in allen Farben; das Spektrum reicht vom Gesichtssinn über den Uhrzeigersinn, den Sinn von Worten und Taten bis zum «Sinn des Lebens», wobei sich die Philosophen nicht für die ersten beiden Fassungen, sehr wohl aber für den Mitteilungssinn und den Handlungssinn interessierten; die beiden dementsprechenden Begriffspaare ‹Sinn und Bedeutung› sowie ‹Sinn und Zweck› sind uns auch im Alltagsdiskurs vertraut.

Erst im 19. Jahrhundert stieg ‹Sinn› zu einem zentralen Problemtitel der Philosophie auf, und dies nicht nur im Zusammenhang mit der Frage nach dem Sinn des Lebens, die in dieser Formulierung dem 18. Jahrhundert noch nicht geläufig war, sondern vor allem vor dem Hintergrund des Endes der klassischen Metaphysik, das den Gedanken nahelegte, das Ganze der Welt könnte sinnlos sein. Friedrich Nietzsche (1844–1900) hat dies als Symptom des heraufziehenden Nihilismus gedeutet: «Der ganze *Idealismus* der bisherigen Menschheit ist im Begriff, in *Nihilismus* umzuschlagen – in den Glauben an die absolute *Wert*losigkeit, d.h. *Sinn*losigkeit.» (N III, 896) Nietzsche operiert an dieser Stelle mit dem Begriffspaar ‹Sinn und Wert›, dem zufolge das Wertlose zugleich als das Sinnlose erscheint und umgekehrt nur das Sinn hat, was werthaft ist. Daraus folgt: «Was bedeutet Nihilismus? – *Dass die obersten Werte sich entwerten.* Es fehlt das Ziel. Es fehlt die Antwort auf das ‹Wozu?›.» (N III, 557) Mit dieser Diagnose leitete Nietzsche die erstaunliche Konjunktur des philosophischen Wertbegriffs ein. Der war bei Kant und im «Deutschen Idealismus»[27] noch unbekannt gewesen und wurde erst in der Mitte des 19. Jahrhunderts von Hermann Lotze in den philosophischen Diskurs eingeführt. Ihn schien bis in die 1920er-Jahre das Wertproblem zu dominieren, und es fehlte nicht an Stimmen, die alle Philosophie letztlich als Wertphilosophie zu definieren suchten.[28]

‹Sinn und Bedeutung›, ‹Sinn und Zweck›, ‹Sinn und Wert› – in den jeweiligen Verwendungen überschneiden sich diese Begriffspaare. Das letzte Zitat belegt, dass Nietzsche die Werte vom Handlungssinn her denkt, denn ihm zufolge gibt es Sinn und Wert in der Welt nur, sofern Menschen sich Zwecke setzen und realisieren; die nihilistische Erfahrung der objektiven Sinnlosigkeit schafft daher zugleich den Freiraum für eine «Umwertung aller Werte». (N II, 897; III, 438) Es hat auch nicht an Versuchen gefehlt, den Mitteilungssinn vom Handlungssinn her zu verstehen, wobei hier vor allem der Pragmatismus zu nennen ist. Umgekehrt liegt es nahe, mit der Sprechakttheorie (John L. Austin, John Searle) bestimmten performativen Handlungen einen Mitteilungssinn beizulegen. Die Koppelung von Sinn und Wert hingegen ist uns heute fremd geworden, wir sprechen an dieser Stelle eher von ‹Relevanz›. Aber allen drei Varianten des Konzepts ‹Sinn› ist gemeinsam, dass es dort einschlägig ist, wo es darum geht, etwas zu verstehen – sei es die Bedeutung, den Zweck oder die Wichtigkeit von menschlichen Äußerungen und Handlungen. Verwirrend mag sein, dass wir den Ausdruck ‹Bedeutung› häufig auch dort verwenden, wo es um den Handlungssinn geht, und damit dann Bedeutsamkeit meinen; hier entscheidet der Kontext.

Im Folgenden soll es um ‹Sinn und Bedeutung› im Mitteilungssinn gehen. Dieses Begriffspaar rückte ebenso wie die beiden anderen Sinnkonzepte erst im 19. Jahrhundert ins Zentrum des philosophischen Interesses. Das bedeutet nicht, dass die Philosophen nicht auch schon früher nach den Bedingungen sinnvoller Rede und gelingender Kommunikation gefragt hätten, aber dies geschah meist nur am Rande. Immer wichtiger wurde dieses Thema in dem Maße, in dem die neuzeitliche Aufklärungsphilosophie der herkömmlichen platonisch-aristotelischen Metaphysik misstraute und über die bekannten skeptischen Fragen nach der Erkennbarkeit ihrer Gegenstände hinaus zu fragen begann, ob in diesem Diskurs überhaupt von etwas oder vielleicht doch von nichts die Rede sei.[29] Die erkenntniskritische Skepsis wurde damit durch sinnkritische Skepsis überboten, und die Philosophen waren so aufgefordert, über Sinn und Bedeutung ihrer Begriffe und Urteile Auskunft zu geben. Diese Situation schien sich im frühen 19. Jahrhundert zu wiederholen, als sich vor allem in Deutschland durch die leibniz-wolffsche Schulphilosophie und durch Kant eine neue Fachterminologie herausgebildet hatte, in deren Bahnen auch noch die Debatten im Umkreis des «Deutschen Idealismus» und lange danach bis weit ins 20. Jahrhundert stattfanden, bis auch sie wie damals die Begriffskultur der klassischen Metaphysik von der sinnkritischen Skepsis ereilt wurden. Das blinde Vertrauen der Philosophen in ihre herkömmliche Fachsprache wurde jetzt nachhaltig erschüttert und die Verhältnisse schienen sich umzukehren: Glaubte man bis dahin die Ungenauigkeiten und Irrationalitäten der Umgangssprache durch terminologische Genauigkeit vermeiden zu können, geriet nunmehr genau diese Terminologie unter Rechtfertigungsdruck, das heißt, sie sollte ihre rätselhaften Abweichungen vom alltäglichen Sprachgebrauch begründen.[30]

Es ist festzuhalten, dass diese sinnkritische Skepsis nicht nur die Philosophensprache betraf, sondern die sprachliche Kommunikation überhaupt; die Abwendung der modernen Literatur vom Sprachkanon der großen Klassiker folgte der Erfahrung, dass auch die Bildungssprache nicht mehr zu garantieren vermochte, dass sich Menschen wechselseitig verstehen. ‹Sinn und Bedeutung› wurde somit in der Moderne zu einem zentralen literarischen Thema. Dasselbe geschah auch in der Philosophie: Führte zuvor das Thema ‹Sinn und Bedeutung› nur ein Nischendasein in dem Bereich, in dem die Philosophen denn eben auch einmal auf die Sprache zu sprechen kamen, so verlor die Grundfrage kritischer Philosophie

«Was können wir wissen?» ihren ersten Rang und musste ihn abgeben an die Frage: «Was können wir überhaupt verstehen?» Die Bindestrichdisziplin ‹Sprachphilosophie› sollte jetzt die Grundlagen von Philosophie überhaupt sichern.

Die sprachanalytische Wendung der Philosophie *(linguistic turn)*, die wir vor allem mit Ludwig Wittgenstein verbinden, ist somit als Fortsetzung des vernunftkritischen Programms Immanuel Kants zu verstehen. Sie liegt nun schon rund hundert Jahre zurück, und in diesem Zeitraum hat ein Lernprozess stattgefunden, der uns ziemlich genau wissen lässt, wie man ‹Sinn und Bedeutung› sprachlicher Kommunikation keinesfalls erklären kann und welche alternativen Angebote aussichtsreich sind. Es geht darum, die Frage zu beantworten:« *What is it for words to mean what they do?*« («Was heißt es, daß Wörter bedeuten, was sie nun einmal bedeuten?»)[31]

Die traditionelle Erklärung von Sinn und Bedeutung der Wörter geht bis auf Aristoteles (384–322 v. Chr.) zurück: «Es sind also die Laute, zu denen die Stimme gebildet wird, Zeichen der in der Seele hervorgerufenen Vorstellungen, und die Schrift ist wieder ein Zeichen der Laute. Und wie nicht alle dieselbe Schrift haben, so sind auch die Laute nicht bei allen dieselben. Was aber durch beide an erster Stelle angezeigt wird, die einfachen seelischen Vorstellungen, sind bei allen Menschen dieselben, und ebenso sind es die Dinge, deren Abbilder die Vorstellungen sind.» (APH, 16 a) Diese zweistufige Zeichentheorie löst nach Aristoteles das sophistische Problem, ob die Sprache etwas Natürliches oder konventionell-Beliebiges ist: Wenn es richtig ist, dass überall das Feuer heiß ist und bei allen Menschen Hitzeempfindungen verursacht, dann sind solche Fakten die Grundlage für die Übersetzbarkeit der Wörter für ‹heiß› von der einen in die anderen Sprachen.

In der skeptischen Vorgeschichte des cartesianischen Zweifels bleibt freilich umstritten, ob die Vorstellungen, die

Aristoteles *pathémata* (passiv empfangene Eindrücke) nennt, wirklich als Abbilder der Dinge behauptet werden können, denn eine solche, meist kausal gedachte Abbildbeziehung könnte man ja nur dann beobachten, wenn man aus seinem Bewusstsein heraustreten und dessen Beziehung zu den Dingen beschreiben könnte. Aber dass die «einfachen seelischen Vorstellungen» und nicht etwa die Dinge selbst dasjenige sind, was sekundär durch Wort und Schrift angezeigt wird, gilt auch noch für John Locke (1632–1704): «Der Geist hat bei allem Denken und Folgern kein anderes unmittelbares Objekt als seine eigenen Ideen; er betrachtet nur sie und kann nur sie betrachten. Daher ist es offenbar, daß es unsere Erkenntnis lediglich mit unseren Ideen zu tun hat.»(L IV, I, § 1)

Dass einfache Vorstellungen nicht nur die Basis aller Erkenntnis, sondern auch einer jeden sinnvollen Rede seien, ist die gemeinsame Prämisse der großen Debatte zwischen Rationalismus und Empirismus im 17. und 18. Jahrhundert; dabei ging es lediglich um die Frage, ob alle Vorstellung aus der Erfahrung stamme oder ob es nicht auch «eingeborene», erfahrungsunabhängige Vorstellungen gebe, ohne die sich vor allem die Wissenschaftlichkeit von Mathematik und moderner Naturwissenschaft nicht erklären lasse. Hier handelt es sich um einen signifikanten Beleg für die allgemeine These dieses Buches, dass auch die schärfsten Kontroversen in der Philosophie einen nichtkontroversen Rahmen ursprünglicher Gemeinsamkeiten voraussetzen, ohne den alle Beteiligten nur aneinander vorbeiredeten. Man kann diesen Rahmen als das mentalistische Paradigma der Philosophie bezeichnen, das wesentlich auf Descartes (1596–1650) zurückgeht und bis weit ins 20. Jahrhundert fast unumstritten in Geltung war. Die Grundthese lautet: Das sich seiner selbst bewusste Bewusstsein (Selbstbewusstsein) mit seinen Vorstellungen ist die unhintergehbare Grundlage all unseren Wissens. Was ‹Vorstellung› dabei bedeutet, folgt dem Grundmodell der «Episteme der Repräsentation»[32] (Foucault), dem zufolge das

Repräsentieren eine binäre Beziehung zwischen dem Repräsentierenden und dem Repräsentierten ist, in der das Repräsentierende sein Repräsentieren mitrepräsentiert. Das Repräsentierende gilt somit als ein Zeichen von Bezeichnetem, das sein Zeichensein mitzeigt, und in diesem Sinn zeigen hier die Vorstellungen angeblich selbst an, dass sie Zeichen von Dingen sind. Sie sind aber eben *nur* Zeichen, und das Bewusstsein hat demnach keinen direkten Zugang zu den Dingen selbst, denn es hat ja ausschließlich mit seinen Vorstellungen zu tun. Aber dass diese Vorstellungen ihr Vorstellungsein mitvorstellen, erklärt hier zugleich, warum dem Bewusstsein als dem Haben von Vorstellungen immer bewusst ist, dass es ausschließlich Vorstellungen vorstellt und nicht die Welt unmittelbar; insofern ist es sich seiner selbst bewusst oder Selbstbewusstsein. Die Konsequenz dieses mentalistischen Grundmodells ist nach Kant der «Skandal der Philosophie und allgemeinen Menschenvernunft, das Dasein der Dinge außer uns … bloß auf *Glauben* annehmen zu können» (KK, B XL); dann liegt der Idealismus des «Die Welt ist meine Vorstellung» (Schopenhauer) nahe, den Kant selbst vergeblich zu widerlegen versucht hatte.

Auch Kant beantwortet die Frage nach ‹Sinn und Bedeutung› am Leitfaden des mentalistischen Modells der Repräsentation, wobei er freilich im Unterschied zu John Locke deutlich zwischen Denken und Anschauung unterscheidet. Locke bezeichnet pauschal jedes Haben von Vorstellungen als Denken *(to think)*. (L II, I, § 1) Gemäß der aristotelischen Vorstellung, dass das Sprechen gegenüber dem Denken sekundär sei, muss es zunächst darum gehen, die Sinnhaftigkeit der Begriffe als der Formen des Denkens zu sichern. Kant schreibt: «Zu jedem Begriff wird erstlich die logische Form eines Begriffs (des Denkens) überhaupt, und denn zweitens auch die Möglichkeit, ihm einen Gegenstand zu geben, darauf er sich beziehe, erfordert. Ohne diesen letztern hat er keinen Sinn, und ist völlig leer an Inhalt … Daher erfordert man auch einen abgesonderten [abstrakten – H.S.] Begriff *sinnlich zu machen,* d.h. das ihm korrespondierende Objekt in der Anschauung darzulegen, weil, ohne diesen, der Begriff (wie man sagt) ohne *Sinn,* d.i. ohne Bedeutung bleiben würde ...» (KK, B 299) Kurz danach erläutert Kant die Bedeutung eines Begriffs als «Beziehung aufs Objekt» (KK, B 300). Diese Beziehung erfordert Anschauung und fügt den leeren Denkformen überhaupt erst den verständlichen Inhalt hinzu. Kant spricht hier von ‹Sinn und Bedeutung› von Begriffen und nicht von sprachlichen Ausdrücken, aber für ihn ist evident, dass Begriffswörter nur dann sinnvoll sind, wenn die Begriffe, für die sie in der Kommunikation stehen, selbst ‹Sinn und Bedeutung› haben.

Dass ‹Sinn und Bedeutung› von Wörtern davon abhängen, ob bei ihrem Gebrauch ‹Sinn und Bedeutung› des Denkens gesichert sind, ist auch heute noch für viele Zeitgenossen plausibel, wobei meist ein sehr allgemeiner und undeutlicher Begriff von ‹Denken› im Spiel ist. Gemeint ist damit in der Regel nicht nur das bewusste Fassen von Begriffen und Gedanken, sondern auch das, was man das ‹Sich-etwas-Vorstellen› nennt: «Ich kann mir denken, dass dieses oder jenes der Fall ist.» In der Tat ist noch bei Kant ‹Vorstellung› *(repraesentatio)* der oberste Begriff aller Bewusstseinstatsachen, unter den Begriffe und Anschauungen gleichermaßen fallen. (Vgl. KK, B 377) Sinnkritik bedeutet dann, zu fragen, ob den sprachlichen Ausdrücken für Begriffe und angeschaute Objekte eine Vorstellung im Bewusstsein korrespondiert oder nicht, und wenn dies nicht Fall ist, handelt es sich um sinnloses Gerede. Seit Descartes steht in der Philosophie der Neuzeit der Ausdruck ‹Idee› (lat. *idea,* engl. *idea,* franz. *idée*) für dasjenige, was dem Bewusstsein unmittelbar präsent ist; er definierte: «Unter dem Namen ‹Idee› verstehe ich die Form eines jeden Bewußtseins, durch deren unmittelbare Erfassung ich eben dieses Bewußtseins bewußt bin; daher, was ich auch immer mit Worten ausspreche, ist es, wenn ich das meine, was ich sage, gewiß, daß in mir die Idee dessen vorhanden ist, was mit diesen Worten bezeichnet wird.» (DM, 145)

Genau in diesem Sinn schreibt Locke: «Der Zweck der Wörter besteht also darin, sinnlich wahrnehmbare Kennzeichen der Ideen zu sein; die Ideen, für die sie stehen, machen ihre eigentliche und unmittelbare Bedeutung aus ... Die Wörter vertreten also ihrer ursprünglichen oder unmittelbaren Bedeutung nach nur die Ideen im Geiste dessen, der sie benutzt.» (L III, II, § 2) Das bedeutet: Wenn dies nicht der Fall ist, habe ich nicht gemeint, was sich sage, sondern es war von nichts die Rede. Der allgemeine Verdacht, dass es sich bei der traditionellen Metaphysik überwiegend um ein sinnleeres Sprechen gehandelt haben könnte, ist mindestens seit Descartes ein Grundmotiv der neuzeitlichen Aufklärungsphilosophie.

Die Einsicht, dass sich dieses Repräsentationsmodell nicht unmittelbar auf die Beziehung zwischen Vorstellungen und Wörtern übertragen lässt, erschien bei Aristoteles als Ausweg aus der sophistischen Sprachskepsis, die sich vor allem auf die offensichtliche Differenz zwischen natürlichen Sprachen stützte. Er erkannte, dass man den konventionellen Charakter der sprachlichen Zeichen einräumen kann, ohne damit die Möglichkeit sinnvoller und wahrer Rede auszuschließen; als deren Basis gilt dabei die angebliche natürliche Gleichheit der Vorstellungen der Menschen, sofern sie Abbilder natürlichgleicher Dinge sind. In der Sprache haben wir es demzufolge mit nichtnatürlichen Zeichen natürlicher Zeichen von Dingen zu tun, wobei die Verteilung des Nichtnatürlichen und Natürlichen in dieser zweistufigen Semiotik, die die Aristoteliker endgültig beruhigt zu haben schien, in der Neuzeit die Skepsis erneut anregt und zum Motor der sprachlichen Sinnkritik wird. Jetzt will man wissen, ob vor allem unsere philosophische und wissenschaftliche Rede «Sinn und Bedeutung» hat oder ob es sich hier nicht doch nur um «leere Worte» handelt. Sie gelten als nicht leer, wenn sie sich als Zeichen wirklich vorhandener Vorstellungen im Bewusstsein von Sprecher und Hörer aufweisen lassen, was zugleich bedeutet, dass die Sinn- und Bedeutungsanalyse der Wörter unmittelbar durch die Analyse der durch sie repräsentierten Vorstellungen geleistet werden soll; Sprachkritik und Vorstellungskritik sind hier ein und derselbe Prozess.

Seit über einem Jahrhundert ist die Theorie sprachlicher Bedeutung ein weitverzweigtes und kontroverses Projekt, und ein definitiver Abschluss der Debatten ist nicht abzusehen. Gleichwohl gehört es zum sicheren Wissen der modernen Philosophie, dass die skizzierte Sinn- und Bedeutungstheorie unhaltbar ist. Es handelt sich um die mentalistische Variante der auch noch heute vielen Zeitgenossen intuitiv einleuchtenden These, die Bedeutung eines sprachlichen Ausdrucks sei der Gegenstand, auf den er sich bezieht. In diesem Sinne sprach auch noch Kant von der «Beziehung aufs Objekt», die den Begriffen «Sinn, d.i. Bedeutung» verleihe, wobei vorausgesetzt ist, dass diese bedeutungsverleihenden Objekte zunächst nur im Bewusstsein anzutreffen sind – als mentale Gegenstände. Diese Gegenstandstheorie der Bedeutung nennt man auch Referenztheorie der Bedeutung, wobei das Wort ‹Referenz› – im Angelsächsischen ‹*reference*› – dasselbe wie ‹Bezug auf etwas› bedeutet.

Dass dieses Modell Sinn und Bedeutung von Wörtern und Begriffen nicht zu erklären vermag, kann man sich durch einfache Überlegungen klarmachen. Sagen wir, die Bedeutung des Ausdrucks ‹Baum› sei der Baum. Dann wissen wir noch nicht, was genau gemeint ist: dieser Baum, den wir vor uns haben, oder alle Bäume, die wir jeweils zu sehen bekommen oder zu sehen bekommen werden, oder drittens dasjenige, was alle Bäume gemeinsam haben, nämlich den Begriff ‹Baum›, was dann ein abstrakter Gegenstand wäre. Folgen wir John Locke und seinen Nachfolgern, dann wird uns an dieser Stelle gesagt, nicht der Baum selbst, sondern nur unsere Vorstellung von einem Baum sei die Bedeutung des Wortes oder

Begriffs ‹Baum›, aber das ist zumindest irreführend. Sprechen wir über Schneewittchen, die es ja leider gar nicht gibt, und fragen wir, wie das möglich ist, da dieser Name ja dann keine Bedeutung hätte, so kann man hören: «Wir sprechen ja gar nicht über Schneewittchen, sondern nur über unsere Vorstellung von Schneewittchen, und die ist das, was wir mit diesem Ausdruck meinen.» Dies aber ist falsch, weil es einen Unterschied macht, ob wir über Schneewittchen oder über unsere Vorstellung von Schneewittchen reden, denn wir können ja das entsprechende Märchen erzählen, und es wird verstanden, obwohl seine Hauptperson nicht existiert. Die Referenztheorie vermag somit Sinn und Bedeutung der Rede über fiktive Gegenstände nicht verständlich zu machen. Dasselbe gilt auch für abstrakte Gegenstände; was im Fall des Baumes noch einleuchten könnte, dass nämlich irgendeine allgemeine Vorstellung von Bäumen die Begriffsbedeutung sei, wird gänzlich absurd bei noch abstrakteren Begriffen: «Was ist die Bedeutung von ‹Kapitalismus›?» – «Der Kapitalismus!»

Der wichtigste Einwand gegen die Referenztheorie der Bedeutung ist freilich, dass man durch den bloßen Gebrauch einfacher Ausdrücke, die Zeichen für die realen oder mentalen Gegenstände sein sollen, niemandem etwas mitteilen kann. Wenn ich «Baum!» höre, dann kann das sehr Verschiedenes bedeuten: «Da ist ein Baum» oder «Vorsicht!» oder «Dort ist Schatten» usf. Die auch heute noch verbreitete Überzeugung, Kinder lernten dadurch sprechen, dass man auf einzelne Gegenstände zeige und dabei die dazugehörigen Wörter ausspreche, findet sich schon bei Augustinus (354–430) in seinen *Confessiones,* wo er sich angeblich an seinen eigenen Spracherwerb erinnert. (Vgl. WPU, § 1) Dazu sagt Ludwig Wittgenstein: «In diesen Worten erhalten wir, so scheint es mir, ein bestimmtes Bild von dem Wesen der menschlichen Sprache. Nämlich dieses: Die Wörter der Sprache benennen Gegenstände – Sätze sind Verbindungen von solchen Benennungen. – In diesem Bild von der Sprache finden wir die Wurzel für die Idee: Jedes Wort hat eine Bedeutung. Diese Bedeutung ist dem Wort zugeordnet. Sie ist der Gegenstand, für welchen das Wort steht.» (WPU, § 1) Die Sprache wird diesem Bild zufolge erlernt, indem die jeweilige Wortbedeutung durch einfaches Verweisen auf den Gegenstand, für den das Wort als Name steht, erklärt wird. Das Verstehen von Sätzen soll sich demzufolge dadurch einstellen, dass man sie als Kombinationen solcher einfachen Benennungen aufzufassen lernt.

Dieser Bedeutungsatomismus, der auch der traditionellen Urteilstheorie zugrunde liegt,[33] ist aber ein uraltes sprachphilosophisches Vorurteil, und er vermag weder den Erwerb noch das Funktionieren menschlicher Sprache zu erklären. Tatsächlich orientiert er sich an einer eng begrenzten Praxis des Lehrens und Lernens von Sprache durch Zeigen und Benennen, die in Wirklichkeit nur dort erfolgreich ist, wo der Lernende schon über Sprache verfügt; das leitende Modell ist hier das des Zweitsprachenerwerbs. Hinweisende Erklärungen sind nur in einer gemeinsamen Sprachpraxis möglich, und so wird meist übersehen, dass «schon viel in der Sprache vorbereitet sein muß, damit das bloße Benennen einen Sinn hat» (WPU, § 257). Und: «Nach der Benennung fragt nur der sinnvoll, der schon etwas mit ihr anzufangen weiß.» (WPU, § 31) Er muss den Gegenstand, auf den sich der angegebene Name bezieht, schon als den und keinen anderen identifizieren können, um zu verstehen, wenn jemand sagt: «Dieses Gerät nennt man ‹Modem›»; diese Fähigkeit erfordert ein sprachliches Wissen höherer Ordnung als das bloße Verfügen über einfache Zeichen. Dass Kinder am Anfang des Spracherwerbs sich durch einfache Ausdrücke sehr wohl verständlich machen können, ist dagegen kein Einwand, denn wir verstehen sie in der Regel durch den Äußerungskontext als «Einwortsätze» wie «Da!» oder «Mehr!»; wenn wir verstehen, was die Kinder damit meinen, haben wir sie schon als satzartige Äußerungen verstanden.

Somit können Philosophen wissen, dass sprachliche Ausdrücke für Einzelnes, also singuläre Termini, nur in impliziten und expliziten Satzzusammenhängen etwas bedeuten. Sätze sind die elementaren Sinnträger in der sprachlichen Kommunikation, und sie sind nicht einfach eine Kombination singulärer Termini. Wirklich begründet hat dies Gottlob Frege (1848–1925), der zu den unumstrittenen Autoritäten der modernen Sprachphilosophie gehört. Sein erster Schritt war dabei, die formelhafte Gleichsetzung von ‹Sinn› und ‹Bedeutung›, die sich ja auch bei Kant findet, aufzulösen. Ihm war aufgefallen, dass es nichttriviale Identitätssätze gibt. So wusste die Menschheit sehr lange nicht, dass der Morgenstern und der Abendstern derselbe Stern sind, nämlich die Venus. Logisch gesehen scheint dies auf einen Verstoß gegen das Widerspruchsverbot hinauszulaufen, denn in diesem Beispiel scheint man ‹a = a› (das triviale ‹Der Morgenstern ist der Morgenstern›) und ‹a = b› (das nichttriviale ‹Der Morgenstern ist der Abendstern›) gleichzeitig zu behaupten. Frege löste dieses Problem durch die Unterscheidung zwischen Sinn und Bedeutung von Ausdrücken auf, wobei er mit ‹Sinn› die Weise meint, in der ein Gegenstand gegeben ist, und mit ‹Bedeutung› den Gegenstand, um den es sich handelt. So lässt sich der unterschiedliche Sinn der Ausdrücke ‹Morgenstern› und ‹Abendstern› sehr wohl mit ihrer gemeinsamen Bedeutung vereinbaren. Verwirrend ist, dass im Angelsächsischen das, was Frege ‹Sinn› nennt, mit ‹*meaning*› wiedergegeben und dann in der deutschen Rezeption der Analytischen Philosophie mit ‹Bedeutung› übersetzt wurde; für Freges ‹Bedeutung› hingegen verwendet man heute die Ausdrücke ‹*reference*›, ‹Referenz› oder ‹Bezug›.[34]

Die Referenztheorie der Bedeutung *(meaning)* beruht somit auf einem semantischen Kurzschluss zwischen Sinn_F und Bedeutung_F – also zwischen Bedeutung *(meaning)* und Bezug (Referenz) – und dem damit verbundenen Vorurteil, die Bedeutung *(meaning)* von Ausdrücken lasse sich vom Bezug her rekonstruieren. Man kann sich intuitiv klarmachen, dass dies unmöglich ist, denn der Gegenstand, auf den man sich dabei beziehen möchte, muss ja zunächst in irgendeiner Weise «gegeben» sein, wie Frege formuliert, wobei dies nicht erkenntnistheoretisch, sondern logisch-semantisch zu verstehen ist – als Präsentation mit sprachlichen Mitteln.

Frege bezeichnet alle Ausdrücke, mit denen wir uns auf einzelne Gegenstände beziehen, pauschal als ‹Eigennamen›[35] (FrSB 39), berücksichtigt also an dieser Stelle noch nicht die deiktischen Wörter (dieses/jenes) und die Indexwörter (wie hier und jetzt), die die moderne Terminologie gemeinsam mit den natürlichsprachlichen Eigennamen als singuläre Termini bezeichnet. Frege sagt dazu: «Der Sinn$_F$ eines Eigennamens wird von jedem erfaßt, der die Sprache oder das Ganze von Bezeichnungen hinreichend kennt … Vielleicht kann man zugeben, daß ein grammatisch richtig gebildeter Ausdruck, der für einen Eigennamen steht, immer einen Sinn$_F$ habe. Aber ob dem Sinne$_F$ nun auch eine Bedeutung$_F$ entspreche, ist damit nicht gesagt … Dadurch also, daß man einen Sinn$_F$ auffaßt, hat man noch nicht sicher eine Bedeutung$_F$.» (FrSB, 40) In moderner Terminologie heißt das: Man muss zum Beispiel die Bedeutung *(meaning)* des Ausdrucks «der von der Erde am weitesten entfernte Himmelskörper» schon verstanden haben, um die Frage stellen zu können, worauf er sich bezieht, was er bezeichnet und vor allem ob seine Referenz nicht ins Leere zielt. Man kann somit nicht wie in der irrigen Referenztheorie der Bedeutung *(meaning)* umgekehrt verfahren und sich zunächst auf das Referenzobjekt eines Eigennamens$_F$ beziehen wollen, um zu verstehen, was er bedeutet. Der Weg führt somit vom Sinn$_F$ zur Bedeutung$_F$ oder von der Bedeutung *(meaning)* zur Referenz.

Das vermag auch unmittelbar einzuleuchten. Wenn man nur ‹Venus› hört, kann man nicht wissen, auf welchen Gegenstand sich dieser Eigenname bezieht, denn es könnte ein Stern, eine griechische Göttin oder ein weltbekannter Tennisstar mit dem Nachnamen ‹Williams› gemeint sein. Man erklärt es mithilfe bestimmter Beschreibungen wie ‹Der Planet, der sich manchmal als Morgenstern und manchmal als Abendstern zeigt› oder ‹Der Zweite in der Reihe der Sonnenplaneten›. Ein anderes beliebtes Beispiel Freges ist der Eigenname ‹Aristoteles›: Worauf der sich bezieht, wird nicht dadurch klar, dass man den Namensträger exhumiert – selbst wenn man dies könnte. Aber der Bezug wird deutlich, wenn man sagt: Der, den ich meine, ist nicht Aristoteles Onassis, sondern (mit Frege): «Er war Schüler Platons und der Lehrer Alexanders des Großen.»(FrSB, 40) Wichtig ist, festzuhalten, dass solche Ausdrücke, mit denen man die Referenz von Eigennamen$_F$ anzugeben vermag, selbst neben singulären Termini auch Begriffswörter oder generelle Termini wie ‹Planet›, ‹Schüler› oder ‹Lehrer› enthalten müssen, um verständlich zu sein, und dies führt weiter zu der Frage, wie das Verhältnis beider Terminiarten zueinander genauer zu bestimmen ist, und damit in den Bereich der Urteilstheorie.

Dass das sprachliche Bezugnehmen auf Gegenstände nicht unmittelbar durch singuläre Termini, sondern nur vor dem Hintergrund des Verstehens von komplexeren Sinngebilden wie ganzen Sätzen möglich ist, blieb freilich nach Frege nicht das letzte Wort der Bedeutungstheorie, zumal er selbst ja schon andeutet, dass beim Sinnverstehen die Kenntnis der Sprache und des «Ganzen der Bezeichnungen» vorausgesetzt sei. In der sprachanalytischen Philosophie ist man sich im Wesentlichen einig, dass zum Verstehen der Bedeutung singulärer Termini das Verständnis der Sätze erforderlich ist, in denen sie vorkommen können, und dass darüber hinaus nur der einen Satz versteht, der die Sprache kennt, in der er formuliert wurde. So kann man sagen, dass in der Moderne der aristotelische Bedeutungsatomismus mit überzeugenden Argumenten durch einen Bedeutungsholismus ersetzt wurde.

Fragt man also nach der Referenz singulärer Termini, um

entscheiden zu können, ob sie sich auf etwas oder auf nichts beziehen, muss man zuvor ihre Bedeutung *(meaning)* verstanden haben, und dies ist nur durch das Verstehen ganzer Sätze möglich: «Odysseus – wer ist das?» «Odysseus war der Fürst von Ithaka und Teilnehmer am Trojanischen Krieg.» Die Bedeutung$_F$ des Eigennamens ‹Odysseus› hängt somit vom Sinn$_F$ dieses ganzen Satzes ab, und dies ist nach Frege der «Gedanke». Gedanken sind demzufolge alles, was wir uns in der Form von Behauptungssätzen denken können, aber damit ist noch nicht gesagt, dass das damit Gedachte wahr oder falsch ist. Frege zufolge ist das Wahr- oder Falschsein von Gedanken – ihr «Wahrheitswert» – die Bedeutung$_F$ von Behauptungssätzen, deren Sinn$_F$ man schon verstanden haben muss, um etwas über ihren Wahrheitswert sagen zu können. In klassischer Formulierung heißt es in Wittgensteins *Tractatus*: «Einen Satz verstehen, heißt, wissen, was der Fall ist, wenn er wahr ist.» (WT, 4.024) Daraus folgt, dass nur in dem Fall, in dem der Behauptungssatz wahr ist, die darin enthaltenen singulären Termini etwas bedeuten, also auf etwas referieren.

4 Das Urteil

Frege erörtert ‹Sinn und Bedeutung› auch in Bezug auf «ganze Behauptungssätze» und gelangt dabei zu der zunächst irritierenden Auskunft, der Sinn_F eines Behauptungssatzes sei jeweils ein Gedanke, und seine Bedeutung_F sei ein «Wahrheitswert», also sein Wahr- oder Falschsein. Er erklärt dies damit, dass nur ein Gedanke dasjenige sei, bei dem «das Wahrsein überhaupt in Frage kommen kann», aber eben auch sein Falschsein. (FrG 32 f.) Nicht jeder Satz drückt Derartiges aus, und nur wenn er einen Gedanken ausdrückt, hat er Sinn_F. Dass Frege den Gedanken «etwas Unsinnliches» nennt, richtet sich in seiner Zeit gegen den Psychologismus in der Philosophie der Logik, die dazu neigte, Gedanken als psychische Vorkommnisse im Bewusstsein derer zu interpretieren, die etwas meinen oder behaupten; demgegenüber besteht Frege darauf, dass es sehr wohl möglich ist, dass viele Menschen gleichzeitig und unabhängig voneinander denselben Gedanken «fassen», dass also der Inhalt dessen, was da jeweils «gedacht» wird, unabhängig davon sein muss, was dabei im individuellen Bewusstsein vorgeht. Was man auch sonst an Ontologischem mit den «unsinnlichen» Gedanken assoziieren mag, bei Frege ist zu empfehlen, sich an das zu halten, was er ihre Bedeutung_F nennt – das mögliche Wahr- oder Falschsein; was in der realen Welt existiert, seien es Dinge, Zustände oder Ereignisse, hat diese Eigenschaft nicht. (FrG, 33 f.)

Das bloße Denken als das «Fassen» eines Gedankens, dessen Bedeutung_F der Wahrheitswert ‹wahr› oder ‹falsch› ist, lässt freilich offen, ob das Gedachte wahr oder ob es falsch ist; dies entscheidet sich Frege zufolge im Urteil, wodurch das Denken als das bloße Annehmen, dass etwas wahr oder falsch sein könne, zur Anerkennung und zum Behaupten fortschreitet, dass es wahr oder dass es falsch ist. Die Einsicht, dass nicht ein einzelner Terminus, sei es ein singulärer oder genereller, sondern nur Satzartiges wahr oder falsch sein kann, geht bis auf Platon (ca. 428–348 v. Chr.) zurück, der im Dialog *Sophistes* klarmacht, dass nicht Hauptwörter *(onómata)* oder Verben *(rhémata)* allein einen Wahrheitswert haben können, sondern dass ein solcher erst durch ihre Verknüpfung *(symploké)* in einer «Rede» *(lógos)* entsteht; das Beispiel ist dort «Theaitetos sitzt» und «Theaitetos fliegt».[36]

In der traditionellen Urteilstheorie wurde in der Regel unterschieden zwischen dem Urteil als dem Vollzug des Urteilens *(iudicium)* und dem Urteil als dem Geurteilten, also dem Urteilsinhalt *(propositio)*.[37] In seiner Begriffsschrift, die Frege entwarf, um alle Doppeldeutigkeiten der natürlichen Sprache auszuschließen, wird diese Differenz durch den Inhaltsstrich (— 1 + 3 = 4) und den Urteilsstrich (⊢ 1 + 3 = 4) dargestellt. Dass Behauptungssätze diesen Doppelcharakter besitzen, wird in der modernen Sprachphilosophie anders ausgedrückt; hier unterscheidet man bei konstativen Äußerungen zwischen dem propositionalen Gehalt und dem Sprechakt des Behauptens, was annähernd der fregeschen Differenz zwischen dem im bloßen Denken gefassten Gedanken und dem Urteil entspricht.

Dass nur der in Behauptungssätzen ausgedrückte propositionale Gehalt und nicht das Behaupten selbst wahr oder falsch sein kann, gehört zum sicheren Bestand philosophischen Wissens; umstritten ist freilich bis heute die logische Struktur solcher Gehalte, die die Tradition Urteile nennt. Das Wort ‹Urteil› ist wieder ein Beispiel dafür, dass sich die Philosophensprache zuweilen weit vom Alltagsdiskurs entfernt hat, denn da kennen wir Urteile vor allem vom Gericht, wo entschieden wird, ob ein Straftatbestand vorliegt und welche Sanktion gegebenenfalls zu erfolgen hat. Wir kennen auch moralische und ästhetische Urteile, und in allen ähnlichen Fällen verstehen wir Urteile als Resultat von Beurteilungen gemäß verschiedener Kriterien. Im philosophischen Seminar hingegen lernt man, ‹Die Rose ist rot› sei ein Urteil, wohingegen man außerhalb dieser Räumlichkeit eher sagen würde, dies sei ein Satz, eine Aussage, eine Behauptung oder eine Feststellung; hier «urteilt» niemand, dass diese Rose rot sei. Diese sprachliche Abnormität geht zurück auf die Zeit, in der man begann, nicht länger lateinisch, sondern in der jeweiligen Umgangssprache zu philosophieren, und im deutschen Sprachraum war es vor allem Christian Wolff, der im 18. Jahrhundert in seinen deutschen philosophischen Schriften den Ausdruck ‹Urteil› als Übersetzung von *iudicium* bzw. *propositio* in Umlauf brachte. Die Autorität Kants, der hier Christian Wolff genau folgte, tat ein Übriges, um diesem Wort trotz seiner philosophischen Extravaganz den Status eines philosophischen Fachterminus beizumessen.

Bei Aristoteles ist an der Stelle, wo die neuere Philosophie von Urteilen spricht, von der «aufweisenden Rede» *(lógos apophantikós)* die Rede. (Vgl. APH, 16b) Wie Platon bestimmt er als den elementaren Ort möglicher Wahrheit die einfache Zusammensetzung *(sýnthesis)* von *ónoma* (meist mit ‹Hauptwort› übersetzt) und *rhêma* (häufig als ‹Zeitwort›/‹Verb› wiedergegeben). In der lateinischen Terminologie wird die platonisch-aristotelische Differenz zwischen *ónoma* und *rhêma* durch die Ausdrücke ‹Subjekt› und ‹Prädikat› wiedergegeben, denn schon Aristoteles versteht unter «*rhêma*» nicht bloß Verben, sondern alles, was von mit den *ónoma* angesprochenen Redegegenständen ausgesagt, also prädiziert werden kann. «Rede *[lógos]* ist ein Laut *[phoné]*, der konventionell etwas anzeigt und von dem ein einzelner Teil gesondert etwas anzeigt.»(APH, 16b) Diese beiden Redeteile, mit deren Verbindung der Satz etwas von etwas *(ti katà tinós)* aussagt, gelten also als semantisch gleichwertig, und darum spricht man hier von einer «Zwei-Terme-Theorie» des Satzes.[38] Aristoteles fügt allerdings hinzu: «Jeder Satz ist zwar bezeichnend *(semantikós)* [semantisch gehaltvoll – H.S.], aber nicht jeder ist aufweisend *(apophantikós)*, sondern nur derjenige, in welchem die Aussage von Wahrem *(aletheúein)* oder Falschem *(pseúdesthai)* statthat.» (APH, 17a) Freges Urteilsstrich hat somit eine uralte Herkunft.

Die Lehre des Aristoteles, der zufolge das Urteil eine Synthesis von Begriffen *(noématon)* sei, die im Fall des Wahrseins die ihnen entsprechenden Gegenstände in der bestehenden Verbindung aussagt, galt fast unangefochten bis weit ins 19. Jahrhundert hinein. Die scholastische Logik fasste das Urteil formal als ‹S ε P›, also als Synthesis von Subjekt- mit Prädikatausdrücken, die durch die Kopula ‹ε› hergestellt wird. Eine Verknüpfung von Subjektausdrücken allein – bei Platon: «Löwe Hirsch Pferd» – wie von lauter Prädikatausdrücken – «geht läuft schläft»[39] – ergibt noch kein Urteil; notwendig ist vielmehr eine Verknüpfung von Subjekt und Prädikat. Das schließt freilich nicht aus, dass auch von Prädikaten die Rede ist, aber dann fungiert der Prädikatausdruck als Subjekt des Satzes. Diese Standardanalyse des Urteils machte freilich Schwierigkeiten im Fall von Einwortsätzen wie ‹*ambulo*› (lat.; ich gehe spazieren), bei unpersönlichen Auskünften wie ‹Es regnet› oder bei Identifikationen nach dem Muster ‹Novalis ist Friedrich von Hardenberg›; hier ist es schwierig, zu sagen, was dabei Subjekt, Prädikat und die Kopula sein soll. Durch solche Grenzfälle, denen auch die mehrstelligen Prädikationen wie ‹Peter ist größer als Paul› zuzurechnen sind, ließ sich die klassische Logik mit ihrem Synthesismodell des Urteils lange nicht entmutigen. Darüber hinaus zog dann auch die Kopula ‹ε› den philosophischen Tiefsinn auf sich: Die Seinsphilosophie Martin Heideggers verstand sich als Antwort auf die Frage nach Sinn und Bedeutung des ‹ist› im prädikativen Satz und blieb dadurch der Synthesistheorie des Urteils verhaftet.[40]

Nach der mentalistischen Wende zur Bewusstseinsphilosophie galten Urteile im Sinn von ‹*propositio*› dann als Verknüpfungen von Vorstellungen *(ideae, ideas)*, die im Fall ihrer Übereinstimmung Wahrheit und in dem der Nichtübereinstimmung Falschheit anzeigen, wie es bei John Locke heißt, und auch Kant zufolge ist das Urteil «die Vorstellung der Einheit des Bewußtseins verschiedener Vorstellungen, oder die Vorstellung des Verhältnisses derselben, sofern sie einen Begriff ausmachen».[41] Die wichtigste Differenz zwischen Locke und Kant besteht darin, dass Locke zufolge die Feststellung der Wahrheit oder Falschheit von Urteilen, die zu Erkenntnis oder Wissen führt, auf die «Wahrnehmung des Zusammenhangs und der Übereinstimmung oder der Nichtübereinstimmung und des Widerstreits zwischen irgendwelchen unserer Ideen» (L IV, I, § 2) zurückgeht, während er das aktivische Moment des Urteilens *(judgment)* als Akt des Vermutens oder vorläufigen Zustimmens bestimmt (L IV, XIV, § 4). Kant hingegen unterscheidet scharf zwischen Denken und Anschauen, oder zwischen der Spontaneität des Verstandes und der Rezeptivität der Sinne, und deswegen kann ihm zufolge das Denken nicht wie bei Locke ein bloßes Haben von Vorstellungen sein, sondern es ist ein aktives Geschäft – eben das Urteilen. Urteilen aber ist nach Kant ein spontanes Verbinden des in der Anschauung gegebenen Mannigfaltigen, «um daraus eine Erkenntnis zu machen. Diese Handlung nenne ich Synthesis.» (KK, B 102) Dieses Denken als ein Synthesieren aber geschieht nach Regeln, und diese Verknüpfungsregeln werden selbst in Gestalt von Begriffen im Bewusstsein repräsentiert. Entscheidend sind dabei die ursprünglichen, dem Verstand selbst entspringenden Begriffe, die Kant ‹Kategorien› nennt, denn ihm zufolge sind sie es, die die «Verbindung gegebener Vorstellungen in einem Bewußtsein überhaupt» erst ermöglichen. (KP, A 82)

Kant verbleibt trotz seiner komplexen Urteilstheorie gänzlich dem Repräsentationsmodell verhaftet, denn auch der Begriff ist ihm zufolge eine Vorstellung (vgl. KK, B 399), die nur dann «Sinn, d.i. Bedeutung» hat, wenn man sie «sinnlich» macht, «d.i. das ihm korrespondierende Objekt in der

Anschauung» darlegt (KK, B 299). Er folgt auch gänzlich der bis auf Platon zurückgehenden Synthesistheorie des Urteils, der zufolge im Urteilsinhalt *(propositio)* ‹S ε P› eine Verknüpfung von Redeteilen vorliegt, die unabhängig davon schon etwas bedeuten, seien es Namen *(onómata)* oder Prädikatswörter *(rhémata)*; in diesem Sinn versteht auch Aristoteles die *rhémata* als *onómata* eigener Art, die wie alle Zeichen etwas anzeigen, nämlich durch die Rede «in der Seele hervorgerufene Vorstellungen *(pathémata)*».

Philosophen wissen, dass die Synthesistheorie des Urteils trotz ihrer erhabenen Herkunft in die Irre geht und dass sie mehr Probleme aufwirft als löst. In dem viel zitierten Beispiel, in dem Gaius demonstriert wird, dass er sterblich ist, heißt es: «Gaius ist ein Mensch.» ‹Gaius› ist ein singulärer Terminus, der sich auf das Individuum mit dem Namen Gaius bezieht, aber worauf bezieht sich der Ausdruck ‹Mensch›? Dies zu sagen, ist nicht ganz einfach, denn es ist ja ein Begriffswort, also ein genereller Terminus, mit dem man sich im Prinzip auf unendlich viele Individuen beziehen kann. Bleibt man bei der Synthesistheorie des Urteils, muss man erklären können, wofür das Begriffswort ‹Mensch› steht oder was es unabhängig von seiner Verknüpfung im Urteil repräsentiert. Dies führt notwendig in den alten Universalienstreit über die Existenz bzw. Nichtexistenz abstrakter Gegenstände oder in die rätselhafte Theorie «allgemeiner Vorstellungen», mit der John Locke Sinn und Bedeutung der Begriffswörter zu sichern versuchte. Ihr zufolge stammen solche allgemeinen «Ideen» wie «Schönheit, Dankbarkeit, Mensch, Armee, Universum» aus der Fähigkeit des Verstandes, zu abstrahieren, das heißt, verschiedene einfache «Ideen» in einer einzigen zu verbinden, die das ihnen Gemeinsame repräsentiert. (L II, XII, §1)

Schon George Berkeley (1685–1753) und später David Hume (1711–1776) wiesen darauf hin, dass es unmöglich ist, sich eine allgemeine Vorstellung wie ‹Mensch› tatsächlich vorzustellen, dass man sich immer nur einen individuellen Menschen vorstellen kann, der dann als Exempel für das Gattungswesen ‹Mensch› dienen mag.[42] Solche Schwierigkeiten sind aber vermeidbar, wenn man die Voraussetzung aufgibt, Begriffswörter müssten als solche, unabhängig von ihrer Synthesis im Urteil etwas bedeuten$_F$. Frege zufolge ist die Bedeutung$_F$ des Begriffswortes ‹Mensch› der Begriff ‹Mensch›, aber was sind Begriffe? Er sagt dazu: «Der Begriff – wie ich das Wort verwende – ist prädikativ. (Fußnote: Er ist nämlich die Bedeutung eines grammatischen Prädikats.) Ein Gegenstandsname hingegen, ein Eigenname ist durchaus unfähig, als grammatisches Prädikat gebraucht zu werden.»[43] Die Bedeutung des Begriffswortes ‹Mensch› ist demzufolge das Prädikat ‹… ist ein Mensch›, das man Sokrates mit Grund zusprechen und unserer Katze nicht zusprechen kann. Entscheidend dabei ist, dass in dieser Deutung des Urteils die Kopula ‹ε› in das Prädikat mit hineingenommen wird, wodurch sie ihre selbstständige Bedeutung verliert; der Preis dafür ist , dass das so verstandene Prädikat ‹… ist ein Mensch› zu einem «ungesättigten» Ausdruck wird, der nur dadurch Sinn und Bedeutung erhält, dass er durch einen Subjektausdruck zu einem ganzen Satz vervollständigt wird. Behauptet man, dass Gaius unter den Begriff ‹Mensch› fällt, sagt man, dass das Prädikat ‹… ist ein Mensch› auf Gaius zutrifft und damit einen wahrheitsfähigen Satz ermöglicht.

Die Herkunft der fregeschen Urteilstheorie aus der Philosophie der Mathematik ist bekannt, und diese Tatsache musste lange als Einwand herhalten. In der Tat wird damit die herkömmliche Synthesistheorie durch eine Funktionstheorie ersetzt, der zufolge Prädikatausdrücke als Satzfunktionen erscheinen, die zunächst weder Sinn noch Bedeutung haben, sondern dazu erst dadurch gelangen, dass in ihre Leerstelle ein Eigenname$_F$ eingesetzt wird. Dabei entspricht dem ‹… ist ein Mensch› der Funktionsausdruck ‹fx› und ‹Gaius› der Individuenkonstante a, und erst wenn man vom ‹fx› zum ‹fa› übergeht, hat man es mit einem ganzen Satz zu tun. Diese Funktionstheorie des Urteils ist heute philosophisches Gemeingut und wird in verschiedenen Versionen vertreten, aber allen ist gemeinsam, dass sie nicht länger die Urteile im Sinne von Behauptungssätzen als bloße Verbindungen einfacher Benennungen auffassen. Natürlichsprachliche Subjekt- und Prädikatausdrücke sind grammatisch und logisch-semantisch verschieden. So ist in dem Beispiel ‹Gaius ist ein Mensch› ‹Gaius› der singuläre und ‹Mensch› der generelle Terminus. Mit singulären Termini beziehen wir uns auf etwas, um etwas von ihm auszusagen. Dieser Unterschied zwischen Denotation und Prädikation bleibt nur dann deutlich, wenn wir mit Frege darauf bestehen, dass die singulären Termini niemals die Prädikatfunktion übernehmen können, was umgekehrt bedeutet, dass wir die generellen Termini an der Prädikatstelle nicht dem Verdacht aussetzen, in dieser Funktion unabhängig von ihrer Stellung in ganzen Behauptungssätzen etwas zu denotieren.

Wenn wir vielleicht behaupten, ein bestimmter Philosoph XY sei ‹ein Sokrates›, haben wir dieses Wort nicht mehr als singulären, sondern als generellen Terminus verwendet, was er auch immer bedeuten mag. Wir können freilich auch über Begriffe reden, aber wenn wir sie zum Redegegenstand machen und sagen: «Der Begriff ‹Mensch› ist nicht leer», dann ist der Redeteil «Der Begriff ‹Mensch›» kein Begriff, also kein genereller, sondern ein singulärer Terminus.[44] Um darüber etwas sagen zu können, braucht man wieder generelle Termini oder Begriffe höherer Stufe, also Prädikate, die auf prädikative Ausdrücke anwendbar sind.[45]

Bei Kant finden sich in seiner Urteilstheorie Formulierungen, die Freges Konzeption unmittelbar vorwegzunehmen scheinen. Er bezeichnet Begriffe als «Prädikate möglicher Urteile», die sich «auf irgend eine Vorstellung von einem noch unbestimmten Gegenstande» (KK, B 94) beziehen. Zudem beruhen Kant zufolge die Begriffe auf «Funktionen», aber die

Differenz zu Frege wird in der folgenden Erläuterung deutlich: «Ich verstehe aber unter Funktion die Einheit der Handlung, verschiedene Vorstellungen unter einer gemeinschaftlichen zu ordnen» (KK, B 93); also ist hier der Begriff doch als eine «gemeinschaftliche» Vorstellung verstanden, die der Verstand beim Urteilen an der Prädikatstelle bereitstellt, aber eben nicht in der Form «ungesättigter» Prädikate, sondern mit eigenständiger Referenz.

5 Denken und Sprechen

Wenn man mit Aristoteles die Sprache als den Inbegriff von Zeichen für die in der Seele hervorgerufenen Vorstellungen versteht und hinzusetzt, dass es sich dabei nicht um natürliche Zeichen handeln kann, weil sonst die faktische Verschiedenheit der Sprachen unerklärbar wäre, stellt sich die Frage, wie es möglich ist, Ausdrücke der einen Sprache in die einer anderen zu übersetzen. Es heißt dazu: «Was aber durch beide [Laute und Schrift – H.S.] an erster Stelle angezeigt wird, die einfachen seelischen Vorstellungen, sind bei allen Menschen dieselben, und ebenso sind es die Dinge, deren Abbilder die Vorstellungen sind.» (APH, 16a) Die Voraussetzung, dass sich wirklich bei allen Menschen bei denselben realen Umständen dieselben Vorstellungen einstellen, gilt damit als die natürliche Basis der menschlichen Verständigung trotz ihrer nichtnatürlichen Verständigungsmittel. Die Frage ist dann, wie diese Zeichen zustande kommen; Aristoteles' Antwort lautet: «Durch Übereinkunft *(synthéke)*» (APH, 16a); die Sprache gilt demzufolge als ein konventionelles Zeichensystem.

Wie und wann Menschen solche Zeichenkonventionen eingegangen sein sollen, erfährt man bei Aristoteles nicht, denn ihm ging es nur darum, die Sprache der Menschen von tierischen Signalsystemen abzusetzen und auf ihren spezifischen Charakter als Lebewesen, die den *lógos* besitzen *(zóon lógon éxon)*, zu beziehen. Dabei bedeutet ‹*lógos*› sowohl ‹Sprache› wie ‹Vernunft›. «Die Stimme *(phoné)* zeigt Schmerz und Lust an und ist darum auch den anderen Lebewesen eigen … die Sprache dagegen ist dazu da, das Nützliche und Schädliche anzuzeigen *(semaînein)* und so auch das Gerechte und Ungerechte. Dies ist nämlich im Gegensatz zu den anderen Lebewesen dem Menschen eigentümlich, daß er allein die

Wahrnehmung *[aísthesis]* des Guten und Schlechten, des Gerechten und Ungerechten und so weiter besitzt.» (AP, 1253a 11 ff.) ‹Wahrnehmung› ist hier im weiten Sinn des Etwaserfassen-Könnens zu verstehen, und da es sich hier um das Erfassen allgemeiner begrifflicher Bestimmungen handelt, ist dazu die Tätigkeit des vernünftigen Seelenteils erforderlich, über den nach Aristoteles nur der Mensch verfügt; dessen Fähigkeiten umfassen das Überlegen *(logízesthai)* ebenso wie das Erkennen *(epistemonikón)*. (Vgl. ANE, 1139a 3ff.)

Die Verbindung von Sprache und Vernunft, die zu den anthropologischen Grundüberzeugungen unserer philosophischen Tradition gehört, ist bei Aristoteles als eine Relation von Mittel und Zweck zu denken. Er geht davon aus, dass die Menschen von Natur aus dazu bestimmt ist, in staatlichen Gemeinschaften zu leben *(zôon politikón)*, und gutes Leben ist hier nur möglich, wenn sie erkennen, was für sie das Gute und Gerechte ist. Also nicht Leben überhaupt, sondern das gute Leben ist der menschliche Lebenszweck. Dazu bedarf es aber neben der Erkenntnis des Guten und Gerechten auch der gemeinsamen Verständigung darüber, und die Sprache ist dabei das unentbehrliche Mittel.

Dass die Sprache ein nichtnatürliches Werkzeug sei, dessen sich die Menschen zu ihren eigenen Zwecken bedienen, ist eine Lehre, die seit Aristoteles bis ins 18. Jahrhundert unangefochten in Geltung blieb. Die Frage, wie die Menschen dazu kamen, blieb dabei nicht ohne Antwort. Schon in Platons Dialog *Kratylos* wird erwogen, ob die Sprache, wenn sie nicht natürlich *(phýsei)* ist, sondern auf Setzung beruht *(thései)*, nicht auf einen Gesetzgeber *(nomothétes)* verweist, der den Gebrauch des Werkzeugs *(órganon)* ‹Sprache› regelte und lehrte. (PK, 388e)

Der Bibel zufolge kann Adam im Paradies wohl von Anfang an sprechen, denn vor der Erschaffung der Frau wird ihm von Gott verboten, vom «Baum der Erkenntnis des Guten und Bösen» zu essen, was Adam offenbar versteht; er wurde demnach als sprachfähiges und sprachschöpferisches Wesen erschaffen. In der Genesis heißt es: «Denn als Gott der Herr gemacht hatte von der Erde allerlei Tiere auf dem Felde und allerlei Vögel unter dem Himmel, brachte er sie zu dem Menschen, daß er sähe, wie er sie nennte; denn wie der Mensch allerlei lebendige Tiere nennen würde, so sollten sie heißen. Und der Mensch gab einem jeglichen Vieh und Vogel unter dem Himmel und Tier auf dem Felde seinen Namen.» (Genesis 2, 19 ff.) Dieses Verfahren betrifft dann auch die Frau, die aus Adams Rippe geschaffen wird, denn als er sie erblickte, «sprach der Mensch: Das ist doch Bein von meinem Bein und Fleisch von meinem Fleisch; man wird sie Männin nennen, darum daß sie vom Manne genommen ist.» (Genesis 2, 23) Für die Autoren der *Genesis* ist somit der platonische Gesetzgeber der Sprache der Schöpfergott selbst, der Teile seiner Kompetenz dem ersten Menschen zuweist und ihm zum Namensgeber für die lebendigen Wesen in seiner Nähe macht; in beiden Bereichen aber ist die Sprache festgesetzt *(thései)*, also teils göttlichen, teils menschlichen Ursprungs. Zudem gibt es der Bibel zufolge bis zum Turmbau zu Babel nur eine einzige Sprache, und ihre Zersplitterung in viele Einzelsprachen ist die Strafe Gottes für den Hochmut der Turmbauer. (Genesis 11, 1 ff.)

Die Gegenthese, dass die Sprache etwas ganz Natürliches sei *(phýsei)*, wird im Dialog *Kratylos* ebenfalls ausführlich diskutiert; zentral ist dabei die Vermutung, die Stammwörter beruhten letztlich auf Nachahmung *(mímesis)* mit stimmlichen Mitteln, sodass das nachgeahmte Blöken der erste Name des Schafes und das nachgeahmte Krähen der erste Name des Hahnes sei. (PK, 423b) Diese Nachahmungstheorie blieb freilich nicht die einzige unter den abenteuerlichen Versuchen, die Sprachentstehung zu erklären; über sie amüsieren sich die Linguisten: «Im Laufe der Zeit entstanden ungezählte, teils gelind absurde Theorien, später meist auf farbige Spitznamen getauft. Die Theorie, der zufolge die ersten menschlichen

Wörter Nachahmungen diverser Naturlaute waren, nannte man Wauwau-Theorie. Außer ihr gab es die Aua-Theorie: Sprache sei aus stark gefühlsbetonten Ausrufen und Aufschreien hervorgegangen. Die Hauruck-Theorie: Am Anfang aller Sprache stünden die Ausrufe bei anstrengender gemeinsamer Körperarbeit. Die Dingdong-Theorie: So wie jedes Ding eine natürliche Resonanz habe, so bringe auch jeder Eindruck im Kopf einen charakteristischen Laut hervor. Die Tata-Theorie: Die Zunge mache die Handbewegungen der Gebärdensprache (etwa des Winkens) nach. Die Trarabumm-Theorie: Sprache habe mit rituellen Tänzen und Beschwörungen begonnen. Die Singsang-Theorie: Sprache sei aus Gesängen hervorgegangen (bzw. aus festlichem Sang und Tanz).»[46]

Aristoteles' Annahme, die Sprache beruhe auf «Übereinkunft», steht allerdings vor einem unlösbaren Problem: Die Möglichkeit, im Hinblick auf irgendetwas Bestimmtes zu einem Übereinkommen zu gelangen, setzt bereits Sprache voraus. Im Bereich tierischer Signalsysteme gibt es keine Konventionen, denn die sind angeboren, was freilich bestimmte Modifikationen nicht ausschließt. Dass es auch «stillschweigende» Konventionen gibt, denen kein ausdrücklicher Sprachgebrauch zugrunde liegt, ist nicht zu bestreiten und gilt auch für die Sprache,[47] aber ohne Sprachfähigkeit im weitesten Sinn sind sie nicht zu erklären. Dass sich das Bitte-Danke-Sagen oder das gegenseitige Grüßen bei uns einbürgerte, geht sicher nicht auf irgendeine explizite Verabredung zurück, aber die Menschen, die das praktizieren, müssen zumindest die einschlägigen Situationen und das, was darin zu tun ist, identifizieren können. Hinzu kommt, dass Konventionen keine Naturgesetze sind, die unser Verhalten mit Notwendigkeit bestimmen, sondern Regeln, gegen die man auch verstoßen kann; sie sind normativ, was bei den Adressaten auch dann, wenn sie diese Regeln nicht explizit formulieren können, ein Wissen davon voraussetzt, welche Sanktionen bei einem Regelverstoß zu erwarten sind.

Wenn Wittgenstein sehr provokativ vom «Abrichten» (WPU, § 206) beim Spracherwerb spricht, klingt dies nach Dressur, aber ein dressiertes Pferd hat nicht die Möglichkeit, auf ein Signal zu reagieren oder nicht zu reagieren. Was Wittgenstein meint, ist die Tatsache, dass wir als Kinder in die Regeln unserer Sprachspiele, die zugleich Lebensformen sind, eingewöhnt werden, ohne dass man sie uns erklären kann; erst auf einer höheren Stufe des Sprachvermögens kann man mit Kindern über sprachliche Regeln sprechen. Nicht nur für die Wortsprache, sondern auch für die anderen menschlichen Symbolsysteme wie Gesten, Bilder oder Töne gilt, dass die Teilhabe an ihnen zumindest eine elementare Fähigkeit des Symbolgebrauchs voraussetzt und diese nur aktiviert; Menschenkinder sind keine Papageien. Es ist irrig, zu glauben, Sprachvermögen ließe sich nach dem Reiz-Reaktions-Schema und durch Konditionierung erklären.[48]

Ein prominentes Beispiel für einen solchen Versuch ist die Sprachentstehungstheorie von Étienne Bonnot de Condillac (1714–1780). Angeregt durch die Sprachtheorie John Lockes hatte er aufzuzeigen versucht, dass die Sprache einen ganz natürlichen Ursprung hat; dieser sei in der gleichen akustischen Reaktion der Naturmenschen auf gleiche oder ähnliche Wahrnehmungen und Erlebnisse zu suchen. Die Wörter seien somit Abkömmlinge von Schreien oder Seufzern als den ursprünglichen Bedeutungsträgern, die von den einzelnen Individuen wegen der natürlichen Gleichheit der Äußerungsbedingungen in gleicher Weise verstanden werden könnten. Auf dieser Grundlage hätten die Menschen die Sprache zu erfinden vermocht. Um dies plausibel zu machen, operiert er ganz ähnlich wie die Rechts- und Sozialphilosophen seiner Zeit mit einem fiktiven Naturzustand: Zwei Kinder in der Wüste, ohne jede Kenntnis von Zeichen, haben nichts anderes zur Verfügung als bestimmte Schreie, die sie in bestimmten Situationen ausstoßen. Durch den Umgang miteinander lernten sie angeblich, «mit dem Geschrei der

Empfindungen die Gedanken zu verbinden, deren natürliche Zeichen jene sind» (Hr, 12 f.).

Hatte Aristoteles die sprachlichen Laute als Zeichen der durch die Dinge in der Seele hervorgerufenen Empfindungen angesehen, so möchte Condillac diesen Zeichencharakter, der nach Aristoteles konventionell ist, selbst naturalisieren, das heißt, als etwas ganz Natürliches erweisen, denn ihm zufolge sind jene «Schreie», auf die sich alles soll zurückführen lassen, «natürliche Zeichen» der Gedanken; aber dass sie dies sind, sollen die Kinder in der Wüste erst durch den Umgang miteinander lernen. Dann stellt Condillac Vermutungen darüber an, wie sich die konventionelle Komponente der Sprache allmählich einstellen konnte: «Durch das Wiederkommen ähnlicher Umstände gewöhnen sie sich, mit den Schällen der Empfindungen und den Zeichen des Körpers Gedanken zu verbinden. Schon bekommt ihr Gedächtnis Übung. Schon können sie über ihre Einbildung walten, und schon – sind sie so weit, das mit Reflexion zu tun, was sie vorher bloß durch Instinkt taten.» (Hr, 13)

Dass sich bei der Entstehung der Sprache der Übergang vom Instinkt zur Reflexion nicht so abgespielt haben kann, wie es Condillac postuliert, weil es sich dabei um einen qualitativen Sprung handelt, hat Johann Peter Süßmilch (1707–1767) in seiner Schrift *Versuch eines Beweises, daß die erste Sprache nicht vom Menschen, sondern allein vom Schöpfer ihren Ursprung erhalten habe*[49] gezeigt. Ihm zufolge setzt die Fähigkeit, «ähnliche Umstände» als ähnliche zu identifizieren und damit «Gedanken» zu verbinden, Denken und damit Vernunft schon voraus. Da Vernunft nicht ohne Sprache möglich ist, muss bei der Erfindung der Sprache das Sprachliche schon im Spiel gewesen sein, und somit ist Condillacs Modell zirkulär und erklärt nichts. In anderer Terminologie kann man dies so fassen: Der naturalistische Empirismus versucht, die Differenz zwischen den situationsabhängigen Signalen, die zum natürlichen Repertoire höherer Tiere gehören, und den bedeutungstragenden Symbolen von der Signalebene her zu erschließen, aber um dies glaubhaft zu machen, muss er insgeheim schon die Fähigkeit zur Bildung situationsunabhängiger Zeichen voraussetzen. Zwischen Signalen und Symbolen besteht kein bloß gradueller Unterschied. Hinzu kommt, dass Condillac und die Seinen nicht erklären können, wie jener Umgang, bei dem man lernt, Gedanken mit Lauten und Gesten zu verbinden, ohne Sprache möglich sein soll; es muss doch immer schon etwas als etwas verstanden worden sein, damit man es als das und nicht jenes identifizieren kann, um es dann mit gemeinsamen Zeichen zu verbinden.

Süßmilch schloss aus der Einsicht, dass Vernunft Sprache erfordert und umgekehrt Sprache Vernunft voraussetzt, dass die Sprache keinen «natürlichen» Ursprung im Sinne des klassischen Empirismus haben könne; also müsse man zum göttlichen Ursprung «seine Zuflucht nehmen».[50] Johann Gottfried Herder (1744–1803) schließt sich zwar dieser Diagnose Süßmilchs an (Hr, 12 ff. und 28 f.), folgt ihm aber nicht bei den Konsequenzen. Die These vom göttlichen Ursprung der Sprache, wie sie auch Herders Zeitgenosse Johann Georg Hamann (1730–1788) vertreten hatte, führt nämlich in denselben «Kreisel» der Argumente: Sollte Gott Adam und Eva im Paradies wirklich die Sprache gelehrt haben, so ist doch zu fragen: «Wie kann der Mensch durch göttlichen Unterricht Sprache lernen, wenn er keine Vernunft hat? Und er hat ja nicht den mindesten Gebrauch der Vernunft ohne Sprache. Er soll also Sprache haben, ehe er sie hat und haben kann?» (Hr, 28) Auch ein grammatischer Gesetzgeber muss bei seinen Adressaten Sprache voraussetzen, denn wie könnten sie sonst seine Anweisungen verstehen?

Plausibel ist dieses Modell des Spracherwerbs durch Sprachunterricht nur, wenn man es nach dem Muster des Zweitsprachenerwerbs konstruiert; im Common Sense ist dies sehr verbreitet und es findet sich auch in den angeblichen Erinnerungen des Augustinus an das eigene Sprechenlernen.

Nachdem er die betreffende Passage aus den *Confessiones* zitiert hat (vgl. WPU, § 1), sagt Wittgenstein dazu: Augustinus beschreibt «das Lernen der menschlichen Sprache so, als käme das Kind in ein fremdes Land und verstehe die Sprache des Landes nicht; das heißt: so als habe es bereits eine Sprache, nur nicht diese. Oder auch: als könne das Kind schon *denken,* nur noch nicht sprechen. Und ‹denken› hieße hier etwas, wie: zu sich selber reden.» (WPU, § 32)

Herder zeigt, dass die Alternative «natürlicher vs. göttlicher Ursprung» der Sprache unentscheidbar ist, weil beide Erklärungen zirkelhaft sind. Gegen Condillac ist mit Süßmilch zu sagen: «Kein Mensch kann sich selbst Sprache erfunden haben, weil schon zur Erfindung der Sprache Vernunft gehört, folglich schon Sprache hätte da sein müssen, ehe sie da war.» Und gegen Süßmilch gilt, wie bereits zitiert: «Wie kann der Mensch durch göttlichen Unterricht Sprache lernen, wenn er keine Vernunft hat? Und er hat ja nicht den mindesten Gebrauch der Vernunft ohne Sprache. Er soll also Sprache haben, ehe er sie hat und haben kann?» Herder nennt Süßmilchs Schlussart einen «ewigen Kreisel», was aber auch für die naturalistische Erklärung der Sprachentstehung gilt, und Herder fährt fort : «So halte ich den ewigen Kreisel an, besehe ihn recht, und nun sagt er etwas ganz anderes: *ratio et oratio* [Vernunft und Sprache – H.S.]. Wenn keine Vernunft dem Menschen ohne Sprache möglich war, wohl, so ist die Erfindung dieser dem Menschen so natürlich, so alt, so ursprünglich, so charakteristisch, als der Gebrauch jener.» (Hr, 28) Damit tritt an die Stelle des Streitpunkts «natürlich vs. göttlich» die These vom menschlichen Ursprung der Sprache: «Man sieht, wenn man einmal den Punkt der genauen Genese verfehlt, so ist das Feld des Irrtums zu beiden Seiten unermeßlich groß: da ist die Sprache bald so übermenschlich, daß Gott sie erfinden muß, bald so unmenschlich, daß jedes Tier sie erfinden könnte, wenn es sich die Mühe nähme. Das Ziel der Wahrheit ist nur ein Punkt, auf den hingestellt, sehen wir aber auf alle Seiten: warum kein Tier Sprache erfinden kann, kein Gott Sprache erfinden darf und der Mensch, als Mensch, Sprache erfinden kann und muß». (Hr, 29)

Diesen Vorgang erklärt Herder durch den Hinweis auf eine ursprüngliche rationale Fähigkeit des Menschen, nämlich die der «Besonnenheit», das heißt, Merkmale von Dingen in der Erfahrungswelt festzuhalten, was er aber nicht ohne die gleichzeitige Bildung von «Merkworten» vermag, und so gilt: «Das erste Merkmal, das ich erfasse, ist Merkwort für mich und Mitteilungswort für andere.» (Hr, 30) Herder erläutert dies anhand des Schafs, das blökt; das «Merkwort» ist dann «das Blökende». (Vgl. Hr, 23 f.) Demzufolge habe der Mensch, als er seine Vernunft betätigte, gar nicht anders gekonnt, als dabei zugleich Sprache zu erfinden.

Wilhelm von Humboldt (1767–1835) hat diesen Gedanken einer ursprünglichen und unzertrennlichen Produktivität von Denken und Sprechen in seiner Sprachphilosophie aufgenommen und weiter ausgebaut. Wenn die Sprache das «bildende Organ des Gedankens»[51] ist, dann ist die Sprache unhintergehbar, und man kann dann sie nicht mehr wie die aristotelisch-empiristische Tradition auf ein sekundäres Instrumentarium der Konservierung und Kommunikation zunächst sprachunabhängiger Begriffe und Gedanken reduzieren. Umgekehrt erweist sich damit die Basis angeblich vorsprachlicher Bewusstseinstatsachen, auf die die naturalistischen Bedeutungstheorien in sprachkritischer Absicht zurückgreifen wollen, als leere Fiktion. Die Erfahrungswelt ist uns ursprünglich durch die Sprache und analoge Symbolsysteme erschlossen, und «objektiver geht es nun einmal nicht».[52] Damit ist dann auch die herkömmliche Voraussetzung erschüttert, alle Menschen hätten angesichts derselben Dinge und Ereignisse dieselben Erfahrungsdaten, die sie dann in konventionell verschiedener Weise bezeichneten. Abgesehen von dem Problem, wie Konventionen möglich seien ohne

Sprachvermögen, vermag man angesichts der ursprünglichen produktiven Einheit von Vernunft und Sprache nichts Sprachunabhängiges mehr zu identifizieren, auf das man sich sekundär einigen könnte. Wenn die Sprache selbst «weltbildend» ist, wie Humboldt zeigte, stellt sich freilich die Frage, ob die Menschen nicht in ebenso vielen Welten leben, wie es Sprachen gibt; dieses Problem des linguistischen Relativismus ist ohne Zweifel schon bei Humboldt angelegt, wurde aber erst durch Sapir und Whorf sprachwissenschaftlich weiterverfolgt.[53]

Irritierend ist in der Philosophie, dass sie bisweilen zweimal denselben Weg zurücklegen muss, um ein und dasselbe Ziel zu erreichen. Ludwig Wittgenstein schreibt im *Tractatus* – gewiss ohne Kenntnis von Herder und Humboldt: «*Die Grenzen meiner Sprache* bedeuten die Grenzen meiner Welt … Daß die Welt *meine* Welt ist, das zeigt sich darin, daß die Grenzen *der* Sprache (der Sprache, die allein ich verstehe) die Grenzen *meiner* Welt bedeuten.» (WT, 5.6 und 5.62) Herders und Humboldts Einsichten in die Untrennbarkeit von Denken und Sprechen hinderten die akademische Philosophie nicht daran, bis weit ins 20. Jahrhundert beim mentalistischen Vokabular zu bleiben, also weiterhin in den Termini von ‹Vorstellung›, ‹Begriff›, ‹Gedanke›, ‹Urteil› etc. zu philosophieren, als hätte es vor allem Humboldt, den man nur als Sprachtheoretiker akzeptierte, nie gegeben. Erstaunlich daran ist, dass vor allem die Phänomenologie Edmund Husserls und seiner Schüler trotz ihrer Kritik am Empirismus bei der lockeschen Werkzeugtheorie der Sprache stehen blieb und glaubte, mit der Beschreibung reiner Bewusstseinstatsachen hinter die Wortsprache zurückgelangen und von dort aus Sinn und Bedeutung der verbalen Ausdrücke kritisch in den Blick nehmen zu können. So forderte Max Scheler die radikale Entsymbolisierung der Welt,[54] durch die man überhaupt erst der Phänomene ohne symbolische Verzerrungen ansichtig werden könne. Selbst für den frühen Martin Heidegger ist die «Rede» ein «Existenzial», das mit «Befindlichkeit und Verstehen ... gleichursprünglich» ist und sich in «Bedeutungen» artikuliert, denen Worte «zuwachsen» (SZ, 161); erst im Spätwerk hat Heidegger die ursprünglich sprachliche Erschlossenheit der Welt akzeptiert.

Nach dem *linguistic turn*, der in der deutschsprachigen Philosophie erst in den 1960er-Jahren durch die Rezeption der sprachanalytischen Philosophie wirksam wurde, finden wir es erstaunlich, dass die herkömmliche Bewusstseinsphilosophie den Bewusstseinstatsachen so uneingeschränkt vertraute und sie als sicheres Fundament der philosophischen Kritik ansah; man fragt sich, wie es möglich war, dasjenige, was jeder am Ort seines eigenen privaten Bewusstseins vorfindet, für zuverlässiger zu halten als das in der öffentlichen sprachlichen Kommunikation Zugängliche. In Wahrheit handelt es sich bei diesem methodischen Solipsismus um ein cartesianisches Erbe, das nahelegt, jeder Philosophierende solle von seinem eigenen *cogito* ausgehen, dann sei er in Sicherheit. Die Folge waren die beiden Probleme der Existenz der Außenwelt und der Zugänglichkeit des Fremdpsychischen, die im mentalistischen Paradigma niemals befriedigend gelöst werden konnten. Die intersubjektiven Voraussetzungen dieses Ausgangs vom reinen *ego*, zu denen zumindest die Selbstverständigung in einer natürlichen Sprache und das Festhalten an traditionellen Argumentationsmustern wie ‹Bewusstsein–Gegenstand› oder ‹Substanz–Akzidens› gehören, blieben dabei außer Betracht. Das wichtigste Hindernis für die Aufklärung dieser Hintergründe des Cartesianismus war das nahezu uneingeschränkte Vertrauen der Philosophen in ihre traditionelle Bildungssprache, also die Terminologie, in der seit Aristoteles, Cicero und der Scholastik die philosophische Bildung weitergegeben worden war. Misstrauen gegen dieses Erbe galt darum lange Zeit als ungebildet; und wer es artikulierte wie Friedrich Nietzsche, sich davon in seinem Denken bestimmen ließ und alternative Sprachformen erprobte, erschien vor diesem Hintergrund nicht als «richtiger» Philosoph, sondern als Literat.

Dies kann man nur historisch erklären. Zum einen ist hier die Dominanz des Neukantianismus an den deutschen Universitäten seit der Mitte des 19. Jahrhunderts zu nennen, der die Sprachform der kantischen Transzendentalphilosophie weitgehend konservierte. Entscheidend war auch das Jahr 1933, in dem nicht nur Ernst Cassirer mit seiner *Philosophie der symbolischen Formen*, die die Ideen Herders und Humboldts weiterführte, sondern auch die wenigen Philosophen, die wie die Mitglieder des Wiener Kreises (Moritz Schlick, Rudolf Carnap, Otto Neurath u.a.) die Ideen Gottlob Freges, Bertrand Russells und Ludwig Wittgensteins aufgegriffen hatten, durch die Nazis in die Emigration getrieben wurden; sie verschwanden von der philosophischen Bildfläche und wurden erst nach Kriegsende allmählich wiederentdeckt. Inzwischen war Martin Heidegger seine wichtigsten Konkurrenten los, und er und seine Schüler konnten jahrzehntelang gemeinsam mit den Philosophieprofessoren, die allein die historisch-hermeneutische Forschung für wissenschaftlich hielten, die philosophische Szene beherrschen. Entsprechend hartnäckig war der Widerstand gegen das «Neue» der Analytischen Philosophie und Wissenschaftstheorie, das sich für die Traditionalisten wie eine philosophische *reeducation* durch den philosophischen Imperialismus der Angelsachsen ausnahm.

Die Bewusstseinsphilosophie vermochte niemals zu zeigen, wie man denken kann, ohne bereits Sprache zu gebrauchen; genau dies aber war ja die Voraussetzung der mentalistischen Referenztheorie der Bedeutung, der zufolge Vorstellungen als reine Bewusstseinsphänomene dasjenige sind, was Wörter bedeuten, wenn sie überhaupt etwas bedeuten. Wittgenstein fordert an dieser Stelle ironisch dazu auf, den Gedanken «Es regnet» zu denken, ohne dabei die Wörter ‹es› und ‹regnet› zu benutzen: «‹Der Zweck der Sprache ist,

Gedanken auszudrücken.› – So ist es wohl der Zweck jedes Satzes, einen Gedanken auszudrücken. Welchen Gedanken drückt also zum Beispiel der Satz ‹Es regnet› aus?» (WPU, § 501) Was bei dem Versuch, einen solchen Gedanken unabhängig von seinem sprachlichen Ausdruck zu fassen, herauskommt, ist bestenfalls eine ganz subjektive Fantasie dessen, was geschieht, wenn es regnet, aber die kann als ganz private nicht das sein, was jener Satz in der öffentlichen Sprache bedeutet. Es liegt somit hier eine Verwechslung einer solchen Bedeutung mit den subjektiven Begleitvorstellungen vor, die sich beim Sprecher einstellen mögen, wenn er etwas Bestimmtes sagt; tatsächlich handelt es sich dabei aber nicht um philosophisch belastbare Fakten, sondern um «illustrierte Redewendungen». (WPU, § 295) Wie Humboldt sagt Wittgenstein: «Wenn ich in der Sprache denke, so schweben mir nicht neben dem sprachlichen Ausdruck noch ‹Bedeutungen› vor; sondern die Sprache selbst ist das Vehikel des Denkens.» (WPU, § 329)

Damit erweist sich auch die Rede von «Introspektion» als der einzig zuverlässigen philosophischen Methode, wie Augustinus und Fichte mit Nachdruck behaupteten, als eine irreführende Metapher: Unsere Augen sind nach außen gerichtet, wir können nicht in uns hineinsehen, um im «Inneren» irgendetwas zu erblicken. Wir können freilich uns selbst beobachten und uns beim Sprechen zuhören; dadurch können wir unser Sprechen und das von uns Gesprochene zum Thema machen, aber eben nur im Medium der Sprache, die uns diese Möglichkeit eröffnet. Die Tradition sprach hier von Reflexion und verwandte dabei einen Ausdruck aus der Optik, um im Bild klar zu machen, wie es möglich ist, dass wir uns Gedanken über unsere Gedanken machen können, aber es geht nicht so, wie das Bild nahelegt – als sei unser Bewusstsein der Ursprung eines Aufmerksamkeitsstrahls, der unter bestimmten Umständen auf seinen Ursprung zurückgespiegelt werde und so Bewusstsein vom Bewusstsein, also Selbstbewusstsein erzeuge.[55] Wie schon Charles S. Peirce (1839–1914) in seiner Kantkritik zeigte, ist es uns unmöglich, ohne Zeichen zu denken,[56] und wenn das Denken unhintergehbar ein semiotischer Prozess ist, kann das, was die Tradition ‹Reflexion› nennt, nur in einem Zeichensystem auftreten, das in der Zeichenverwendung den Selbstbezug und damit die Selbstthematisierung zulässt; die natürliche Sprache ist ein solches Medium.[57]

In der Philosophie ist freilich der Konsens niemals vollständig, und wenn inzwischen in der Philosophie die Untrennbarkeit von Denken und Sprechen Gemeingut ist, so bestätigen auch hier Ausnahmen die Regel. Der Hauptstrom der französischen Autoren hat sich, wie etwa Maurice Merleau-Ponty, der These von der Unhintergehbarkeit der Sprache angeschlossen; das schließt freilich nicht aus, dass überzeugte Husserlianer weiterhin der introspektiven Methode vertrauen.

Bemerkenswert ist zudem, dass in der Sprachphilosophie versucht wurde, einen vorsprachlichen Diskurs, «mentalesisch» genannt, mit dem Ziel zu identifizieren, dadurch den Übergang von bloßen Bewusstseinszuständen zu propositionalen Einstellungen wie Überzeugungen, Wünschen etc. zu erklären; die These ist, dass dies nur möglich sei, wenn die mentalen Repräsentationen selbst schon bestimmte syntaktische und semantische Eigenschaften besitzen, die die Struktur dessen vorzeichnen, was wir zu meinen oder zu wünschen vermögen.[58] Diese Idee einer «Sprache des Geistes» vervollständigt nur die zweistufige Semiotik des Aristoteles, derzufolge die Wörter Zeichen der Vorstellungen und die Vorstellungen Zeichen der Dinge sind, um eine syntaktische Dimension; sie versucht nicht nur die Semantik, sondern auch die Syntax der Wortsprache auf die interne Struktur der Vorstellungen selbst zurückzuführen.

Ein Vorläufer dieser Theorie war Thomas Hobbes (1588–1679); er unterstellte einen «*Mentall Discourse*» (sic), also eine Gedankenfolge, die sich unmittelbar im Bewusstsein ereigne und die Grundlage für die Sprachentstehung bilde; diese gehe ursprünglich auf Gott selbst zurück, der Adam im Paradies das Benennen der anderen Lebewesen beibrachte. Man kann hier interpolieren, dass dieser Unterricht nur möglich war, weil Adam in seinem Bewusstsein zumindest schon über die Syntax des Benennens vor aller Namensgebung verfügte, und dies wäre ein Hinweis auf eine mit der Menschenschöpfung bereits vorhandene «Sprache des Geistes». Im Übrigen war Hobbes zufolge die gesamte weitere Sprachentwicklung vor und nach der babylonischen Sprachverwirrung Menschenwerk, und zwar strikt im Sinn der üblichen Werkzeugtheorie der Sprache.[59]

Wie es um das «Mentalesische» bestellt sein mag, können wir, wenn es um die Sprachform der Philosophie geht, auf sich beruhen lassen. Niemand vermag auf «Mentalesisch» zu philosophieren, da sich die Vertreter dieser «Sprache des Geistes» darin einig sind, dass sie niemals akustisch oder gar optisch realisiert wird. Es handelt sich um eine sprachphysiologische Hypothese und nicht um eine Rückkehr zur traditionellen Bewusstseinsphilosophie, die ja tatsächlich davon ausging, unser Denken könne im Vorfeld des Sprachgebrauchs operieren und den dort vorfindlichen reinen Bedeutungen die sprachliche Repräsentation nachträglich hinzufügen. Die sprachliche Bedingtheit ihres Philosophierens übersah sie wie jemand, der nicht bemerkt, dass er die Welt nur durch eine Fensterscheibe wahrnimmt.

Das Thema ‹Denken und Sprechen› wurde in der Philosophie meist nur im Hinblick auf die Wortsprache diskutiert, aber wenn es zutrifft, dass Denken nur als ein semiotischer Prozess denkbar ist, folgt daraus keineswegs, dass alles Denken nur im Medium der Wortsprache denkbar ist. Es ist absurd, zu behaupten, Leonardo hätte beim Malen der Mona Lisa oder Bach hätte bei der Komposition der Matthäuspassion nicht «gedacht». In der Philosophie scheint in der Tat die

Wortsprache unhintergehbar zu sein, aber schon in der Mathematik und der theoretischen Physik haben wir es mit Denken in sehr andersartigen Zeichensystemen zu tun. Dies gilt erst recht für die Kunst, sei es die bildende Kunst, Musik oder Tanz.

Darum empfiehlt es sich, bei der Frage des Verhältnisses von Denken und Sprechen den Sprachbegriff in Richtung einer allgemeineren Zeichentheorie zu erweitern. Ansätze dazu finden sich bereits bei Herder; in seiner Kantkritik schreibt er: «Was durch irgendein Zeichen ausgedrückt, festgehalten, verständlich gemacht werden kann, darf sich vor die Vernunft als eine Vernehmerin wagen ... Mittels der Sprache ist ihr alles gegeben, was sich durch Sprache im weitesten Sinne des Wortes ausdrücken läßt. Sie selbst ist und heißt Sprache.» (Hr, 226)

Wenn durch besonnene Reaktion des Menschen auf ein Erlebnis, die Herder auch als Reflexion bezeichnet, das herausgehobene Merkmal unmittelbar zum «innerlichen Merkwort» wurde, ist damit nicht notwendig schon ein Wort im Sinne einer natürlichen Sprache gemeint, sondern ein Symbol. Symbole sind im Unterschied zu Anzeichen, Symptomen oder tierischen Signalen nichtnatürliche Zeichen, die aus der Betätigung der rationalen Fähigkeiten des Menschen stammen; nur dadurch sind sie auch anderen Menschen verständlich, und so kann das «Merkwort für mich» zugleich «Mitteilungswort für andere» sein. Condillac hatte den vergeblichen Versuch unternommen, die Lücke zwischen den «Schreien» der Knaben in der Wüste, die zunächst nur reflexhafte Signale waren, und bedeutungstragenden Merk- und Mitteilungsworten zu schließen, was seine Theorie zum «Kreisel» werden ließ. Was fehlt, ist die Rolle der menschlichen Kreativität bei der Schaffung von Zeichensystemen, durch die sie sich im Ergebnis als nichtnatürliche erweisen. Wenn auf der anderen Seite Süßmilch den göttlichen Sprachunterricht beschreibt, den er im Sinn eines Zweitsprachenerwerbs versteht, ist ihm entgegenzuhalten: «Eltern lehren die Kinder nie Sprache, ohne daß diese [sie – H.S.] nicht immer selbst mit erfänden», und dieser aktive Beitrag ist unentbehrlich, wenn das lernende Kind «nicht wie ein Papagei bloß Worte ohne Gedanken sagen soll» (Hr, 29).

Der «ewige Kreisel» von Vernunft und Sprache im weitesten Sinn lässt sich somit nur im Rahmen einer allgemeinen Symboltheorie anhalten, die zeigt, dass der menschliche Weltumgang unhintergehbar an die Produktion und Verwendung nichtnatürlicher Zeichen gebunden ist. Die Semiotik von Charles S. Peirce, die im deutschsprachigen Raum viel zu spät rezipiert wurde, vor allem aber das Werk von Ernst Cassirer (1874–1945) und das Hauptwerk von Susanne K. Langer (1895–1985) haben wohl hinreichend gezeigt, dass naturalistische Reduktionen der menschlichen Sprache auf Signale, Reize und Reaktionen keine Chance haben. Im 19. Jahrhundert waren die Ideen von Herder und Humboldt weitgehend unbekannt; Humboldt vor allem war nur als Sprachwissenschaftler präsent. Erst Cassirer griff in seiner *Philosophie der symbolischen Formen* diese Tradition in ganzer Breite auf, rückte sie ins Zentrum seiner Philosophie, aber nicht ohne die Wortsprache als eine symbolische Form unter anderen zu bestimmen.[60] Was bei ihm über den elementaren Vorgang der Symbolisierung zu finden ist, steht im Kapitel «Symbolische Prägnanz»,[61] wo er zu zeigen versucht, wie es möglich ist, dass ein sinnliches Zeichen verständlichen Sinn zu repräsentieren vermag. Susanne K. Langer spricht an dieser Stelle von «symbolischer Transformation» als der elementaren Tätigkeit des Menschen, hinter die wir bei der Rekonstruktion unseres Welt- und Selbstverständnisses nicht zurückgehen können.[62] Wichtig ist ihre Unterscheidung zwischen präsentativen und diskursiven Symbolen:[63] Während diskursive Symbole, was ihre Verständlichkeit betrifft, wie die Wortsprache an das zeitliche Nacheinander gebunden sind, können präsentative Symbole auch in ihrem räumlichen Zugleichsein verstanden werden; paradigmatische Fälle sind hier Bilder, aber auch Schemata oder Baupläne.

Man kann Herders Sprachphilosophie als eine Theorie symbolischer Transformation im Sinne Langers lesen. Friedrich Nietzsches berühmter Aufsatz *Über Wahrheit und Lüge im außermoralischen Sinne* (1873), der vor allem in der philosophischen Lehre immer noch hohes Ansehen genießt, nimmt sich demgegenüber geradezu als eine Parodie aus und als missglückter Versuch, die Tatsache des symbolvermittelten Weltumgangs des Menschen zu erklären. In direktem Anschluss an Schopenhauer behauptet Nietzsche, der Intellekt des Menschen sei nur ein Hilfsmittel der Daseinssicherung, und er entfalte seine «Hauptkräfte» in der Verstellung, «denn diese ist das Mittel, durch das die schwächeren, weniger robusten Individuen sich erhalten, als welchen einen Kampf um die Existenz mit Hörnern oder scharfem Raubtier-Gebiß zu führen versagt ist. Im Menschen kommt diese Verstellungskunst auf ihren Gipfel: hier ist die Täuschung, das Schmeicheln, Lügen und Trügen ... so sehr die Regel und das Gesetz, daß fast nichts unbegreiflicher ist, als wie unter den Menschen ein ehrlicher und reiner Trieb zur Wahrheit aufkommen konnte.» (N III, 310) Lüge im außermoralischen Sinn ist demzufolge die elementare Existenzbedingung der Gattung ‹Mensch›, und der «Wahrheitstrieb» bloß das Streben nach einem Friedensschluss in diesem Täuschungskrieg aller gegen alle: «Jetzt wird nämlich das fixiert, was von nun an ‹Wahrheit› sein soll, das heißt, es wird eine gleichmäßig gültige und verbindliche Bezeichnung der Dinge erfunden, und die Gesetzgebung der Sprache gibt auch die ersten Gesetze der Wahrheit: denn es entsteht hier zum ersten Male der Kontrast von Wahrheit und Lüge.» (N III, 311)

Was die Menschen für Wahrheit halten und als etwas Unentbehrliches schätzen, ist demzufolge nichts anderes als der Inbegriff von Sprachkonventionen, ohne die das menschliche Zusammenleben nicht funktionierte; sie regeln den sozial akzeptablen Gebrauch von Worten, der dann als der «wahre» gilt. Die Worte selbst haben so mit den Dingen, die sie bezeichnen, nichts zu tun, denn sie sind Nietzsche zufolge Resultat einer zweistufigen Metaphernbildung: «Was ist ein Wort? Die Abbildung eines Nervenreizes in Lauten ... Ein Nervenreiz, zuerst übertragen in ein Bild! Erste Metapher. Das Bild wird nachgeformt in einem Laut! Zweite Metapher. Und jedesmal vollständiges Überspringen der Sphäre, mitten hinein in eine ganz andere und neue.» (N III, 312)

Und Nietzsche fasst zusammen: «Was ist also Wahrheit? Ein bewegliches Heer von Metaphern, Metonymien, Anthropomorphismen, kurz eine Summe von menschlichen Relationen, die, poetisch und rhetorisch gesteigert, übertragen, geschmückt wurden und die nach langem Gebrauch einem Volke fest, kanonisch und verbindlich dünken: die Wahrheiten sind Illusionen, von denen man vergessen hat, daß sie welche sind, Metaphern, die abgenutzt und sinnlich kraftlos geworden sind, Münzen, die ihr Bild verloren haben und nun als Metall, nicht mehr Münzen, in Betracht kommen.» (N III, 314)

Diese eindrucksvolle Konstruktion hat freilich zwei entscheidende Schwächen. Die eine betrifft den Wahrheitsbegriff. Zunächst ist der Gegenbegriff zur Lüge ‹Wahrhaftigkeit›: Nur ein Wesen, das im Prinzip wahrhaftig sein kann, vermag, wenn ihm dies zu gefährlich ist, zu lügen und sich zu verstellen. Wahrheit hingegen ist das Gegenteil von Irrtum, und wenn die Wahrheiten wirklich nur sozial nützliche Illusionen und damit lauter Irrtümer sind, bleibt zu fragen, mit welchem Maßstab hier gemessen wurde; es kann sich hier doch nur um einen nichtillusionären Wahrheitsbegriff handeln. Wenn man Nietzsche fragt, was denn Wahrheit im nichtillusionären Sinne bedeutete, erhält man zur Antwort: «Das ‹Ding an sich›, das würde eben die reine folgenlose Wahrheit sein.» (N III, 312) Das Ding, wenn es sich unabhängig von unseren Transformationen der Sinnesreize zu zeigen vermöchte, wäre die Wahrheit im Sinne des wahren

Seins. Doch die Realität stelle sich anders dar: «Wir glauben etwas von den Dingen selbst zu wissen, wenn wir von Bäumen, Farben, Schnee und Blumen reden, und besitzen doch nichts anderes als Metaphern der Dinge, die den ursprünglichen Wesenheiten ganz und gar nicht entsprechen.» (N III, 312 f.) Diese Entsprechung läge vor, wenn sich die Bezeichnungen und die Dinge wirklich «deckten», wenn «die Sprache der adäquate Ausdruck aller Realitäten» wäre. (Vgl. N III, 311)

Die Lüge im außermoralischen Sinn misst Nietzsche somit an einer Forderung von Wahrheit, die aus Gründen der für den Menschen unvermeidlichen Metapherbildung prinzipiell unerfüllbar ist. Ihm zufolge ist der «Trieb zur Metapherbildung [sic!] … der Fundamentaltrieb des Menschen, den man keinen Augenblick wegrechnen kann, weil man damit den Menschen selbst wegrechnen würde» (N III, 319); stets führt dieser Trieb den Menschen vom «Wesen der Dinge» fort. (Vgl. N III, 313)

Erstaunlich ist der Selbstwiderspruch, in den sich Nietzsche hier hineinbegibt: Auf der einen Seite will er den naiven Realismus widerlegen, der in dem irrigen Glauben besteht, wir hätten es in der Erkenntnis mit den Dingen selbst zu tun, und zwar so, wie sie unabhängig von unserer Erkenntnistätigkeit existieren; zugleich aber nimmt er dieses naiv-realistische Modell zum Maßstab dessen, was Wahrheit im wahren Sinn des Wortes genannt zu werden verdiente, nämlich ein genaues Deckungsverhältnis von Bezeichnungen und Dingen oder eine Sprache, die das Wesen der Dinge unverfälscht wiedergibt. Nietzsche bleibt hier einer romantischen Utopie verhaftet – dem Traum von einer Identitätsbeziehung zwischen Sprache und Welt, in der gleichwohl die Welt so, wie sie in Wahrheit ist, erschlossen sein soll. Er weiß gleichwohl, dass dieser Traum nicht realisierbar ist, weil dies das undenkbare «Wegrechnen» des Menschen erforderte. Theodor W. Adorno (1903–1969) hat in seiner *Negativen Dialek-*

tik diesen Traum dennoch weitergeträumt; dort heißt es: «Erkenntnis, die den Inhalt will, will die Utopie. Diese, das Bewußtsein der Möglichkeit, haftet am Konkreten als dem Unentstellten.»[64] Das Konkrete, das in der Regel durch Begriffe entstellt ist, gleichwohl als Unentstelltes zu erfassen, erfordert freilich nach Adorno gerade kein «Wegrechnen» des Menschen und seiner metaphorischen und begrifflichen Operationen, sondern die umgekehrte «Anstrengung, über den Begriff durch den Begriff hinauszugelangen».[65]

Lässt man das Bedenken beiseite, ob es wirklich «wahre» Worte im Sinne einer nichtmetaphorischen Bezeichnung der Dinge selbst geben könnte und ob nicht nur Sätze wahr oder falsch zu sein vermögen, ist zu fragen, ob die andere Säule von Nietzsches Gebäude wirklich tragfähig ist: sein Gebrauch des Begriffs ‹Metapher›. Die Worte versteht er als «Abbildung eines Nervenreizes in Lauten», die sich in dem metaphernbildenden Doppelschritt «Ein Nervenreiz, zuerst übertragen in ein Bild» und «Das Bild wird nachgeformt in einem Laut» vollziehen soll. Unübersehbar ist, dass Nietzsche hier das, was die Philologen unter ‹Metapher› verstehen, selbst nur metaphorisch verwendet und mit den Verben ‹abbilden›, ‹übertragen› und ‹nachformen› umschreibt; wie dies tatsächlich geschieht, beantwortet seine Schrift nicht. Was er als «Metapherbildung» bezeichnet, ist in Wahrheit das Erschließen der Welt durch symbolische Transformation, durch die Sinnliches zum Träger eines verstehbaren Sinnes wird. Nietzsche weiß selbst, dass dazu keine Alternative existiert, denn wenn der Mensch das Metaphernbilden unterließe, hätte er gar keine Welt vor sich, und die vermeintliche Welt «an sich» ist auch nicht dadurch rekonstruierbar, dass man alles Metaphorische wieder «wegrechnet». Wahrheit und Objektivität gibt es nur innerhalb der symbolisch erschlossenen Welt und nicht jenseits ihrer Grenzen.

6 Das Ich und ich

Der Weg zur Wahrheit führt in der Regel über den Ausschluss des Irrtums; indem ausgeschlossen wird, was schlicht nicht wahr sein kann, wird der Kreis möglicher Wahrheitskandidaten eingegrenzt. Ist es wahr, was manche Philosophen über «das Ich» behaupten? Zunächst fällt auf, dass dieser Gegenstand in unserem alltäglichen Diskurs kaum vorkommt, und dann nur in Wendungen wie «Er/sie hat ein starkes Ich». Damit ist entweder ein stabiles Selbstbewusstsein oder ein ausgeprägter Egoismus gemeint. Im ersten Fall handelt es sich meist um herabgesunkenes Bildungsgut, beispielsweise aus der Psychoanalyse Sigmund Freuds, wo vom Es, Ich und Überich die Rede ist, oder aus der Tradition der Ich-Psychologie Alfred Adlers und Anna Freuds.

In der Philosophie der Neuzeit hingegen spielt der Ausdruck ‹Ich› eine zentrale Rolle, angefangen bei Descartes. Sein wohl berühmtester Satz lautet, vollständig zitiert: «*Ego cogito, ergo sum.*» Unbezweifelbar wahr ist darin nur das ‹*sum*› (ich bin, ich existiere), während der Rest nur den Vollzug angibt, durch den diese Wahrheit einsichtig wird, nämlich den des Denkens in der 1. Person Singular. Auffällig ist, dass Descartes sich nicht mit dem ‹*cogito*› begnügt, was grammatisch möglich wäre, sondern ‹*ego*› hinzusetzt und damit ausdrücklich auf sich als den Denkenden verweist. Nun möchte er nicht nur wissen, dass er existiert, sondern was er ist oder als was er existiert, und da bietet sich für eine Auskunft die Art des Kontextes an, in dem er zu seiner ersten Wahrheit gelangte – nämlich das Denken selbst. Daraus glaubt er schließen zu können, dass er ein «denkendes Ding» sei *(sum res cogitans)*, was er mit «Geist *(mens)*, Seele *(animus)*, Verstand *(intellectus)*, Vernunft *(ratio)*» (DM II, 9) übersetzen zu können glaubt. Dementsprechend weit ist dabei der Ausdruck

‹Denken *(cogitare)*› zu verstehen; er bezeichnet sämtliche Bewusstseinsaktivitäten: «Was aber bin ich demnach? Ein denkendes Ding! Und was heißt das? Nun, – ein Ding, das zweifelt, einsieht, bejaht, verneint, will, nicht will und das auch Einbildung und Empfindung hat.» (DM II, 14) Durch diesen Einstieg wurde Descartes zum Begründer des «mentalistischen Paradigmas» der Philosophie, das mindestens bis zu Edmund Husserl in Geltung war: Stets sollten die unbezweifelbaren Grundlagen philosophischen Wissens am Orte des sich selbst thematisierenden Bewusstseins aufzufinden sein, für das die deutsche Terminologie den Ausdruck ‹Selbstbewusstsein› fand.

Descartes' Übergang vom «*ego cogito, ergo sum*» zum «*sum res cogitans*» ist freilich problematisch. Zunächst handelt es sich ja nur um die Gewissheit, dass das Denken die Existenz des Denkenden voraussetzt, und zwar ausschließlich in der Perspektive der 1. Person Singular. Denn nach dem radikalen Zweifel existiert ja keine gültige Prämisse mehr, die die Form hätte: «Alles, was denkt, muss existieren», und aus der sich schließen ließe: «Ich denke, also existiere ich.» Der bloße Vollzug des «Ich denke» muss genügen, also ein sich seiner selbst bewusster Denkakt, der nicht möglich wäre, wenn der, der ihn vollzieht, nicht existierte. Dass Descartes gleichwohl glaubt, von seinem eigenen, einfachen Selbstbewusstsein zur Erkenntnis gelangen zu können, dass er ein «denkendes Ding» sei, beweist sein durch den methodischen Zweifel nicht beeinträchtigtes Vertrauen in ein traditionell-scholastisches Argument, das lautet: Es gibt keine Merkmale (Eigenschaften, Ereignisse oder Tätigkeiten), ohne dass etwas existierte, um dessen Merkmale es sich handelt; das Wesen dieses Etwas kann man durch diese Merkmale erkennen. Dieser als unauflöslich postulierte Zusammenhang zwischen Substanz und Akzidens, Wesen und Erscheinung, Aktion und Akteur ist immer wieder auf die indoeuropäische Subjekt-Prädikat-Struktur der Aussagesätze bezogen worden, aus der er offenbar seine, wenn auch nur grammatische Plausibilität bezieht. So fasst Descartes sein Denken *(cogito)* als eine Tätigkeit auf, die auf ein Ding verweist, das tätig ist, von dem man aber zunächst nicht mehr sagen kann, als dass es von der Art dieses Tätigseins ist *(res cogitans)*. Merkwürdig ist, dass in diesem Bereich Gegenbeispiele von der Art «Es regnet» nicht vorkommen, denn hier machte es wenig Sinn, zu sagen: «Es gibt etwas, was regnet, und das ist der Regen.» In diesem Sinn mokierte sich später Lichtenberg über Descartes' Ausgangssatz: «Es *denkt*, sollte man sagen, so wie man sagt: es blitzt. Zu sagen cogito, ist schon zu viel, so bald man es durch Ich denke übersetzt. Das Ich anzunehmen, zu postulieren, ist praktisches Bedürfnis.»[66]

Dieser Übergang vom Selbstbewusstsein im Sinne eines Bewusstseins von einer eigenen Tätigkeit zur Selbsterkenntnis als eines denkenden Wesens – Descartes nennt als Synonyme ‹Geist›, ‹Seele›, ‹Verstand›, ‹Vernunft› – blieb in der cartesianischen Tradition nahezu unumstritten, und dies sowohl in der rationalistischen wie in der empiristischen Version. Nur David Hume bestritt, dass die Bewusstseinsdaten und -ereignisse unmittelbar auf ein substanzielles Ich verweisen, und Kant griff dies auf. In dem Kapitel «Von den Paralogismen der reinen Vernunft» der *Kritik der reinen Vernunft* zeigt Kant, dass dem Programm der rationalistischen Metaphysik, auf dem «*sum res cogitans*» eine ganze Psychologie aufzubauen, ein Fehlschluss (Paralogismus) zugrunde liegt. Dazu steht nur eine sehr schmale Basis zur Verfügung: «*Ich denke*, ist also der alleinige Text der rationalen Psychologie, aus welchem sie ihre ganze Weisheit auswickeln soll.» (KK, B 401) In der Tat wurde hier versucht, aus diesem «Text» auf die Seele als immaterielle, personenartige, einfache und deswegen unzerstörbare Substanz zu schließen und somit ihre Unsterblichkeit zu beweisen. (Vgl. KK, B 402) Hier erinnert Kant daran, dass nicht Denken allein zu Erkenntnis führt, sondern nur in Verbindung mit der Anschauung:

«Nicht dadurch, daß ich bloß denke, erkenne ich irgend ein Objekt, sondern nur dadurch, daß ich eine gegebene Anschauung in Absicht auf die Einheit des Bewußtseins, darin alles Denken besteht, bestimme, kann ich irgend einen Gegenstand erkennen. Also erkenne ich mich nicht selbst dadurch, dass ich mich [sic!] meiner als denkend bewußt bin, sondern wenn ich mir die Anschauung meiner selbst, als in Ansehung der Funktion des Denkens bestimmt bewußt bin. ... Also ist durch die Analysis des Bewußtseins meiner selbst im Denken überhaupt in Ansehung der Erkenntnis meiner selbst als Objekt nicht das mindeste gewonnen. Die Erörterung des Denkens überhaupt wird fälschlich für eine metaphysische Bestimmung des Objekts gehalten.» (KK, B 407 und 409)

Irritierend ist die Tatsache, dass die Vertreter des sogenannten «Deutschen Idealismus», zu denen Kant *nicht* gehört, dessen Unterscheidung zwischen dem «Ich denke» und dem «Ich» vergessen zu haben scheinen; wenn Fichte und Schelling zum Ich zurückkehren und es als «Princip der Philosophie»[67] proklamieren, wirkt dies auf den ersten Blick wie ein Rückfall in vorkritische Metaphysik. Diesem Verdacht suchen sie sich freilich dadurch zu entziehen, dass sie dieses Ich-Prinzip nicht wie einst Descartes als Objekt einer inneren Gegenstandserkenntnis auffassen, sondern sie bestehen mit Kant auf der Differenz zwischen dem transzendentalen und dem empirischen Selbstbewusstsein. Im Unterschied zu Kant aber erheben sie das transzendentale «Ich denke» zum ersten und unbedingten Ursprung alles dessen, was ist, und seiner Erkenntnis – also zu einem absoluten ICH.

Kant hatte das Denken als einen Akt der Spontaneität des Bewusstseins der Rezeptivität der Sinne gegenübergestellt; insofern war bei ihm das «Ich denke» keine innere Tatsache, der sich irgendetwas über «das Ich» entnehmen ließe, sondern nur eine vom Bewusstsein vollzogene Funktion, die immer schon stattgefunden hat, wenn es sich um Erkenntnis handelt, und der man sich nicht direkt, sondern nur im Nachhinein in transzendentaler Analyse versichern kann. Damit ist schon bei Kant der fichtesche Übergang vom Ich als Tatsache zum ICH als Tathandlung vorgezeichnet, und weil diese Tathandlung selbst ein Denken sein soll, scheint es dann überflüssig zu sein, noch zwischen Kants «Ich denke» und dem ICH zu unterscheiden. Vorausgesetzt ist dabei freilich die Eliminierung des Dinges an sich, das Fichte als dogmatischen Rest in Kants Philosophie versteht (vgl. FEE, 30 f.), und wenn dies geschehen ist, entfällt auch die kantische Differenz zwischen der Spontaneität und der Rezeptivität des Bewusstseins, also zwischen Verstand und Sinnlichkeit, und das spontane ICH wird total. Damit stellt sich allerdings die Aufgabe, das unbestreitbare Phänomen der Fremdbestimmung in der sinnlichen Erfahrung aus dem reinen Tätigsein des ICH zu erklären, und Fichte versucht, dies mit den drei «Grundsätzen» seiner Wissenschaftslehre zu leisten.

Soll aber dieses Modell, dem auch der junge Schelling zunächst folgt, nicht wieder bloße Gedankenkonstruktion sein, muss es erkenntniskritisch gerechtfertigt werden; dies geschieht schon bei Fichte in einer Weise, die wieder den Verdacht eines Rückfalls hinter Kant nahelegt: durch die Wiederaufnahme der «intellektuellen Anschauung». Damit ist jetzt aber nicht mehr die Betrachtung irgendwelcher Tatsachen mit dem geistigen Auge gemeint, denn unsere Augen sind Sinnesorgane, sondern die Selbstvergewisserung des Intellekts bei seiner eigenen Tätigkeit: «Die Intelligenz, als solche, *sieht sich selbst* zu; und dieses sich selbst Sehen, geht unmittelbar auf alles, was sie ist, und in dieser *unmittelbaren* Vereinigung des Seins, und des Sehens, besteht die Natur der Intelligenz.» (FEE, 2) «Die Wissenschaftslehre geht … aus von einer intellektuellen Anschauung, der der absoluten Selbsttätigkeit des Ich.» (FZE, 57) Dass dieser reflexive Akt hier umstandslos als ein Anschauen aufgefasst wird, erzeugt Folgeprobleme, die darauf hindeuten, dass diese idealistische

ICH-Philosophie samt ihren späteren Nachbildungen unhaltbar ist. Dabei ist unerheblich, dass die kantische Unterscheidung zwischen dem transzendentalen «Ich denke» und dem empirischen Ich vielfach nicht mehr respektiert wurde; vor allem im späteren 19. Jahrhundert war in einem philosophisch-psychologischen Mischdiskurs vom Ich gleichbedeutend mit ‹Subjekt›, ‹Selbst›, ‹Person› oder ‹persönliche Identität› die Rede. Somit ist zu fragen, warum es gleichwohl sinnvoll ist, an der Eigenbedeutung des Ausdrucks ‹Ich› gegenüber den anderen, damit verwandten Termini festzuhalten, denn er ist ja nicht in allen Kontexten einfach durch diese ersetzbar. Was also bedeutet ‹Ich›?

Bei Kant und seinen Nachfolgern lautet die durchgängige Antwort: Das Wort ‹Ich› steht für eine Vorstellung. Kant zufolge ist ‹Vorstellung› *(repraesentatio)* der Gattungsbegriff, unter den alle Vorstellungsarten wie Empfindungen, Erkenntnisse, Anschauungen oder Begriffe fallen. (Vgl. KK, B 377) Das Bewusstsein hat es demnach immer mit Vorstellungen zu tun, und somit gelten die Wörter, mit denen wir sie bezeichnen, als verbale Repräsentationen von mentalen Repräsentationen. Dieses Modell gehört in das mentalistische Paradigma der Philosophie, dem zufolge es die Bewusstseinstatsachen sind, die unseren sprachlichen Ausdrücken «Sinn und Bedeutung» (KK, B 299) geben, und daraus folgt, dass es genügt, sich auf diese inneren Tatsachen zu beziehen, um zu klären, ob hier von etwas oder von nichts die Rede ist. Die Sprache ist somit in aristotelischer Tradition nichts weiter als ein Zeichensystem zum Zweck der Fixierung und Mitteilung dessen, was das Bewusstsein in sich vorfindet.

«Sinn und Bedeutung» von ‹Ich› muss für Kant in diesem Bereich aufgesucht werden, und wenn man dabei den Paralogismus der reinen Vernunft vermeiden will, muss man beim reinen «Ich denke» einsetzen, das Kants *transzendentaler Analytik* zufolge alle meine Vorstellungen muss begleiten können, damit sie als gedachte meine Vorstellungen sind. Damit der Ausdruck ‹Ich denke› «Sinn und Bedeutung» hat, muss auch er einer Vorstellungsart zugeordnet werden, und da ist Kant unsicher. Ihm zufolge sind die «transzendentalen Begriffe» um einen weiteren zu ergänzen, aber ohne die Kategorientafel zu verändern, und «dieses ist der Begriff, oder wenn man lieber will, das Urteil: *Ich denke*», und es habe keine andere Funktion als die eines «Vehikels aller Begriffe überhaupt», das nur «dazu dient, alles Denken, als zum Bewußtsein gehörig, aufzuführen» (KK, B 399). Was die Vorstellung *Ich denke* repräsentiert, ist nichts Sinnliches, sondern ein «Actus der Spontaneität», und Kant bezeichnet sie weiterhin als «reine» (nichtempirische) und «ursprüngliche» und ihrer Funktion nach als «transzendentale Apperzeption», wobei ‹Apperzeption› selbst wieder eine Vorstellung ist. Daraus folgt für das Ich im Sinne des Selbstbewusstseins: Es handelt sich hier um «die einfache und selbst an Inhalt gänzlich leere Vorstellung: *Ich*, von der man nicht einmal sagen kann, daß sie ein Begriff sei, sondern ein bloßes Bewußtsein, das alle Begriffe begleitet» (KK, B 404). Hier ist schwer zu verstehen, was das sein soll: eine «einfache und selbst an Inhalt gänzlich leere Vorstellung», also eine Vorstellung, die nichts vorstellt, sondern, wie das weitere Zitat sagt, nur die Form einer Vorstellung ist, «sofern sie Erkenntnis genannt werden soll». Dieses Ich im *Ich denke* als bloße Form einer Vorstellung lässt sich nach Kant nur analytisch erschließen, und zwar aus den Gedanken, die sich auf das Ich beziehen, aber es ist immer schon vorausgesetzt, wenn ich etwas von diesem Ich prädizieren will, und deswegen kann es selbst niemals Objekt von Erkenntnis sein.

Kant fasst somit die Differenz zwischen dem «transzendentalen Subjekt der Gedanken = x», von dem im Urteil ‹Ich denke› die Rede ist, und dem Ich als Gegenstand der Selbsterkenntnis sehr klar ins Auge; wer etwas über sein Ich herausbekommen möchte, muss immer schon den Bewusstseinsakt ‹Ich denke› vollzogen haben. Soll das ‹Ich denke› als

Repräsentation des «Actus der Spontaneität» des Bewusstseins verstehbar sein, muss es sich bei diesem Ausdruck um ein Urteil oder zumindest um die Form eines Urteils handeln im Sinne von ‹Ich denke etwas›, und dieses ‹etwas› müssen Gedanken sein, von denen Kant sagt, sie seien die «Prädikate» des transzendentalen Subjekts. (Vgl. KK, B 404) Im Übrigen ist nach Kant spontan nur der Verstand, und der ist ein Urteilsvermögen; somit können nur Vorstellungen, die die Urteilsform aufweisen, «Erkenntnis genannt werden». Es wird deutlich, dass hier das mentale Repräsentationsmodell an seine Grenzen stößt. Wenn das ‹Ich denke etwas› nur die Form eines Urteils ist, kann es keine Vorstellung sein, der man sich direkt vergewissern könnte, sondern erst, wenn schon geurteilt wurde, in einer regressiven Bedingungsanalyse; es ist nicht einzusehen, warum das dabei Ermittelte selbst wieder eine Vorstellung sein soll, denn es ist ja nicht einfach beobachtbar. Dasselbe gilt für das ‹Ich› im ‹Ich denke›: Wenn es sich dabei wirklich um eine «einfache und für sich selbst an Inhalt gänzlich leere Vorstellung», also um eine Vorstellung von nichts handeln soll, kann hier das Wort ‹Ich› auch keine Vorstellung repräsentieren.

Wenn dies richtig ist, kann es in der «intellektuellen Anschauung» des durch Fichte mit dem ‹Ich denke› kurzgeschlossenen ICH auch nichts anzuschauen geben. Johann Gottlieb Fichte (1762–1814) folgt Kant darin sehr genau, dass es sich bei dem ‹Ich denke›, dessen wir uns im Urteilen immer schon bedient haben, nicht um eine in einer Vorstellung repräsentierbare Tatsache handeln kann, sondern nur um eine Tathandlung, durch die sich das unbedingte ICH erst selbst, als Tatsache («Ich bin») und mit seinem Gegenteil, dem Nicht-ICH, «setzen» soll; die Frage ist dann, woher man von dieser Tathandlung wissen kann. Fichtes Antwort: Indem man sie selbst vollzieht und sich dabei beobachtet: «Wie ist das Ich für sich selbst? Das erste Postulat: Denke dich, konstruiere den Begriff deiner selbst; und bemerke, was du da machst.» (FZE,

44) So mutet Fichte jedem seiner Hörer und Leser zu, je für sich den Wahrheitsbeweis seiner Philosophie anzutreten, und zwar durch nicht kommunizierbare intellektuelle Anschauung, bei der Fichte sicher ist, dass sie in jedem Fall zu dem von ihm vorgezeichneten Resultat führen muss: nämlich zur Exemplifikation des absoluten ICH durch jedes individuelle Bewusstsein. Damit es sich also nicht wieder nur um eine «logische Erörterung des Denkens überhaupt» handelt, sondern um eine Philosophie des unbedingten und alles Übrige bedingenden ICH, muss das «Ich als Princip der Philosophie» oder das «Unbedingte im menschlichen Wissen» in irgendeiner Weise aufweisbar, das heißt in einer Vorstellung repräsentierbar sein. Die intellektuelle Anschauung soll dies dadurch garantieren, dass sie die einschlägigen Vorstellungen bereitstellt – durch Sich-Denken, Konstruktion des Begriffs von sich und Selbstbeobachtung bei einem Tun. Es fällt schwer, dies im Begriff ‹Anschauung› unterzubringen, denn das Sich-Denken des Denkenden, die Begriffskonstruktion und die Aufmerksamkeit für die eigene Tätigkeit können sich sicher nicht in einfachen Anschauungen repräsentieren lassen.

Darum kann es nicht wahr sein, dass die Bedeutung von ‹Ich denke› oder von ‹Ich› im nichtempirischen Sinne eine Vorstellung wäre. Es ist unmöglich, zu erklären, wie es möglich sei, den kantischen «Actus der Spontaneität» des Verstandes, den Fichte zu einer reinen Tathandlung des ICH steigert, in einer Vorstellung zu repräsentieren. Bei Kant scheidet die Möglichkeit, sich dieses «Actus» unmittelbar innezuwerden, aus prinzipiellen Gründen aus; wenn Kant hier gleichwohl von Vorstellung spricht, kann damit nur etwas Abgeleitetes, sekundär Ermitteltes gemeint sein. Das transzendentale Subjekt kann ja nur durch seine schon gedachten Gedanken «erkannt» werden, also in transzendentaler Analyse, und wenn wir versuchen, es als Objekt zu nehmen, damit wir etwas von ihm erkennen können, haben wir «uns seiner Vorstellung jederzeit schon bedienen müssen». Die Selbstvergewisserung des Bewusstseins im Denken, die letztlich auf das reine ‹Ich denke› als «höchsten Punkt» der transzendentalen Analyse führt, kann deswegen nicht die Form einer Repräsentation von Vorstellungen haben, denn dann hätte man wieder «die logische [transzendental-logische – H.S.] Erörterung des Denkens ... fälschlich für eine metaphysische Bestimmung des Objekts gehalten» (KK, B 409).

Wenn somit das ‹Ich denke› und erst recht das ‹Ich› im nichtempirischen Sinn prinzipiell nicht in Vorstellungen repräsentierbar sind, muss die mentalistische Bedeutungstheorie zumindest modifiziert, wenn nicht aufgegeben werden, denn jene Ausdrücke haben doch ohne Zweifel eine Bedeutung. Jene Bedeutungstheorie ist nur eine Variante der traditionellen Vorstellung, die Bedeutung eines Wortes sei der Gegenstand, auf den es sich bezieht; der mentalistischen Version dieser Theorie (vgl. dazu Kap. 3) zufolge kann es sich dabei nicht einfach um Gegenstände, sondern nur um Vorstellungen von Gegenständen handeln. So kann man zeigen, dass Kant und seine Nachfolger, sofern sie dieser Referenztheorie der Bedeutung folgen, stets auf Vorstellungen rekurrieren müssen, wenn es darum geht, die Bedeutung strittiger Ausdrücke zu sichern. Nun ist es offenbar schwierig, dies im Fall von ‹Ich denke› oder ‹Ich› ohne Bezug auf die Empirie zu leisten, und darum werden hier Vorstellungen nur postuliert, damit jene Ausdrücke eine Bedeutung haben.

Wenn dies aber wie im Fall von ‹Ich denke› und von ‹ich› nicht möglich ist, muss eine alternative Erklärung gesucht werden, und eine solche führt über die Analyse des Gebrauchs dieser Ausdrücke – ihre «Grammatik». Wenn es nicht wahr sein kann, dass sie Vorstellungen repräsentieren, muss man herausfinden, was wirklich geschieht, wenn wir sie verwenden. Zumindest im Bereich jener Kerntermini der klassischen Bewusstseinsphilosophie kann man ihre Bedeutung nicht mehr durch Rekurs auf bedeutungsverleihende Vorstellungen ermitteln, sondern allein durch die Rekonstruktion ihrer Rolle in der Rede. Wichtig ist an dieser Stelle, dass der *linguistic turn* als die sprachanalytische Wende der Philosophie keine bloße Marotte einer speziellen philosophischen Schule darstellt, sondern von der Sache selbst nahegelegt wird; was ‹Ich denke› und ‹Ich› bedeuten, kann man nur grammatisch klären und nicht durch den Versuch, die diesen Ausdrücken korrespondierenden Vorstellungen aufzusuchen.

Was wir demzufolge in der Philosophie wirklich wissen können, ist, dass das Substantiv ‹das Ich› bestenfalls das empirische Selbst bezeichnen kann, während das Wort ‹ich› zunächst nichts anderes als ein Personalpronomen ist. Wenn wir es so verstehen, ist es kein Eigenname und vertritt auch keinen Eigennamen, denn wenn ich am Telefon gefragt werde, wer da spricht, und der Fragende kennt meine Stimme nicht, und ich antworte «ich», kann er nicht wissen, mit wem er nun spricht. ‹Ich› ist ferner auch kein Begriff, was Kant betont, aber Fichte an mehreren Stellen nahelegt, etwa wenn er schreibt: «Der Begriff ist überall nichts anderes, als die Tätigkeit des Anschauens selbst, nur nicht als Agilität, sondern als Ruhe und Bestimmtheit aufgefaßt: und so verhält es sich auch mit dem Begriffe des Ich. Die in sich zurückgehende Tätigkeit als feststehend und beharrend aufgefaßt, wodurch sonach beides, Ich, als Tätiges, und Ich, als Objekt meiner Tätigkeit, zusammenfallen, ist der Begriff des Ich.» (FV, 121) Damit gelangt Fichte zu der erstaunlichen These, dass jedes philosophierende Ich die allgemeine Bestimmung «Ichheit» (FZE, 89) exemplifiziert, damit an der allgemeinen Struktur des absoluten ICH teilhat, das in diesem Kontext wie ein Gattungsbegriff erscheint.

Diese zumindest extravagante Fassung des Begriffs erscheint wieder in Hegels *Wissenschaft der Logik*, wenn es dort heißt: «Der Begriff, insofern er zu einer solchen *Existenz* gediehen ist, welche selbst frei ist, ist nichts anderes als Ich oder das reine Selbstbewußtsein.» (H 6, 253) Verständlich wird dies nur, wenn man bedenkt, dass Hegel Fichtes Anfang mit dem ICH für verfrüht hält, weil es als Bestimmung viel zu viel voraussetzt, was zuvor begründet werden müsste, und zwar in der dialektischen Logik mit dem Anfang anfängt, das heißt mit dem reinen Sein. (Vgl. H 5, 76 f.) Gleichwohl hält auch Hegel an der Vorstellung fest, dass das Wort ‹Ich› etwas bezeichnet, wenn auch einen dialektischen Sachverhalt, denn damit ist in gleicher Weise ein individuelles Ich wie etwas gemeint, was jeder andere auch ist: «*Ich* ist *dieses* Ich, aber ebenso *allgemeines.*» (H 3, 376)

Die Wahrheit ist vielmehr: Wenn man von dem Ausdruck ‹das Ich› einmal absieht, ist ‹ich› kein Begriff, kein Eigenname, keine Bezeichnung von etwas (auch nicht einer Vorstellung), sondern ein singulärer Terminus mit einer ausschließlich indexikalischen Funktion (vgl. WPU, § 410), die in vielen Sprachen auch gänzlich ohne Pronomen, sondern ausschließlich durch die Flexionsendung der Verben geleistet wird. So ist das «*ego cogito*» des Descartes in Wahrheit redundant und hat nur die rhetorische Funktion, ausdrücklich auf sein Ego zu verweisen. Beim üblichen Gebrauch von ‹ich› und seinen grammatischen Äquivalenten verweist der Sprecher auf sich als den Sprechenden, ohne sich damit gleich als ein Selbst oder als Person zu präsentieren. Seine Bedeutung liegt nicht darin, dass es denotiert, sondern dass es indiziert, das heißt, dass ein Sprechender auf sich selbst als den Sprechenden Bezug nimmt, aber diese Selbstreferenz enthält weiter keine Informationen über ihn. Möglich ist dies nur dann, wenn der Sprecher nicht nur über die Grammatik von ‹ich›, sondern über die aller Personalpronomina verfügt, die ein System bilden,[68] und dies ist ein weiteres Argument gegen die Idee, ‹ich› oder ‹das Ich› könnten ein Prinzip der Philosophie sein.

Ist das alles bloß Grammatik? Wer befürchtet, dass es sich hier nur um Linguistik handelt, sollte alternative «Wahrmacher» für die Verwendungen des Wortes ‹ich› in ganzen Sätzen angeben. Es sollte deutlich sein, dass an dieser Stelle Vorstellungen als mögliche Kandidaten ausscheiden. Zumindest darin scheint Fichte recht zu behalten, dass ‹ich› kein simples Faktum, sondern ein Tun repräsentiert: aber nicht die Vorstellung eines Tuns, und auch nicht eine kontextfreie Tathandlung, sondern das Mittel einer bestimmten Handlung im Kontext unserer Sprachpraxis – nämlich der eines Sprechers, deiktisch auf sich zu verweisen –, und so etwas können wir nicht anders als grammatisch klären und als wahr behaupten.

7 Subjekt – Objekt

Mit dem ‹Subjekt› und dem ‹Objekt› ist es wie mit dem ‹Ich›; im Alltagsdiskurs bedeuten diese Ausdrücke nicht annähernd das, was ihnen von den Philosophen zugemutet wird. Meist fällt den Zeitgenossen bei ‹Objekt› eine Immobilie oder eine Antiquität ein; das Wort ‹Subjekt› hingegen verwenden wir abfällig, wenn wir etwa jemanden als widerliches oder schamloses Subjekt beschimpfen. In anderen Zusammenhängen ist dann auch von Subjekten positiv als Trägern von Rechten oder als Autoren ihrer Handlungen die Rede; aber dies ist nur selten der Fall.[69] Der Grund für diese Ambivalenz ist in der Etymologie zu suchen. Das lateinische Verb ‹*subicere*› bedeutet wörtlich ‹unterwerfen›, sodass in der römischen Rechtssprache die Subjekte die Unterworfenen oder die Untertanen sind. Zugleich erscheint das Subjekt als dasjenige, was «unten liegt» oder einer Sache zugrunde liegt – als Übersetzung von griech. *hypokeímenon* – das Darunterliegende, und dies zunächst in grammatischer Hinsicht: als der Redegegenstand, von dem durch Prädikation etwas Bestimmtes ausgesagt werden kann. Damit verwandt ist der traditionelle Gebrauch des Wortes *subiectum* als Bezeichnung eines bestimmten Tätigkeitsbereichs, vor allem im Sinn einer wissenschaftlichen Thematik; erhalten hat sich dies im Angelsächsischen *(subject = matter)* und im Französischen *(sujet)*. In der lateinischen Fachsprache wird das *hypokeímenon* in ontologischer Hinsicht mit ‹*substantia*› wiedergegeben, sodass es zu einer genauen Entsprechung zwischen ‹Subjekt–Prädikat› und ‹Substanz–Akzidens› kam, das heißt zu der durch die indoeuropäische Sprachstruktur vorgezeichneten Grundüberzeugung, dass die Welt aus Gegenständen besteht, die bestimmte Eigenschaften besitzen, anhand deren sie erkannt werden können; demzufolge sei es möglich, die objektiven Substanz-Akzidens-Strukturen in Subjekt-Prädikat-Sätzen angemessen wiederzugeben.

Nun wird in philosophischen Büchern und Seminaren bis heute immer wieder behauptet, die Erkenntnis sei eine zweistellige Relation zwischen Subjekt und Objekt. Da ist dann vom Problem dieser Beziehung die Rede, denn das beruhe auf der «Subjekt-Objekt-Spaltung» (Jaspers), und so haben sich ganze Generationen von Philosophen den Kopf darüber zerbrochen, wie es möglich sei, dass das Subjekt sich überhaupt auf ein Objekt bezieht und dabei zu Erkenntnissen gelangt. Diese Fragestellung kam aber erst im späten 18. Jahrhundert auf, und zwar durch eine folgenreiche Substantivierung des in der Scholastik wohlvertrauten Begriffspaares ‹subjektiv–objektiv›, was sich bis zu Kant primär entweder auf eine bestimmte Seinsweise von Phänomenen (vgl. ‹nur subjektiv, nicht objektiv›) oder den Geltungscharakter im Sinne von Gewissheitsstufen bezieht. Bemerkenswert ist, wie vorsichtig Kant selbst beim Gebrauch des Subjektbegriffs ist, und wenn er damit nicht das empirische Ich meint, orientiert er sich bei seiner Kritik des Paralogismus von ‹Ich denke› auf ‹Ich› an der grammatischen Bedeutung: Ihm zufolge ist über «das» Ich nichts anderes zu sagen, als dass es dazu dient, mich logisch als Subjekt meiner Gedanken zu präsentieren, die dessen Prädikate sind; wenn man etwas vom Ich prädizieren will, muss man es als ‹Ich denke› immer schon voraussetzen. Kant vertritt somit, wenn man seine Lehre außer Acht lässt, der zufolge das Wort ‹Ich› eine leere Vorstellung repräsentiere, in Wahrheit bereits eine Theorie der Selbstreferenz mithilfe indexikalischer Ausdrücke.

So ist bei Kant kaum von Subjekt und Objekt die Rede, aber umso mehr vom Verhältnis zwischen Bewusstsein und Gegenstand, und es sind die frühen Kantianer, die dieses Problem zunächst im Medium der Begriffe ‹das Subjektive› und ‹das Objektive› diskutieren, um anschließend zu dem vereinfachten Begriffspaar ‹Subjekt vs. Objekt› überzugehen. Seit

Fichte ist dann in der idealistischen Diskussion mit Schelling und Hegel von dem Singular ‹das Subjekt-Objekt› die Rede, dem die These zugrunde liegt, dass die offensichtliche Differenz zwischen Subjekt und Objekt aus einem ersten Prinzip abgeleitet werden müsse, und dies sei das ICH als unbedingte Tathandlung. Von ihm wird behauptet, dass es sich, indem es sich selbst denkt, zugleich selbst «setzt», und in dieser Identität von ‹Ich denke mich› und ‹Ich bin› sei es zugleich Subjekt und Objekt. Da Fichte zufolge nach der Liquidation des Dinges an sich nichts außerhalb dieser Identität existiert, ist das ICH absolut und das erste Prinzip aller Philosophie.[70] In Hegels Auseinandersetzung mit Fichte und Schelling kommt es dann zu so merkwürdigen Formulierungen wie «subjektives Subjektobjekt», «objektives Subjektobjekt» und «die Identität der Idee [des Absoluten – H.S.] als Subjekt-Objekt» (H 2, 11 ff. und 63 f.; 6, 466 und 8, 370). Der erste Ausdruck bezieht sich kritisch auf Fichte, bei dem nur das absolute Subjekt ein Subjekt-Objekt sei, aber nicht das Objekt, während Schelling in seiner Naturphilosophie nachgeholt habe, dass dies auch für das Objekt gelte, und dessen Identitätsphilosophie unterstelle demzufolge die Identität des subjektiven mit dem objektiven Subjekt-Objekt. In seiner späteren Schellingkritik besteht Hegel darauf, dass diese absolute Identität dialektisch, das heißt als Identität von Identität und Nichtidentität zu denken sei.[71]

Die spätere Philosophie ist diesen Wegen nicht gefolgt, und es war vor allem Arthur Schopenhauer (1788–1860), der entschieden zu Kant zurückkehrt, wenn auch in der Subjekt-Objekt-Terminologie, wobei er die Kritik am Paralogismus anders formuliert: «Dasjenige, was Alles erkennt und von Keinem erkannt wird, ist das Subjekt ... Als dieses Subjekt findet Jeder sich selbst, jedoch nur sofern er erkennt, nicht sofern er Objekt der Erkenntniß ist.» (SW I, § 2) Seiner «idealistischen Grundansicht» zufolge (SW II, Kap. 1) sind alle Objekte der Erkenntnis nur Vorstellungen des Subjekts, also vorgestellte Objekte, und zwar vorgestellt durch ein erkennendes Individuum, das ich selbst bin und als das sich jeder Erkennende «findet», sofern er reflektierend über sein Erkennen nachdenkt. Auch wo man Schopenhauers Generalthese «Die Welt ist meine Vorstellung» nicht folgte, die das Subjekt der Erkenntnis mit einem realen, je «eigenen Bewusstseyn» (SW II, 10) und dessen Vorstellungen in objektiver Hinsicht als «Gehirnphänomene» (SW II, 12) versteht, blieb in der Erkenntnistheorie das Subjekt-Objekt-Modell bestimmend, nun aber meist in der Form der Beziehung zwischen Bewusstsein und Gegenstand.

Die Frage ist dann freilich, woher wir wissen, dass es sich bei Erkenntnissen um eine solche Beziehung handelt. Um das feststellen zu können, müssten wir es beobachten können, aber wenn wir es zu beobachten versuchen, geht es uns wieder wie beim Paralogismus: Sollte die Tatsache, dass wir uns in der Erkenntnis mit unserem Bewusstsein auf einen Gegenstand beziehen, eine Erkenntnis sein, wäre diese Beziehung dann selbst der Gegenstand in einer Erkenntnisbeziehung höherer Ordnung, die uns als erkennende Subjekte schon voraussetzte. Das gälte dann auch für diesen ganzen komplexen Sachverhalt selbst, und das Ganze wiederholte sich wieder und wieder, wenn wir weiterhin versuchten, unser eigenes erkennendes Bewusstsein auf die Gegenstandsseite zu bekommen. Da es sich somit bei der Subjekt-Objekt-Beziehung nicht um etwas direkt Feststellbares handeln kann, ist deren Herkunft auch nicht in der Selbstbeobachtung zu suchen; tatsächlich ist dieses Modell das Resultat einer Deutung im Zuge des reflektierenden Nachdenkens über die Möglichkeit von Erkenntnis, aber unter begrifflichen Voraussetzungen, die hier in die Irre führen und zu phänomenologisch ganz unplausiblen Ergebnissen führen.

Diese Prämissen werden deutlich, wenn man sich die skeptische Methode vergegenwärtigt, mit der bei Descartes die Philosophie der Neuzeit einsetzt, um zu sicheren Erkenntnissen zu gelangen. Sie beginnt mit dem Zweifel im Sinn der Virtualisierung sämtlicher Wahrheitsansprüche, wobei ‹Wahrheit› im Sinn der scholastischen Formel ‹*adaequatio rei et intellectus*› verstanden ist. Wird diese *adaequatio* vollständig außer Kraft gesetzt, wie es Descartes versucht, sieht sich der *intellectus* ganz auf sich selbst zurückgeworfen. Gleichwohl vermag er in dieser Situation eine erste *adaequatio* zu ermitteln, nämlich die, dass er genau dann, wenn er zweifelt, notwendig existieren muss; das ‹Ich bin, ich existiere› ist somit ein Urteil des *intellectus*, dem unbezweifelbar eine Tatsache als dessen Gegenstand entspricht. Descartes versteht dies als die erste Wahrheit, auf der sich im Widerstand gegen den Skeptizismus sicheres wissenschaftliches Wissen rekonstruieren lasse. Seine Idee der Überwindung des Skeptizismus durch die skeptische Methode hat auch Kant für verbindlich gehalten (vgl. KK, B 452), und der Hauptstrom der modernen Erkenntnistheorie ist ihm darin lange Zeit gefolgt.

Mit dem Subjekt-Objekt-Modell beerbt diese Tradition die scholastische *adaequatio*-Formel dadurch, dass sie den «kritischen Weg» der Philosophie, der nach Kant «allein noch offen» ist (vgl. KK, B 884), mit der Infragestellung aller Wahrheitsansprüche im Sinne einer *adaequatio* von *res* und *intellectus* beginnen lässt; aber auch in der Zielvorstellung dieses skeptischen Manövers bleibt sie jenem Modell verpflichtet. Dass Erkenntnis so beschaffen sein soll, ist aber außerordentlich unplausibel, obwohl dies jahrzehntelang in philosophischen Instituten verbreitet wurde. Nehmen wir an, im Erkennen beziehe sich das Subjekt auf ein Objekt oder das Bewusstsein auf einen Gegenstand, dann ist zunächst zu fragen, wer denn dieses Subjekt sei und um wessen Bewusstsein es sich dabei handle: Ist es jeder einzelne Mensch mit seinem je eigenen Bewusstsein oder ein kollektives Subjekt wie die Menschheit, eine bestimmte Kultur oder die Forschergemeinschaft, die den Stand der Erkenntnis repräsentiert?

Wenn Kant an dieser Stelle von einem «Bewußtsein überhaupt» (KP, A 82) spricht, unterstellt er eine strukturelle Allgemeinheit und Gleichheit von Subjektivität, die die Allgemeingültigkeit der Erkenntnisresultate garantieren soll und die er in der allgemeinen Menschennatur fundiert sieht; die historistische Aufklärung hat uns hier jedoch eines Besseren belehrt.[72] Nehmen wir an, die Gravitationstheorie gehöre zu unseren Erkenntnissen: Was ist dabei der Gegenstand der Erkenntnis – die Gravitation? Tatsächlich interessieren wir uns nicht einfach für Gegenstände, sondern wir wollen etwas über sie herausbringen, also Sachverhalte, die sie betreffen, die wir dann, wenn sie sich so verhalten, wie wir vermuten, ‹Tatsachen› nennen. Dass gleichwohl in der traditionellen Erkenntnistheorie so hartnäckig von Objekten oder Gegenständen die Rede ist, verkennt die Tatsache, dass unser Wissen immer propositional verfasst ist,[73] also in der Form ganzer Sätze präsentiert werden muss, wenn es mehr sein soll als eine Menge unklarer Intuitionen.

Ein Grund für die ärgerliche Plausibilität dieser Rede von Subjekt und Objekt, Bewusstsein und Gegenstand, ist die Neigung, Erkennen als eine Art des Sehens aufzufassen; wir werden dazu verleitet, weil die meisten der Ausdrücke, mit denen wir Wissen beschreiben, der Metaphorik des Gesichtssinnes angehören. Fraglich ist freilich, ob Peter, wenn man festgestellt hat, dass Peter einen Baum sieht, dadurch schon etwas erkannt hat. Meinen wir damit nicht nur, dass seine Augen korrekt funktionieren, dann wird klar: Es handelt sich um eine abgekürzte Redeweise. Nicht der Baum ist das, was er weiß, sondern dass da ein Baum ist und nicht ein Haus, und in der Regel wird er durch sein Hinsehen noch eine ganze Menge Weiteres über ihn ausmachen. Als Erkenntnisphänomen und nicht als bloß physiologischer Vorgang ist auch das Sehen grammatisch propositional verfasst; hier sieht man immer, dass da etwas mit der und der Beschaffenheit existiert. Die Rede von der Erkenntnis als einer Beziehung zwischen

Bewusstsein und Gegenstand ist freilich nicht ganz falsch, denn man kann stets sagen, dass sich dabei jemand auf etwas bezieht, aber diese Referenz ist nur ein Aspekt, den man in der Erkenntnistheorie nicht für das Ganze des Erkenntnisphänomens halten sollte. Es macht keinen Sinn, das, was wir in der Erkenntnis von oder über einen Gegenstand herausbekommen wollen, mit dem Gegenstand der Erkenntnis zu identifizieren; Tatsachen sind keine Gegenstände.

Dass das Modell ‹Subjekt–Objekt› oder ‹Bewusstsein–Gegenstand› auch phänomenologisch ganz unplausibel ist, ihm also gar keine Wirklichkeit entspricht, ist in der an Descartes und Kant orientierten Bewusstseinsphilosophie selbst erkannt worden. Zu nennen ist hier vor allem Franz Brentano (1838–1917), der herausgestellt hat, dass Bewusstsein intentional, also immer Bewusstsein von etwas ist; ein leeres Bewusstsein, das sich nachträglich auf einen Gegenstand oder Sachverhalt bezieht, um dann etwas im Bewusstsein zu haben, ist demzufolge eine schlechte Abstraktion. Edmund Husserl (1859–1938) ist ihm in seiner phänomenologischen Philosophie darin genau gefolgt und betont, dass in jedem Bewusstseinszustand ein bestimmter Bewusstseinsakt *(nóesis)* und ein Bewusstseinsinhalt *(nóema)* immer schon beisammen sind.

Am nachhaltigsten hat dann Martin Heidegger (1889–1976) den Mythos von der Erkenntnis als einer Subjekt-Objekt-Beziehung destruiert; schon in seinen Vorlesungen von 1919, dann aber vor allem in *Sein und Zeit* (1927) zeigt er, dass diesem erkenntnistheoretischen Standardmodell in der Wirklichkeit unseres Erlebens überhaupt nichts entspricht. (Vgl. HSZ, §§ 19 ff.) Die Grundverfassung des Menschen qua «Dasein» ist das «In-der-Welt-sein», und da wir uns ja tatsächlich immer schon in einer Welt vorfinden, kann die legendäre «Subjekt-Objekt-Spaltung» nur auf einer sekundären Abstraktion beruhen, die Heidegger auf die Differenz zwischen der Zuhandenheit und der Vorhandenheit des «innerweltlichen Seienden» zurückführt. (HSZ, § 18) Worauf wir uns in unserem Weltumgang sprechend und handelnd beziehen, ohne dies eigens zu thematisieren, ist das «Zuhandene», mit dem wir wesentlich unseren Alltag bestreiten; rückt hingegen dessen selbstverständliche Präsenz, aus welchen Gründen auch immer, in den Fokus der Aufmerksamkeit, steht es uns als «Vorhandenes» gegenüber. Genau dies ist die Genesis dessen, was der Cartesianismus irrigerweise für das Ursprüngliche unseres Verhältnisses zur Welt unterstellt – die Differenz und die problematische Beziehung zwischen Subjekt und Objekt, Bewusstsein und Gegenstand.

Die Philosophen können somit wirklich wissen, dass die Schemata ‹Subjekt und Objekt› oder ‹Bewusstsein und Gegenstand› irreführend und das Resultat einer Deutung von Erkenntnis auf der Grundlage von systematischen Vorurteilen sind, die sich in einer genaueren Analyse als uralte Irrtümer erweisen lassen. Freilich sind der Kritik Heideggers noch einige grammatische Argumente hinzuzufügen, die uns weiteren Aufschluss über die Erkenntnis und ihre Bedingungen geben. Wenn es hier um Geltungsansprüche wie ‹wahr›, ‹richtig›, ‹schlüssig› oder ‹beweisbar› geht, hilft die Frage, ob hier ein Subjekt mit seinem Objekt oder gar ein Bewusstsein mit seinem Gegenstand übereinstimmt, überhaupt nicht weiter. So wird man auch vor Gericht keinen Zeugen befragen, und wenn der auf sein Bewusstsein verweist im Sinne seines subjektiven Erlebens, wird man dies für ein Ausweichmanöver halten. Im kognitiven Bereich geht es darum, festzustellen, ob das, was jemand behauptet, stimmt oder ob seinen Aussagen öffentlich feststellbare Tatsachen entsprechen. Es geht also um propositionale Gehalte und um Gegenstände nur insofern, als diese in der Regel durch grammatische Subjektausdrücke in die Rede eingeführt werden; nur das Satzartige kann wahr oder falsch sein. Hätte man in der berühmten *adaequatio*-Formel das Wort *‹res›* mit «Sachverhalt» übersetzt, was immer möglich war, wäre man dieser Wahrheit schon näher gekommen. Der *intellectus* wurde dabei freilich immer implizit als subjektives Urteilsvermögen aufgefasst, denn dass nur Urteile wahr oder falsch sein können, wusste die Scholastik auch. Diese logisch-funktionale Kennzeichnung war allerdings stets vermengt mit dem Bezug auf ein Ego als wirkliches Selbstbewusstsein, und es blieb Kant vorbehalten, diesen Fehlschluss aufzulösen.

Der Ort wirklicher Erkenntnis ist also nicht die Beziehung zwischen Subjekt und Objekt, Bewusstsein und Gegenstand, sondern das Verhältnis von Satz und Tatsache.[74] Die neuere sprachanalytische Philosophie hat uns darüber belehrt, dass Einzelsätze immer nur vor dem Hintergrund eines Sprachganzen Sinn machen, seien es Syntax und Semantik einer natürlichen bzw. künstlichen Sprache oder die jeweilige regelgeleitete Sprachverwendung (Pragmatik), die Ludwig Wittgenstein als «Sprachspiel» bezeichnete. Es liegt auf der Hand, dass nur Deklarativsätze, die im Medium des Behauptens mit Wahrheitsanspruch und nicht etwa auf einer Theaterbühne geäußert werden, Kandidaten für Erkenntnisurteile sind. Wittgenstein hat zudem gezeigt, dass es keine «Privatsprache» gibt, also eine Sprache, die nur ein Einzelner und kein anderer versteht (vgl. WPU, §§ 199 ff.); das zeigt, dass ein ganz individuelles Subjekt oder ein singuläres Bewusstsein, auf das Descartes bei der Wissenschaftsbegründung zurückzugreifen versucht, eine erkenntnistheoretische Fiktion ist. Plausibel ist dieser methodische Solipsismus nur, solange man insgeheim unterstellt, dass das Bewusstsein eines menschlichen Subjekts von Natur aus im Wesentlichen mit dem Bewusstsein der anderen menschlichen Subjekte übereinstimmt; zudem muss auch Descartes sich einer öffentlichen Sprache bedienen, um seine Philosophie formulieren und vortragen zu können. Tatsächlich ist im Erkenntnisbereich die Wortsprache unhintergehbar, denn nur sie sichert die Verständlichkeit und Überprüfbarkeit von Erkenntnisansprüchen. Dies ist freilich kein Argument gegen die leitende

Idee der neuzeitlichen Aufklärungstradition mit Descartes als ihrem wichtigsten Gründer: dass es immer darauf ankommt, dass die am Erkenntnisprozess beteiligten Menschen selbst zu beurteilen und einzusehen vermögen, was stimmt und was nicht, und dass sie nicht gezwungen werden dürfen, irgendwelche Überzeugungen anzunehmen und zu vertreten. Um aber dies zu sichern, bedarf es keiner abstrakten Subjekte eines «Bewusstseins überhaupt», bei denen man nicht weiß, wie sie sich auf eine «Außenwelt» sollen beziehen können, sondern kompetenter Sprecher in einer intersubjektiv geteilten, objektiven Welt.

8 Selbstbewusstsein

Dieser Ausdruck ist ein weiteres Beispiel dafür, dass Begriffe, die uns im Alltag geläufig sind, im philosophischen Diskurs eine völlig andere Bedeutung haben. Wir nennen in der Regel jemanden selbstbewusst, wenn er von seinem Wert und seinen Vorzügen überzeugt ist und dementsprechend auftritt; dann sagt man, dass er ein ausgeprägtes Selbstbewusstsein habe. In der Philosophie hingegen handelt es sich um einen Terminus, der sich erst im 17. Jahrhundert einbürgerte und auf die Tatsache aufmerksam zu machen versucht, dass wir uns nicht nur vieler Dinge oder Ereignisse bewusst sind, sondern dass wir uns auch dieses Bewusstseins bewusst sind und dabei sicher sind, dass wir es sind, denen dies bewusst ist. Im Angelsächsischen hingegen geht die Diskrepanz zwischen dem philosophischen und dem alltäglichen Gebrauch in die entgegengesetzte Richtung: ‹*self-consciousness*› entspricht zwar unter Fachleuten dem deutschen Terminus ‹Selbstbewusstsein› im Sinne von Selbstbewusstheit, bedeutet aber in der Umgangssprache Befangenheit oder Schüchternheit.

In erster Annäherung wird deutlich, dass es sich beim Selbstbewusstsein offenbar um einen Bezug des Bewusstseins auf sich selbst, also um eine reflexive oder selbstreferenzielle Struktur handelt. Nun achten wir ja nicht ständig auf uns selbst, und wenn wir mit den Dingen des täglichen Lebens beschäftigt und uns ihrer bewusst sind, kann die Aufmerksamkeit auf uns selbst in solchen Situationen geradezu störend wirken. Zugleich ist jedoch klar, dass wir stets fähig sind, die reflexive Perspektive einzunehmen – im Prinzip zumindest, denn vielfach kommen wir unter dem Druck der Tatsachen gar nicht dazu. Menschliches Bewusstsein ist im deutlichen Unterschied zu dem, was wir von den Tieren wissen, so verfasst, dass es sich jederzeit, wenn keine physischen oder psychischen Hindernisse dagegenstehen, seines Bewusstseins bewusst sein kann und damit stets mögliches Selbstbewusstsein ist. Dass wir dies wissen können, setzt freilich voraus, dass wir von dieser Möglichkeit Gebrauch machen, und in der Regel sind es bestimmte Erfahrungen, die uns dazu nötigen.

Ein Paradebeispiel dafür ist der Fall der Sinnestäuschung: Wir sehen, dass die Sonnenscheibe beim Sonnenuntergang immer größer wird, wissen aber zugleich, dass dies aus erklärbaren Gründen uns nur so erscheint, aber nicht wirklich geschieht. Der skeptische Zweifel, es könnte sich bei dem, was wir zu wissen glauben, immer nur um subjektive Phänomene handeln, die mit der objektiven Wirklichkeit nichts zu tun haben, war der Grund für die Philosophie der Neuzeit, systematisch mit der Analyse des Bewusstseins zu beginnen und von hier aus zu versuchen, jenen prinzipiellen Zweifel, wenn schon nicht gänzlich auszuräumen, so doch zumindest einzugrenzen. Es war René Descartes, der es unternahm, den Skeptizismus mit seinen eigenen Waffen zu schlagen und mit dem berühmten ‹*Ego cogito ergo sum*› eine erste unbezweifelbare Tatsache zu präsentieren: Wenn ich zweifle und solange ich zweifle, kann ich nicht bezweifeln, dass ich existiere; dies gilt auch für alle anderen Bewusstseinszustände, die Descartes sämtlich als *cogitationes* versteht.

Descartes war der Begründer des bewusstseinsphilosophischen oder mentalistischen Paradigmas, das bis weit ins 20. Jahrhundert die fachphilosophischen Debatten bestimmte; da es von vornherein auf der Ebene der bewussten Thematisierung des Bewusstseins operierte, kann man hier mit gleichem Recht von einem selbstbewusstseinsphilosophischen Paradigma sprechen. Leibniz (1646–1716) machte auf die Differenz zwischen der Perzeption und der Apperzeption aufmerksam, die das cartesianische Philosophieren immer schon in Anspruch nimmt. Perzeptionen sind ihm zufolge der «innere Zustand der Monade, der die äußeren Dinge darstellt», während die Apperzeption «das Selbstbewußtsein *(conscience)* oder die reflexive Erkenntnis *(connaissance reflexive)* dieses inneren Zustandes ist».[75] Leibniz kritisiert die Cartesianer, weil sie die Perzeptionen, deren wir uns nicht bewusst sind, aus der Betrachtung ausschließen; darin ist nichts Geheimnisvolles, und um es zu verstehen, muss man nicht sofort auf Sigmund Freuds Unbewusstes zu sprechen kommen. Es ist unbestreitbar, dass unsere sinnlichen Eindrücke und Erfahrungen Bewusstsein voraussetzen, aber zunächst überhaupt nicht als Bewusstseinsphänomene bewusst sind; wir sind immer erst einmal naive Realisten, und das ist auch gut so, weil wir sonst auf dem Heimweg aus dem philosophischen Seminar, wo man uns beigebracht hat, wir hätten es immer nur mit Bewusstseinsphänomenen zu tun, ganz sicher vom nächstbesten Auto überfahren würden.

Zum Glück ist also der Aufstieg von den Perzeptionen zur Apperzeption – in unserer Terminologie: vom Bewusstsein zum Selbstbewusstsein – keine ständige Notwendigkeit, und darum hat Kant das menschliche Bewusstsein als mögliches Selbstbewusstsein bestimmt. Er übersetzte das cartesianische *Ego cogito* mit «Ich denke» und erklärte: «Das: *Ich denke* muß alle meine Vorstellungen begleiten *können;* denn sonst würde etwas in mir vorgestellt werden, was gar nicht gedacht werden könnte, welches eben so viel heißt, als die Vorstellung würde entweder unmöglich, oder wenigstens für mich nichts sein.» (KK, B 131 f.) Kant betont das «Können», das heißt die prinzipielle Möglichkeit, dass das *Ich denke* meine Vorstellungen begleitet; wäre diese Möglichkeit nicht gegeben, könnte gar nicht von Vorstellungen die Rede sein, oder davon, dass es sich um meine Vorstellungen handelt. Er nimmt auch die leibnizsche Terminologie auf und nennt die Vorstellungen *(repraesentatio)* am Orte des Bewusstseins ‹Perzeptionen›, deren man sich aber noch nicht unmittelbar als Vorstellungen eines Bewusstseins bewusst sein muss; das wird erst möglich durch die Apperzeption *Ich denke*, die angewandt auf die Perzeptionen deutlich macht, dass es sich dabei um Vorstellungen und vor allem um meine Vorstellungen handelt.

Der Übergang vom Bewusstsein zum Selbstbewusstsein erfordert der cartesianischen Tradition zufolge die reflexive Rückwendung des Bewusstseins auf sich selbst, und darum spricht man an dieser Stelle vom Reflexionsmodell des Selbstbewusstseins, und das gibt Rätsel auf. Sieht man einmal von dem Irrtum ab, den Kant in seiner Kritik der Paralogismen der reinen Vernunft aufgedeckt hatte, nämlich von der Vorstellung, das *Ich denke* verweise seinem eigenen Sinn nach auf einen Gegenstand oder gar auf eine Substanz ‹Ich›, dann ist mit dem Gedanken ‹Ich denke› nur eine Form des Selbstbewusstseins ohne allen Inhalt gedacht – analog zu ‹Ich meine›, ‹Ich fühle›, ‹Ich will›. Versucht man nun direkt zu klären, was in solchen Wendungen das Wort ‹Ich› bedeutet, so zeigt sich, dass wir davon «abgesondert, niemals den mindesten Begriff haben können; um welches wir uns daher in einem beständigen Zirkel herumdrehen, indem wir uns seiner Vorstellung jederzeit schon bedienen müssen, um irgend etwas von ihm zu urteilen» (KK, B 404). Das *Ich denke* ist somit im Denken uneinholbar, denn jeder Versuch, es zu denken, setzt es bereits voraus: Ich denke das *Ich denke*. Dabei denke ich das *Ich denke*, das nichts anderes als das *Ich denke* denkt usf. ins Unendliche.

Dasselbe gilt aber auch für das empirische Selbstbewusstsein. Wenn wir uns mit unserem Bewusstsein beschäftigen und zu klären versuchen, was wir dort vorfinden, machen wir praktisch Gebrauch von der Möglichkeit unseres Bewusstseins, sich selbst zu thematisieren, also Selbstbewusstsein zu sein. Durch diesen Reflexionsakt wissen wir dann auch, dass es diese Eigenschaft hat; wir haben auf diese Weise ein Bewusstsein von unserem Bewusstsein als möglichem Selbstbewusstsein. Wenn wir nun dieses Bewusstsein von unserem

Bewusstsein als möglichem Selbstbewusstsein selbst untersuchen wollen, erfordert dies einen weiteren Reflexionsakt unseres Bewusstseins im Sinne seiner Aktualisierung als mögliches Selbstbewusstsein, und diese Prozedur können wir immer wiederholen, ohne jemals an ein befriedigendes Ende zu gelangen: ‹Mir ist der Sachverhalt S bewusst›; ‹Mir ist bewusst, dass mir S bewusst ist›; ‹Mir ist auch das bewusst, dass mir bewusst ist, dass mir S bewusst ist.› Vielleicht erinnern wir uns ja auch an Situationen, in denen wir in einen Reflexionsstrudel hineinzugeraten drohten, aus dem wir nur durch einen Entschluss, einfach damit aufzuhören, wieder auftauchen konnten. In Wahrheit haben wir uns hier ebenfalls in einem «beständigen Zirkel» herumgedreht, denn um herauszubekommen, was es mit unserem Bewusstsein auf sich hat, mussten wir von seiner Struktureigenschaft, mögliches Selbstbewusstsein zu sein, immer schon Gebrauch machen.

Die Eigenschaft unseres Bewusstseins, mögliches Selbstbewusstsein zu sein, die Kant im *Ich denke* verkörpert sah, kann man somit nicht mit der üblichen Weise, wie wir über uns selbst nachdenken, erklären; es handelt sich nicht um eine einfach beschreibbare psychische Tatsache, sondern um etwas, was wir in der Rekonstruktion unseres Selbstbewusstseins als dasjenige ermitteln können, was die Thematisierung psychischer Tatsachen überhaupt erst möglich macht. Dies ist der Grund, warum Kant an dieser Stelle von transzendentaler Apperzeption spricht – im Unterschied zur empirischen. Transzendental ist Kant zufolge alles, was unseren Erfahrungen als deren Bedingungen immer schon zugrunde liegt und sie ermöglicht, und das *Ich denke* ist hier die oberste Bedingung.

Die Uneinholbarkeit des menschlichen Bewusstseins als möglichen Selbstbewusstseins in der Reflexion ist eine Einsicht Kants, die die Selbstbewusstseinstheorien bis in unsere Gegenwart bestimmt. Sie lässt sich bereits anhand der Schwierigkeiten belegen, in die Descartes geriet, als er versuchte, das Selbstbewusstsein zu erklären. Ihm zufolge vermag jeder Nachdenkliche im Rückbezug auf das *Ego cogito* (ich denke, stelle vor), welches das *sum* (ich existiere) impliziert, sich selbst als eine zweifelsfrei existierende *res cogitans* (denkende Substanz) zu identifizieren. Diese Möglichkeit erklärt er durch die Annahme, jeder finde in sich selbst eine *idea sui ipsius* (Vorstellung von sich selbst), die nicht aus der Erfahrung stammen könne, sondern «eingeboren» *(innata)*, also vom Schöpfer selbst vorgegeben sei. Richtig daran ist, dass wir die Vorstellung von uns selbst als eines Wesens, das Vorstellungen hat, nicht erst aus der Erfahrung gewinnen, vielmehr ist unser Bewusstsein ursprünglich stets mögliches Selbstbewusstsein, und genau dies nimmt Descartes selbst im Ausgang vom *Ego cogito* in Anspruch. Die Frage ist dann nur, ob sich an der Problematik irgendetwas ändert, wenn man unsere Vorstellungen von uns selbst auf eine Vorstellung zurückzuführen versucht, die wir angeblich erfahrungsunabhängig (a priori) in uns vorfinden. Die Vorstellung von uns selbst als eines Wesens, das Vorstellungen haben kann, muss doch jemandes Vorstellung sein und von diesem Jemand als seine Vorstellung von sich *(ipsius)* identifiziert werden können. Wäre das vorstellende Wesen vollständig in einer Vorstellung repräsentierbar, handelte sich dabei um niemandes Vorstellung.

John Locke suchte einen Ausweg aus diesem Dilemma in einer Weise, die Kants spätere Unterscheidung zwischen dem transzendentalen und dem empirischen Selbstbewusstsein vorbereitete. Zunächst stand für ihn fest, dass unsere Kenntnis von uns selbst aus *«ideas of reflections»* stammt, also aus Vorstellungen, die wir durch innere Wahrnehmung gewinnen; aber er erkannte, dass die dabei in Anspruch genommene Differenz zwischen Innen und Außen nicht selbst wahrgenommen werden kann, sondern einen unmittelbaren Selbstbezug oder ein nicht erst durch Vorstellungen vermitteltes Gewahrsein seiner selbst und seiner Aktionen erfordert. (L II, 24, §§ 16 f.) Erst dadurch werden die *ideas of sensation* (der äußeren Wahrnehmung) von den *ideas of reflection* überhaupt unterscheidbar. Dieser Ausweg aus dem cartesianischen Reflexionszirkel erweist sich aber im Rahmen des mentalistischen Paradigmas der Bewusstseinsphilosophie als Sackgasse, denn wenn es zutrifft, dass unser Bewusstsein es immer mit Vorstellungen und mit nichts anderem zu tun hat, kann es sich bei jenem unmittelbaren Gewahrsein seiner selbst, also des Bewusstseins und seiner Aktionen, bestenfalls um eine Vorstellung des Vorstellens und des darin Vorgestellten handeln, denn sonst wüssten wir nichts darüber. Soll diese Vorstellung des Vorstellens wieder als ein Gewahrsein aufzufassen sein, hat sich das Reflexionsrad nur weitergedreht. Wenn man in der Philosophie systematisch mit dem *Ego cogito* im Sinne von ‹Ich habe Vorstellungen›, ‹Ich denke› und ‹Ich nehme wahr› beginnt, ist es schwer, zu erklären, worin jenes angeblich unmittelbare Selbstbewusstsein bestehen soll, da es als die ständige Voraussetzung des Habens von Vorstellungen nicht selbst in einer Vorstellung repräsentiert werden kann.

Dieses Dilemma verschärfte sich dadurch, dass im Umkreis von Kant versucht wurde, ihm mit den Mitteln des Subjekt-Objekt-Modells der Erkenntnis beizukommen; Selbstbewusstsein hat demzufolge die Struktur: «Das Subjekt ist sich hier selbst das Objekt, also Subjekt und Objekt zugleich.» Kant schreibt in einer Spätschrift dazu: «Ich bin mir meiner selbst bewußt, ist ein Gedanke, der schon ein zweifaches Ich enthält, das Ich als Subject, und das Ich als Object. Wie es möglich sey, daß ich, der ich denke, mir selber ein Gegenstand (der Anschauung) seyn, und so mich von mir selbst unterscheiden könne, ist schlechterdings unmöglich zu erklären, obwohl es ein unbezweifelbares Factum ist ...»[76] Kant hält es für unerklärbar, weil er am Vorstellungsmodell festhält und das *Ich denke* selbst als eine Vorstellung versteht, was unvermeidlich in den Reflexionszirkel hineinführt; denn das *Ich denke* ist dann ja die Vorstellung, deren «wir uns jederzeit schon bedienen müssen, um irgend etwas von ihm [dem *Ich* – H.S.] zu urteilen» (KK, B 404).

Wenn er das *Ich denke* freilich als «transzendentale Apperzeption» bestimmt und nur deren Funktion als oberste Bedingung des Gegenstands- und Selbstbewusstseins ins Auge fasst, müsste er nicht fordern, dass diese in der transzendentalen Analytik rekonstruierend aufgewiesene Denkfunktion selbst in der Form einer Vorstellung vorstellbar zu sein habe; damit hätte er sich dann aus dem Reflexionskarussell befreit. Der Text der *Kritik der reinen Vernunft*, vornehmlich in der Ausgabe B, lässt diese Lektüre durchaus zu. Dort nennt er zwar auch das *Ich denke* eine Vorstellung, fährt aber fort: «Ich nenne sie auch die *ursprüngliche Apperzeption*, weil sie dasjenige Selbstbewußtsein ist, was, indem es die Vorstellung *Ich denke* hervorbringt, die alle andere muß begleiten können, und in allem Bewußtsein ein und dasselbe ist, von keiner weiter begleitet werden kann.» (KK, B 132) Dieses Hervorbringen versteht Kant gemäß dem Grundsatz, dass die Verbindung zwischen den einzelnen Vorstellungen nicht in ihnen selbst begründet ist, und somit «unter allen Vorstellungen die Verbindung die einzige ist, die nicht durch Objekte gegeben, sondern nur vom Subjekte selbst verrichtet werden kann, weil sie ein Actus seiner Spontaneität ist». Das *Ich denke* ist nun nichts anderes als der Verstand in seiner Funktion der Verbindung des sinnlich Gegebenen zu Gegenständen, die Kant ‹Synthesis› nennt. Für das Selbstbewusstsein bedeutet dies: «Also nur dadurch, daß ich ein Mannigfaltiges gegebener Vorstellungen *in einem Bewußtsein* verbinden kann, ist es möglich, daß ich mir die *Identität des Bewußtseins in diesen Vorstellungen* selbst vorstelle, d.i. die *analytische* Einheit der Apperzeption ist nur unter der Voraussetzung irgend einer *synthetischen* möglich.» (KK, B 133) Daraus folgt: Das *Ich denke* als die synthetische Einheit der Apperzeption ist nicht direkt in einer Vorstellung vorstellbar, sondern nur als die Grundbedingung der Tatsache erschließbar, dass ich tatsächlich über eine Vorstellung von der analytischen Einheit meines Bewusstseins in der Vielfalt seiner Vorstellungen verfüge; ohne diese Voraussetzung könnte ich nicht wissen, dass es sich dabei sämtlich um meine Vorstellungen handelt. (Vgl. KK, B 134)

Das Problem des Selbstbewusstseins, wenn es in Termini der Subjekt-Objekt-Relation aufgelöst werden soll, findet sich in klassischer Form bei dem Kantianer Arthur Schopenhauer. Der Satz «Die Welt ist meine Vorstellung» ist ihm zufolge eine erste und keiner weiteren Beweise bedürftige Wahrheit. Ohne die Existenz eines vorstellenden Subjekts gibt es keine Objekte, und daraus folgert Schopenhauer: «Dasjenige, was Alles erkennt und von Keinem erkannt wird, ist das *Subjekt*. Es ist sonach der Träger der Welt, die durchgängige, stets vorausgesetzte Bedingung alles Erscheinenden, alles Objekts: denn nur für das Subjekt ist, was überhaupt daist. Als dieses Subjekt findet Jeder sich selbst, jedoch nur insofern er erkennt, nicht sofern er Objekt der Erkenntnis ist.» (SW I, 31)

Es ist dann freilich zu fragen, wie ein Subjekt dies alles von sich wissen kann, wenn es sich doch als das Erkennende nicht selbst zum Objekt von Erkenntnis machen kann. Wie ist es möglich, dass jeder, sofern er erkennt, sich selbst als dieses Subjekt «findet», ohne sich dabei als Objekt vorzufinden? Hier greift Schopenhauer auf John Locke zurück und behauptet, dass es sich um einen Fall intuitiver Gewissheit handelt. Er erklärt dies mit der Tatsache, dass das Subjekt des Erkennens zugleich Individuum sei, dessen Vorstellungen durch den Leib und seine Affektionen vermittelt seien. Der Leib aber sei dem Subjekt auf zweierlei Weise gegeben: zum einen als Objekt unter Objekten – also als Vorstellung, dann aber auch als jenes einem «Jedem unmittelbar Bekannte, welches das Wort *Wille* bezeichnet» (SW I, 143).

Das Wirken dieser Instanz erlebt nach Schopenhauer jeder Mensch unmittelbar als Regung und Bewegung des Leibes. Schwierig ist freilich zu verstehen, warum diese Konkretisierung dessen, was bei John Locke als unmittelbares Gewahrsein erscheint, nicht seinerseits in Vorstellungen repräsentierbar sein sollte; unsere leiblichen Willenserfahrungen sprechen faktisch dagegen. Letztlich läuft auch hier wie bei Kant diese Konstruktion des Selbstbewusstseins nach dem Subjekt-Objekt-Schema auf etwas zunächst Unerklärbares hinaus, das Schopenhauer bereits in seiner Dissertation *Über die vierfache Wurzel des Satzes vom zureichenden Grund* konstatiert habe: Dort sei «zwar der Wille, oder vielmehr des Subjekt des Wollens, als eine besondere Klasse der Vorstellungen oder Objekte aufgestellt: allein schon daselbst sahen wir dieses Objekt mit dem Subjekt zusammenfallen, d.h. eben aufhören Objekt zu seyn: wir nannten dort dieses Zusammenfallen das Wunder *kat' exochen* [schlechthin]; gewissermaaßen ist die ganze gegenwärtige Schrift die Erklärung desselben.» (SW I, 145)

Diese Erklärung, der zufolge am Orte des Individuums, das sich als leibliches Wesen zugleich als Subjekt des Wollens erfährt und insofern selbst Objekt ist, die Subjekt-Objekt-Differenz in der Identität beider verschwindet, vermag freilich nicht zu überzeugen. Zudem bliebe zu erklären, wie umgekehrt aus dieser Identität die faktische Erfahrung der Differenz zwischen Subjekt und Objekt hervorgehen könne, denn im Selbstbewusstsein soll sich das Subjekt ja zugleich Subjekt und Objekt sein. Schopenhauer behilft sich an dieser Stelle mit der hochspekulativen These, der Leib sei die «Objektität» des Willens, seine unmittelbare Objektivation, und deswegen könne man auch sagen: «der Wille ist die Erkenntniß *a priori* des Leibes, und der Leib die Erkenntniß *a posteriori* des Willens» (SW I, 143). Nur dadurch also, dass sich der Wille als Leib objektiviert, gewinnt das vorstellende Subjekt in ihm ein unmittelbares Objekt. Schopenhauers Theorie des Selbstbewusstseins erweist sich als so tief im Reflexionszirkel von Subjekt und Objekt gefangen, dass nur eine ganze Willensmetaphysik einen Ausweg zu eröffnen verspricht; die aber soll selbst erkenntnistheoretisch auf der Basis der Subjekt-Objekt-Differenz erst begründet werden.

Den gordischen Subjekt-Objekt-Knoten hat Johann Gottlieb Fichte nicht aufgelöst, sondern einfach zerschlagen. Anknüpfend an Kants Bestimmung des *Ich denke* als eines «Actus der Spontaneität» (KK, B 143), fasst er das Ich nicht als Tatsache, sondern als «Tathandlung» auf. Denken ist dann Tätigkeit, die bei äußeren Gegenständen als solche nicht bemerkbar ist, sondern «gleichsam im Objekt verschwindet»,[77] sodass hier Denken und Gedachtes verschieden sind. Hingegen sind «bei der Vorstellung meines Ichs ... das Denkende und Gedachte ebendasselbe – im Begriffe des Ichs. *Ich* bin das Denkende und Gedachte. Bei jenen ging die Tätigkeit [des Denkens – H.S.] außer mir; hier aber geht die Tätigkeit auf mich selbst zurück. Diese Tätigkeit läßt sich nicht definieren, sie beruht auf unmittelbarer Anschauung; sie besteht darin, daß ich meiner unmittelbar bewußt bin. Dadurch also, indem ich auf mich selbst handle, mich selbst setze, daß meine Tätigkeit in mich selbst zurückgeht, kommt das Ich hervor, denke ich mein Ich; und beides: *Ich* bin *Ich* und ich setze mich als *Ich*, erschöpft sich gegenseitig.» Fichte setzt somit nicht ein Ich voraus, das handelt, sondern das unmittelbare Bewusstsein des Tätigseins ist ihm zufolge das Erste, und «Tathandlung ist nämlich, wenn ich mein Ich innerlich handeln lasse und demselben zusehe». Fichte rehabilitiert an dieser Stelle die von Kant aus der Philosophie ausgeschlossene intellektuelle Anschauung als unmittelbare Selbstwahrnehmung des Denkens als eines Tätigseins, das im Fall des Denkens des Ich die Identität des Ich als Denkendes und als Gedachtes, oder des Ich als Subjekt und des Ich als Objekt, hervorbringt.

Der Gewaltstreich Fichtes besteht somit darin, dass er das, was im Reflexionsmodell unablässig in Zirkeln umeinander kreist – das Subjekt, das sich im Denken seiner selbst immer schon voraussetzen muss –, in ein und demselben Denkakt stillzustellen versucht; das Denken des je eigenen Ich soll unmittelbar das «Setzen» des Ich als Gedachtes sein und auf das Wissen «Ich bin Ich» führen. Die Basis dieser Konstruktion ist die Aufforderung: «Es denke nun jeder sein Ich, und gebe dabei Achtung, wie er es mache.» Auffällig ist dabei, dass das Wort ‹ich›, das in Kants *Ich denke* in Übereinstimmung mit dem alltäglichen Sprachgebrauch als Personalpronomen und Indexwort erscheint, bei Fichte als Substantiv im Sinne eines Begriffswortes verwandt wird; demzufolge ist oder hat jedermann ein Ich, das er zu denken vermag. Dem Einwand Kants, hier handle es sich um einen Paralogismus, also um eine irreführende Vergegenständlichung des *Ich denke* als allgemeinster Gegenstandsbedingung, glaubt Fichte mit seiner Deutung des Ich als reiner Tathandlung entgehen zu können. Zugleich behauptet er, jeder Denkende könne bei der Selbstbeobachtung dessen, was er tut, wenn er denkt, einsehen, dass auch sein Ich von der Art sei, dass es genau dann, wenn er es denkt, das ‹Ich bin Ich› als Identität des Ich als Subjekt und als Objekt einsichtig macht.

Der wichtigste Einwand gegen diese Konstruktion des Selbstbewusstseins betrifft die Frage, ob und in welchem Sinn das ‹Ich bin Ich› etwas ist, was gewusst werden kann. Im üblichen Sinne des Wortes ist Wissen immer propositional, und dies wäre der Fall, wenn ‹Ich bin Ich› bedeutete: ‹Ich bin ein Ich› oder ‹Ich besitze die Fähigkeiten, die wir allen Wesen zuschreiben, die imstande sind, ‹ich› zu sagen›. Obwohl Fichte gelegentlich mit dem Ausdruck ‹Ichheit› operiert, soll das ‹Ich bin Ich› aber nicht so gemeint sein, sondern als das Wissen, dass Ich, der denkt, und das Ich als Gedachtes ein und dasselbe seien. Sieht man einmal von Wittgensteins Diktum ab: «Von *zwei* Dingen zu sagen, sie seien identisch, ist ein Unsinn, und von *Einem* zu sagen, es sei identisch mit sich selbst, sagt gar nichts» (WT, 5.5303), so ergibt sich aus ‹Ich bin Ich›, wenn es als Wissensbeziehung aufgefasst wird, ‹Ich weiß mich›. Diese in Wahrheit unverständliche Formel ist das unvermeidliche Resultat, wenn man trotz aller Schwierigkeiten daran festhält, auch das Selbstbewusstsein müsse sich gemäß dem Subjekt-Objekt-Schema rekonstruieren lassen. Tatsächlich kommt man, wenn man den Weg Fichtes nicht einschlagen möchte, aus dem schon von Kant beschriebenen Reflexionszirkel nicht heraus, denn wenn man fragt, was ich denn wissen kann, wenn ich mich weiß, ohne dass ich noch etwas anderes über mich weiß, dann weiß ich eben nur, dass ich mich weiß als ein Ich, das sich als ein solches weiß, usf. ins Unendliche.

In seiner scharfsinnigen Kritik an der mentalistischen Tradition der Selbstbewusstseinstheorien, wie sie bis in die 1980er-Jahre in der sogenannten Heidelberger Schule fortgebildet worden war, hat Ernst Tugendhat die sprachanalytische Vorgehensweise ins Spiel gebracht.[78] Er schlug vor, das Subjekt-Objekt- oder Bewusstsein-Gegenstands-Modell auf sich beruhen zu lassen, weil es der Grund der Aporien sei, in denen sich jene Selbstbewusstseinstheorien verfangen, und von den sprachlichen Wissensformen auszugehen, in denen wir ausdrücken, was wir von uns wissen. Dabei ist das, was unsere physischen Eigenschaften betrifft, beiseite zu lassen, weil das öffentlich zugänglich und überprüfbar ist; es handelt sich hier um die Perspektive der 3. Person des ‹Er/sie/es›-Sagens, die jeder von uns auch gegenüber sich selbst einnehmen kann. Worum es geht, ist vielmehr das Wissen von unseren psychischen Erlebnissen und Zuständen, zu dem wir in der Perspektive der 1. Person des ‹Ich›-Sagens einen privilegierten Zugang haben. Geht man davon aus, dass es wie alles Wissen propositional ist, kann man es in der Formel fassen ‹Ich weiß, dass ich φ› (mit φ für psychische Prädikate wie ‹… habe Schmerzen›, ‹… bin traurig› etc.) Dieses epistemische Selbstbewusstsein hat die Eigenschaft, dass die Wahrheitsbedingungen von ‹ich φ› dieselben sind, wenn ein anderer ‹er φ› sagt und dabei mich meint; die Erkenntnisbedingungen von ‹ich φ› aber sind ungleich verteilt, denn hier ist der Ich-Sager der Monopolist. Daraus folgt: Zwischen den Perspektiven der 1. Person und der 3. Person herrscht veritative Symmetrie und epistemische Asymmetrie.[79] Dabei ist vorausgesetzt, dass die φ-Prädikate in beiden Perspektiven derselben Grammatik folgen; was es heißt, traurig zu sein, hat beim ‹ich›- und beim ‹er›-Sager dieselbe Bedeutung.

Die Kritiker dieser sprachanalytischen Theorie des epistemischen Selbstbewusstseins sind hierzulande, was das Subjekt-Objekt-Schema betrifft, den Vorschlägen Tugendhats weitgehend gefolgt, erhoben freilich nun auch ihm gegenüber wieder einen Zirkelvorwurf. ‹Ich φ› enthält wie jeder einfache Behauptungssatz einen referierenden und einen prädizierenden Satzteil; es wird etwas aus der Reihe möglicher Redegegenstände herausgehoben und etwas davon ausgesagt. Der Einwand lautet: Um von mir etwas mit φ-Prädikaten aussagen zu können, muss ich schon wissen, wer ich bin, denn sonst könnte ich mich bei diesem φ-Sagen nicht auf mich selbst beziehen. In der Tat ist es ja nicht so, dass ich Schmerzen habe und dann herausbekommen muss, um wessen Schmerzen es sich handelt; also sei bei ‹ich φ› eine Fehlreferenz ausgeschlossen. Im Übrigen sei es ja auch nicht möglich, dass ich mich bei ‹ich φ› mit jemand anderem verwechsle; also könne es auch hier zu keiner Fehlidentifikation kommen.[80] Man müsse somit, um das epistemische Selbstbewusstsein zirkelfrei erklären zu können, ein unmittelbares präpropositionales Wissen voraussetzen, ein ursprüngliches Bekannt- und Vertrautsein mit sich, ein intuitives Selbstkennen und Sich-selbst-Wiedererkennen – ganz im Sinn von John Locke oder Arthur Schopenhauer.

Manfred Frank hat mit Recht darauf hingewiesen, dass in der Analytischen Philosophie Grundüberzeugungen der kontinentalen Selbstbewusstseinstradition ohne direkte Anknüpfung wiederentdeckt und bestätigt wurden. «Eine dieser

Grundüberzeugungen war und ist, daß wir Selbstbewußtsein anders zu beschreiben haben denn als Bewußtsein von etwas, wobei ‹etwas› hier für einen einzelnen Gegenstand namens Selbst (oder Ich oder Person) stünde. Selbstbewußtsein ist nicht gegenständlich, seine Vertrautheit ist über kein zweites Glied vermittelt, sein ursprünglicher Vollzug geschieht irreflexiv, kriterienfrei und beruht auch nicht auf teilbaren Wahrnehmungserlebnissen ... Selbstbewußtsein läßt sich überhaupt nicht beschreiben als Relation von etwas zu noch etwas, auch wenn das zweite ‹etwas› es selbst sein sollte; denn wenn immer ein *Selbst*bezug als selbst*bewußter* sich ankündigt, war die Beziehung durch eine prä-relationale Vertrautheit unterlaufen.»[81]

Der Sache nach gehört dieser Befund zum philosophischen Wissen, denn die Konstruktion des Selbstbewusstseins nach dem Subjekt-Objekt-Schema oder dem Muster «Bewusstsein — Gegenstand» ist in der Tat gescheitert. Niemand, auch nicht der entschlossenste Analytiker, wird bestreiten, dass das, was wir von uns wissen, unter Bedingungen steht, die wir uns nur im Nachhinein vergegenwärtigen können; die Frage ist nur, warum wir diese Bedingungen, die ja im selbstbewussten Wissen zunächst thematisch sind, selbst schon in kognitiven Termini beschreiben sollten. Der Streit mit Tugendhat scheint sich in der Tat im Nachhinein als ein Streit um Worte herauszustellen. Tugendhat unternahm es, mit sprachanalytischen Mitteln die Struktur des epistemischen, als Wissensform verstandenen Selbstbewusstseins aufzuklären, während Frank diesen Ausdruck für die «unmittelbare (nicht-gegenständliche, nicht-begriffliche, nicht-propositionale) Bekanntschaft von Subjekten mit sich»[82] reservieren möchte; das epistemische Selbstbewusstsein hingegen bezeichnet er als ‹Selbsterkenntnis› und behauptet, diese reflexive Wissensform setze Selbstbewusstsein (in seinem Sinn) voraus. Schwierig ist dabei zu verstehen, warum ‹Vertrautheit mit ...› oder ‹Bekanntschaft mit ...› prärelationale Figuren sein sollen; in der Regel sind wir mit etwas vertraut und mit jemandem bekannt, und das Wort ‹unmittelbar› hilft hier auch nicht weiter. Überzeugender ist der Vorschlag, an dieser Stelle auf Wissensbegriffe zu verzichten und die Tatsache, dass im Gebrauch von Sätzen der Form ‹Ich weiß, dass ich› Fehlreferenz und Fehlidentifikation mittels des Wortes ‹ich› ausgeschlossen sind, anders zu erklären, nämlich als Folge einer subjektiven Prädisposition, die im Fall des unmittelbaren Betroffenseins durch Erlebnisse aktualisiert wird und den Horizont eröffnet, vor dem die Differenz zwischen dem Wissen und dem Gewussten überhaupt erst bewusst werden kann.[83]

Wie in jeder Wissenschaft gibt es auch in der Philosophie Kontroversen, und über das Thema ‹Selbstbewusstsein› ist sicher noch nicht das letzte Wort gesprochen. Das ist aber kein Grund, hier nicht von ‹Wissen› sprechen zu dürfen, denn es gibt auch fehlbares Wissen. Der begründete Ausschluss von Irrtumsmöglichkeiten und Sackgassen ist auch ein Wissensfortschritt, und den kann man in diesem Problembereich getrost konstatieren. Vielleicht kommt man hier noch weiter, wenn man überlegt, ob man bei der Darstellung der Bedingungen der Möglichkeit von Selbstbewusstsein nicht besser auf den Rückgriff auf bestimmte andere Wissensformen verzichtet, um den Reflexionszirkel zu sprengen, und stattdessen die Philosophische Anthropologie befragt. Hier kann man Kant folgen, der nachdem er die Selbstverdoppelung des Subjekts im Selbstbewusstsein in Subjekt und Objekt zu einem unerklärlichen Rätsel erklärt hatte, schreibt: Dieses Phänomen «zeigt aber ein über alle Sinnesanschauung so weit erhabenes Vermögen an, daß es, als der Grund der Möglichkeit eines Verstandes, die gänzliche Absonderung von allem Vieh, dem wir das Vermögen, zu sich selbst Ich zu sagen, nicht Ursache haben beizulegen, zur Folge hat, und in eine Unendlichkeit von selbstgemachten Vorstellungen und Begriffen hinaussieht».[84] Das Rätselhafte einer solchen Selbstthematisierung des Subjekts, die denkende Wesen im Unterschied zum Tier anstellen können, hat Helmuth Plessner durch einen phänomenologischen Vergleich von Pflanze, Tier und Mensch als «Stufen des Lebendigen» bestätigt und seiner Lehre vom Menschen zugrunde gelegt.

Der Grundbegriff ist dabei der der Positionalität, durch die sich im Bereich des Körperlichen das Organische vom Anorganischen unterscheidet. Der positionale Charakter der lebendigen Körper besteht darin, dass sie nicht nur wie die unbelebten im Raum situiert sind, sondern sich von ihnen «als raumbehauptende von den nur raumerfüllenden Körpern» (Pl, 131) unterscheiden. Die Positionalität des Lebendigen weist somit schon eine elementare Reflexionsstruktur auf; das Lebendige grenzt sich selbst in dem Raum, den es einnimmt, von einem Außen ab, von dem es aber durch seinen Stoffwechsel zugleich abhängt. Dieser Ausgleich zwischen «dem Zwang zur Abgeschlossenheit als physischer Körper und dem Zwang zur Aufgeschlossenheit als Organismus» (Pl, 218) findet im Lebendigen in zweifacher Weise statt: in offener und in geschlossener Form (Pl, 219), und demgemäß unterscheiden sich Pflanze und Tier. Die Positionalität des Tieres ist durch Zentralität gekennzeichnet: «Jedes Tier ist der Möglichkeit nach ein Zentrum, für welches (in einem wie wechselnden Umfang immer) eigener Leib und fremde Inhalte gegeben sind. Es lebt körperlich sich gegenwärtig in einem von ihm abgehobenen *Umfeld* oder in der Relation des *Gegenüber*. Insofern ist es bewußt, es merkt Entgegenstehendes und reagiert aus dem Zentrum heraus, d.h. spontan, es handelt.» (Pl, 240)

Diese Positionalität bleibt auch auf der Stufe des Menschen erhalten, sofern er immer auch tierischer Organismus ist, aber was ihn davon zugleich unterscheidet, ist die «Positionalität der exzentrischen Form» (Pl, 288): «Der Mensch als das lebendige Ding, das [wie die Tiere – H.S.] in die Mitte seiner Existenz gestellt ist, weiß diese Mitte, erlebt sie und ist darum über sie hinaus … Ist das Leben der Tiere zentrisch, so ist das Leben des Menschen, ohne die Zentrierung durchbrechen zu können, exzentrisch.» (Pl, 291) Diese exzentrische Position ist das Resultat des totalen Reflexivwerdens des lebendigen Körpers; dadurch ist dem Lebewesen selbst seine Zentralität bewusst geworden: «Es hat sich selbst, es weiß um sich, es ist sich selber bemerkbar und darin ist es *Ich*, der ‹hinter sich› liegende Fluchtpunkt der eigenen Innerlichkeit, der jedem möglichen Vollzug des Lebens aus der eigenen Mitte entzogen den Zuschauer gegenüber dem Szenarium dieses Innenfeldes bildet, der nicht mehr objektivierbare, nicht mehr in Gegenstandsstellung zu rückende Subjektpol.» (Pl, 290) Bestätigen kann man dies auch mit grammatischen Mitteln: Wir können nicht nur ‹mein Körper› sagen, sondern auch ‹mein Leben›, ‹mein Bewusstsein› und sogar ‹mein Selbstbewusstsein› und zudem alle diese Redeweisen zum Thema machen – wie es hier geschieht – und auch diese Thematisierung thematisieren etc. etc.; immer weicht der «Subjekt-Pol» ins Nichtthematisierbare zurück. Dies ist vielleicht keine alle befriedigende Erklärung, aber sicher eine sehr überzeugende Phänomenbeschreibung dessen, was es mit unserem Selbstbewusstsein auf sich hat.

9 Gesetze

Was Gesetze sind, wissen wir aus dem Alltag – besonders, wenn wir gegen sie verstoßen haben. Es handelt sich dabei um allgemein verbindliche Rechtsnormen, die von einer zur Rechtssetzung ermächtigten staatlichen Instanz als dem Gesetzgeber in einem selbst gesetzlich fixierten Verfahren erlassen wurden. Man unterscheidet hier zwischen materialen und formalen Gesetzen. Die materialen Gesetze regeln das soziale Zusammenleben der Menschen sowohl in zivilrechtlicher wie in strafrechtlicher Hinsicht, während die formalen Gesetze alle Beschlüsse umfassen, die ein Gesetzgeber verabschiedet, also etwa auch ein Haushaltsgesetz für ein bestimmtes Jahr oder eine einfache Rentenanpassung, die im Gesetzesblatt bekannt gegeben wird.

Natürlich sind nicht alle Normen, die unser Leben bestimmen, Rechtsnormen, sondern nur die, deren Geltung mit den Mitteln legitimer Staatsgewalt auch gegen Widerstand durchgesetzt werden kann; bei Normen der persönlichen Moral oder des guten Geschmacks ist dies nicht der Fall, ebenso wenig bei den Konventionen, die manchmal als ungeschriebene Gesetze bezeichnet werden. Immer aber sind bei Normen die Ansprüche der Allgemeinheit und Verbindlichkeit im Spiel. Von den Imperativen als den Anordnungen, die sich an bestimmte Adressaten richten, unterscheiden sich Normen durch ihre Anonymität, denn sie sagen nicht unmittelbar, was zu geschehen hat, sondern nur, was zu geschehen hat, wenn jemand durch seine Handlungen ein bestimmtes Ziel verfolgt; dieses «Wenn …, dann …» begründet ihre allgemeine Geltung. Ihr Anspruch der Verbindlichkeit drückt sich in der Tatsache aus, dass Gesetze nichts beschreiben, sondern dass sie im Modus des «Wenn …, dann …» etwas Bestimmtes vorschreiben.

Wer verstehen möchte, warum wir seit Langem auch von Naturgesetzen sprechen und sie von Rechtsnormen unterscheiden, muss in der Geschichte des Denkens weit zurückgehen. Der älteste im Wortlaut überlieferte philosophische Satz stammt von Anaximander (ca. 610–546 v. Chr.) und lautet: «Woraus aber für das Seiende das Entstehen ist, dahinein erfolgt auch ihr Vergehen gemäß der Notwendigkeit *(chreó)*, denn sie schaffen selbst untereinander Strafe *(díken didónai)* und Sühne *(tísis)* für ihre Ungerechtigkeit gemäß der Ordnung der Zeit.»[85] Das «Woraus» des Entstehens und «Wohinein» des Vergehens ist nach Anaximander das Unbegrenzte/Unbestimmte *(ápeiron)* als ein alles umfassender Weltgrund, der die Bühne abgibt für das Weltgeschehen, in dem Entstehen und Vergehen dem unausweichlichen Konnex von Schuld und Sühne folgen.

Die mythische Denkweise, der zufolge das, was in der Natur vor sich geht, auf die Taten und Querelen von Göttern zurückzuführen ist, die man erzählen kann – dieses narrative Deutungsmuster ist hier radikal abgelöst durch eine Strukturthese, die an keiner Stelle mehr auf das Wirken personaler Mächte verweist; das Wort ‹*ápeiron*› verweigert sogar jede weitere Bestimmung dessen, was dem Ganzen zugrunde liegt, und bedeutet zugleich die Distanzierung von Thales (ca. 624–547 v. Chr.), der dies als Wasser ausgegeben hatte. Anaximander soll als Erster für das *ápeiron* den Ausdruck ‹*arché*› verwendet haben,[86] und der Doppelsinn dieses griechischen Wortes als ‹Anfang/Ursprung› und ‹Herrschaft› zeigt, dass er die Verfassung der Welt gemäß seinem «Satz» als einen kosmischen Rechtszustand denkt, der nicht nur im *ápeiron* gründet, sondern auch von ihm regiert und garantiert wird; selbst die Zeitordnung hat hier ihren Ort, was umgekehrt bedeutet, dass das *ápeiron* zeitlos zu denken ist.

Man hat diese Weltdeutung mit Recht als «soziomorph» bezeichnet[87] und sie dem mythischen Anthropomorphismus gegenübergestellt, den die Generation der ersten sogenannten Vorsokratiker offenbar gründlich satt hatte. Als Thales das Wasser oder Heraklit das Feuer als die *arché* ansahen, waren dies «technomorphe» Modelle, also faktische Zusammenhänge, die man aus dem praktischen Weltumgang kannte und beherrschte. Anaximander hingegen orientiert sich am sozialen Muster von Schuld und Sühne, das auch die Vorgänge in der äußeren Welt bestimmt und hier auf einen Urgrund verweist, der in ihnen stets als die alles bestimmende Macht präsent bleibt. Den überlieferten Fragmenten kann man entnehmen, dass Anaximander das Schuld-Sühne-Verhältnis auf die elementaren kosmischen Mächte wie Erde, Wasser, Luft und Licht bezieht, die in ihrer Gegensätzlichkeit aufeinander bezogen bleiben und zugleich vom *ápeiron* stets wieder ins Gleichgewicht gebracht werden, sodass der Mechanismus von Schuld und Sühne immer erneut eine letztlich stabile Weltordnung garantiert.

Anaximander steht somit am Anfang einer langen Tradition, die Welt als ein gesetzmäßiges Ganzes zu denken, obwohl bei ihm der Terminus ‹Gesetz› noch nicht vorkommt. Auch Heraklit (ca. 520–460 v. Chr.) denkt in seinen kosmologischen Fragmenten das Universum als das ständige Resultat eines Gegeneinanders, ja des Krieges *(pólemos)* einander entgegengesetzter Kräfte und Mächte: «Das Auseinanderstrebende zusammentretend und aus dem Auseinandergehenden die schönste Harmonie»; «Sie [die gewöhnlichen Menschen – H.S.] verstehen nicht, wie das Auseinandergehende mit sich selbst zusammengeht, eine rückgespannte Harmonie, wie vom Bogen oder der Leier»; «Diesen Kosmos (derselbe für alle) schuf weder einer der Götter noch der Menschen, sondern er war immer und ist und wird sein immer lebendes Feuer, entflammend nach Maßen und erlöschend nach Maßen.» [88] Das Wort ‹*kósmos*› bedeutet im Altgriechischen nicht nur das Weltganze, sondern zugleich ein wohlgeordnetes Ganzes (von *kosméo* – ordnen, schmücken) mit durchaus ästhetischer Qualität, das zur Kontemplation einlädt. Heraklit zufolge stellt sich die «schönste Harmonie» ständig aus dem Auseinanderstrebenden wieder her. Von Anaximander unterscheidet er sich vor allem durch die Lehre, dass diese Einsicht den meisten Menschen verschlossen bleibt, denn ihnen fehle die Fähigkeit, das im Besonderen wirkende Allgemeine zu fassen.

In diesem Zusammenhang fällt zum ersten Mal das Stichwort, das unsere gesamte metaphysische Tradition bestimmen sollte: ‹*lógos*›: «Den hier vorliegenden ewigen *lógos* verstehen die Menschen nicht, weder bevor sie davon gehört haben, noch nachdem sie davon gehört haben. Denn obwohl alles gemäß diesem *lógos* geschieht, gleichen sie Unerfahrenen, sooft sie sich an solchen Worten und Werken versuchen, wie ich sie darlege.»[89] ‹*Lógos*› ist ein griechisches Rätselwort, das seine Wurzel im Sagen, Nennen, Reden hat (*légo*), aber über das Gesagte als Rede oder Lehre hinaus bedeutet es Begriff, Gedanke, Argument und die Fähigkeit des Menschen, über all dies zu verfügen. Wenn Heraklit behauptet, dass der *lógos*, den er präsentiert, das «All verwalte» (M I, 245), dann liegt auf der Hand, dass es sich dabei nicht um seine Rede oder Lehre handeln kann, denn dies wäre reiner Beziehungswahn, sondern um das, wovon seine Lehre handelt – um den großen, allumfassenden Strukturzusammenhang hinter dem, was in der Erfahrungswelt auf der Hand liegt. Erfasst werden kann er nur durch Denker, die jenen Schein durchstoßen. Diesen *lógos* fasst Heraklit als das Feuer, und er verbleibt insofern noch im technomorphen Deutungsbereich, aber damit ist keine Weltentstehungstheorie verbunden, sondern nur eine Materialisierung der ewigen Harmonie der Gegensätze, die Heraklit der Weltregierung durch den *lógos* zuschreibt.

Wichtig ist, dass nach Heraklit dieser *lógos* in einer verständlichen Rede dargestellt werden kann, was dem antiken Denken zufolge am Gegenstand liegt; daher muss dieser *lógos*, sofern er dem vernünftigen Denken kommensurabel ist, selbst vernünftig strukturiert sein. Wenn Aristoteles viel später den Menschen als das Lebewesen bestimmte, das den *lógos* hat, war damit zugleich Sprache und Vernunft gemeint, und nachdem Cicero den Ausdruck ‹*zôon lògon échon*› mit ‹*animal rationale*› übersetzt hatte, war klar, als was Heraklits *lógos* im Nachhinein zu verstehen war – als eine vernünftige Lehre von der objektiven Vernunft als das Wesen und als innerer Zusammenhang aller Phänomene in der Welt. Damit hatte er den «Logozentrismus» unserer metaphysischen Tradition begründet, ihren «Fundamentalrationalismus», dem bis zu Hegel auf der Subjektseite die «Intellektualansicht des Universums» (vgl. H 5, 44) entsprach.

Die Stoa hat Heraklits Lehre vom *lógos* als der feurigen Weltsubstanz, in der alles Entstehen und Vergehen im Krieg der Gegensätze gründet, aufgenommen und fortgebildet, dabei aber ein wichtiges und folgenreiches Motiv stark gemacht, das bei Heraklit nur beiläufig vorkommt: die Deutung des *lógos* als *nómos* (Gesetz). (Vgl. MoI, 277 f.) Sie machte damit nur terminologisch explizit, was bei Anaximander und Heraklit in ihren soziomorphen Modellen «Schuld und Sühne» oder «das All Verwalten» *(dioikeîn)* immer schon mitgedacht war – die ewige Gesetzmäßigkeit im Weltgeschehen mit der *arché* als dem alles regierenden Ursprung. Auch Platon und Aristoteles verstehen den Kosmos als ein ewiges, wohlgeordnetes Ganzes, folgen dabei jedoch anderen Ordnungsmustern. Im Mythos des platonischen *Timaios* richtet sich der Demiurg bei der Weltschöpfung wie ein Handwerker nach dem in der Idee des Guten vorgegebenen Muster, während Aristoteles die Struktur der Welt von der «vierfachen Wurzel des zureichenden Grundes» (Schopenhauer) bestimmt sein lässt, das heißt von der Vierzahl der Ursachen *(aitiái)* alles dessen, was ist: der materialen (woraus?), formalen (wie gestaltet?), kausalen (wodurch?) und finalen (weswegen?) Ursachen. Das uns vertraute Schema der Verknüpfung der Phänomene gemäß dem Zusammenhang von Ursache und Wirkung ist hier nicht ausgeschlossen, aber es bleibt dem teleologischen Denken untergeordnet. In seiner Gotteslehre *(theologiké)* beschreibt Aristoteles das erste alle Bewegung und Veränderung in der Welt erzeugende Prinzip als einen selbst unbewegten und unveränderlichen göttlichen Intellekt *(noûs)*, der alles im Hinblick auf sich selbst als den höchsten Zweck in Bewegung hält.

Platon und Aristoteles hatten den Ausdruck ‹*lógos*› nur auf das menschliche Denk- und Sprachvermögen bezogen, während die Stoiker hier zu Heraklit zurückkehren; der Sache nach meinen sie freilich dasselbe – die objektiv vernünftige und der menschlichen subjektiven Vernunft zugängliche Weltordnung. Indem sie diesen *lógos* als *nómos* weiterbestimmen, kommt ein folgenreicher Gedanke hinzu, der in der platonischen Tradition nicht vorkommt: der der durchgängig notwendigen Verknüpfung aller Phänomene und Ereignisse in der Welt gemäß dem Verhältnis von Ursache und Wirkung.[90] Die Stoa ist eine Philosophie des kausalen Determinismus, die nach dem Ende der Scholastik, welche weitgehend in platonisch-aristotelischen Bahnen des Denkens verblieben war, das neuzeitliche Verständnis der Natur bestimmen sollte. Es wäre freilich voreilig, unser modernes Verständnis von Naturgesetzen mit dem stoischen *nómos* zu identifizieren, obwohl dort eine seiner Wurzeln zu finden ist. Zum einen ist die Bedeutung von ‹*nómos*› weiter als die bloß juridische, denn auch Konventionen, Bräuche und andere Regelhaftigkeiten werden im Altgriechischen so genannt; zum anderen kennt die Stoa noch nicht die Formulierung von Naturgesetzen mit den Mitteln der Mathematik, und so bleibt sie weitgehend noch im Umkreis der mythischen Vorstellung vom alles beherrschenden Schicksal *(týche)*, dem auch die Götter unterliegen. Es wäre zudem irreführend, das stoische Gesetzesdenken dem teleologischen Konzept des Aristoteles entgegenzusetzen, denn es handelt sich ja beim *nómos* nicht um das blinde Schicksal, sondern um die Macht des *lógos*, die hier so total wird, dass ihr kausaler Determinismus das Worumwillen des Ganzen gewissermaßen in sich aufzehrt und mitverkörpert. Für die Stoiker steht außer Zweifel, dass die vom «logischen» *nómos* durchherrschte Natur zugleich das Gute und Verbindliche ist, denn das Prinzip der stoischen Ethik fordert, gemäß der Natur zu leben; somit steht die stoische Naturlehre unter dem ethischen Primat.

Im *nómos* der Stoa ist damit zusammengedacht, was wir in unserem modernen Verständnis von ‹Gesetz› auseinanderhalten und von dem wir sicher wissen, dass wir es auseinanderhalten müssen: die deskriptive und die präskriptive Interpretation dieses Begriffs. Das Wissen um die Notwendigkeit dieser Unterscheidung hat eine lange Vorgeschichte, die man zumindest in Umrissen skizzieren muss, um zu verstehen, wie es dazu kam. Das Gesagte gilt zunächst auch für den sozialen und politischen Bereich, denn hier können wir von Gesetzen in der Beobachterperspektive ebenso wie in der des Teilnehmers sprechen; dann meinen wir entweder die Regeln und Vorschriften, nach denen andere Gesellschaften oder Staaten leben, oder die, die für uns gelten. Aber diese Differenz war schon den antiken Denkern vertraut. Die Griechen kannten die faktischen Unterschiede zwischen den fremden und eigenen Gesetzeskulturen, und es waren vor allem die Sophisten, die daraus folgerten, dass das Gute und Gerechte keineswegs etwas sei, was von der Natur vorgegeben *(phýsei)* und somit der menschlichen Verfügung entzogen sei.

So behauptete Antiphon – ein Zeitgenosse des Sokrates –, die politischen Gesetze seien willkürlich gesetzt *(thései)*, die der Natur hingegen notwendig; die Ersteren beruhten auf Übereinkunft und seien nicht gewachsen, die Letzteren hingegen seien gewachsen und beruhten nicht auf Übereinkunft. Antiphon geht sogar so weit, einen ständigen Konflikt zwischen den politischen und den natürlichen Gesetzen zu behaupten, denn die meisten menschlichen Satzungen stünden ihren natürlichen Bestrebungen entgegen: «Die Vorteile, die auf den menschlichen Gesetzen beruhen, sind Fesseln der

Natur, dagegen die von Natur gegebenen Gesetze sind frei.»[91] Die Sophisten machten somit die soziomorphe Deutung des Natürlichen, die auf Anaximander und Heraklit zurückgeht, rückgängig und gelangten dadurch zu einem normativ neutralen Begriff natürlicher Gesetze, die das menschliche Verhalten bestimmen, solange sie nicht durch die politischen Gesetze daran gehindert werden. Die radikalste These dazu stammt von Thrasymachos: «Das Gerechte ist nichts anderes als der Nutzen des Stärkeren»;[92] wie ein modernes ideologiekritisches Entlarvungsargument soll es jeder metaphysischen Fundierung des Guten und Gerechten den Boden entziehen. In Wahrheit reduziert Thrasymachos den *nómos* auf die *phýsis*, aber in vollem Gegensatz zur späteren Stoa: Was die Menschen für Recht und Gerechtigkeit halten mögen, ist immer nur das Resultat faktischer Machtverhältnisse, die sich jeweils aus dem natürlichen Machtstreben der Menschen ergeben.

Die Rückkehr der Stoiker zur Einheit von *phýsis* und *nómos* im Zeichen des göttlichen, im Feuer verkörperten *lógos* war ein Rückgriff auf Heraklit, der umso erstaunlicher ist, als die Sophisten das Wort ‹*nómos*› als Gegensatz zur *phýsis* verstanden hatten; was nicht *phýsei* ist, sei *nómǭ*, also das Ergebnis menschlicher Gesetzgebung. In der Tat hatte Heraklit den *lógos* nicht nur als die alles Weltgeschehen bestimmende faktische Gesetzmäßigkeit gefasst, sondern zugleich als das für alle Menschen Verbindliche: «… die Weisheit besteht darin, die Wahrheit zu sagen und zu tun in Übereinstimmung mit der Natur, im Hinhorchen» (M I, 277). Zudem besteht ihm zufolge eine enge Verbindung zwischen dem göttlichen *lógos* und den menschlichen Gesetzen: «Denn alle menschlichen Gesetze werden vom Einen, Göttlichen ernährt; dessen Kraft ist unbegrenzt, und es reicht für alles aus und setzt sich durch.» (M I, 277)

Die erneute Aktualität des Heraklit wäre unverständlich ohne die Wirkung Platons, der in seinen Dialogen seinen

Wortführer Sokrates energisch gegen die Sophisten argumentieren lässt. Es geht hier um die Frage, ob es etwas jenseits bloßer Meinungen und Machtverhältnisse gibt, woran sich das Wahre und Gerechte orientieren kann, oder ob wir an dieser Stelle die Hoffnung aufgeben müssen. Platon erkannte, dass hier ein Rückgriff auf die *phýsis* der alten Naturphilosophen nichts bringt; sie war zwar als ein solches objektiv Unverfügbares gedacht worden, fiel aber unvermeidlicherweise der sophistischen Skepsis zum Opfer. Seine Ideenlehre unternahm es, dafür im intelligiblen Bereich des reinen Denkens einen Ersatz zu finden – also eine Übernatur, *hyperphysis, supranatura*, an die man sich gegen alle sophistischen Zweifel halten kann. Hier entstand das, was man viel später ‹Metaphysik› nennen sollte: eine Wissenschaft von dem, was über alles Physische hinausführt und ihm zugleich zugrunde liegt.

Der stoische *lógos* als der *nómos* verbindet somit das heraklitеische mit einem platonischen Erbe. Heraklit war davon überzeugt, dass die Alltagsmenschen die Wahrheit über den *lógos* nicht zu begreifen vermögen, obwohl der doch alles bedingt und bestimmt; Platon zufolge bedarf es einer Abkehr von der Welt der fünf Sinne, um die Idee des Guten fassen zu können. Die Überzeugung, dass das nur im Denken fassbare wahre Wesen der Natur zugleich das vorschreibt, was für die Menschen das Gute und Richtige ist, wurzelt freilich tief im griechischen Mythos. In unserer Perspektive handelte es sich dabei um eine Naturreligion, in der personifizierte Naturmächte als Götter verehrt und angebetet wurden, und so geschah es nicht zufällig, dass hier im Übergang vom Mythos zum Logos[93] das wahre Wesen der *phýsis*, das nur den Philosophen zugänglich zu sein schien, den Charakter des Göttlichen, Wahren und Guten bewahrte; die stoische Einheit von *lógos* und *nómos* war das Resultat.

Das stoische Erbe war der Nachwelt fast nur in lateinischer Sprache bekannt, wobei Cicero als Vermittler wirkte;

ein Großteil der uns vertrauten philosophischen Terminologie geht auf ihn zurück. Der stoische *nómos* erscheint bei ihm als die *lex aeterna* (das ewige Gesetz),[94] wobei diese Bestimmung der sophistischen Gleichsetzung von *thései* und *nómǭ* entgegensteht und damit der naheliegenden Vorstellung, wo ein Gesetz sei, also eine «gesetzte» Regelung, müsse es auch einen Gesetzgeber geben. Die gesamte Antike war von der Ewigkeit der Welt überzeugt, und so galt auch für die Stoa der im Feuer *(tò pýr)* und im Feuerhauch *(tò pneûma)* verkörperte *lógos* als die ungewordene und unvergängliche Substanz der Welt *(phýsis, kósmos)*, die als *nómos* alle Naturerscheinungen und die Menschenwelt beherrscht. Da die Stoiker diese große Gleichung mit dem Göttlichen identifizieren, bezeichnen sie die *lex aeterna* auch als *lex divina*.

Die Wiedergabe des Wortes ‹*nómos*› durch ‹*lex*› schränkte den griechischen Bedeutungshorizont ein und näherte damit den Gesetzesbegriff dem römischen Justizdenken an. Wenn somit die *lex aeterna* als *lex naturae/naturalis* weiterbestimmt wurde, trat notwendig der normative Aspekt im Begriff des Naturgesetzes in den Vordergrund, wodurch die *lex naturae*, die ja auch die Regelhaftigkeit des Weltgeschehens betraf, unmittelbar als Basis des Naturrechts *(ius naturalis)* erscheinen konnte. Diese Vorstellung eines ewigen und unveränderlichen Rechts aller Menschen, das ihnen von Natur aus zukomme, ist ein stoisches Erbe, dessen Wirkungskraft bis in unsere Gegenwart gar nicht überschätzt werden kann. Man verstand es als einen Bestand von Rechtsnormen, der insofern «überpositiv» ist, als er gegenüber allen menschlichen Rechtssatzungen normativen Vorrang beansprucht und als Appellationsinstanz bei offensichtlichem Unrecht angerufen werden kann.[95]

Die stoische Tradition verbindet theologische, naturphilosophische und naturrechtliche Elemente zu einem gigantischen System, mit dem sie, wie sich im Rückblick zeigt, zu viel auf einmal beweisen wollte. Die aristotelische Differenz zwischen Metaphysik und Physik ist aufgehoben, denn alles, was es gibt, ist «physisch», also materiell und kausal determiniert. Im *lógos* denkt die Stoa ein zugleich geistiges und materielles Prinzip, das sie sich wie Heraklit als Hauch *(pneûma)* des Feuers vorstellt, und er ist die wahre *phýsis*. Dieser *lógos* als *nómos* ist *lex aeterna* und als *lex naturae* das Gesetz all dessen, was in der Welt geschieht und zu geschehen hat, und so ist er das Göttliche. In Wahrheit vertritt die Stoa einen materialistischen Pantheismus, in dem die faktischen und die normativen Aspekte der alles beherrschenden Naturgesetzlichkeit noch nicht auseinandergetreten sind.

Vor allem die theologischen Elemente des Stoizismus waren für das frühe Christentum attraktiv, als es ihm darum ging, sich im unüberschaubaren Feld miteinander konkurrierender Philosophieangebote zu behaupten und seine Überlegenheit nachzuweisen. Und so war es Augustinus, der die Stoa «taufte» und ihre *lógos*-Lehre christlich uminterpretierte. Das Haupthindernis war dabei die Schöpfungstheologie, der die antike Vorstellung von der Ewigkeit der Welt entgegenstand. Für die Juden und Christen ist nur Gott ewig, und so verlegte Augustinus die *lex aeterna* in das ewige Wesen des Schöpfergottes und ließ die *lex naturalis* in Gottes Vernunft und in seinen Willensentschlüssen gründen. Für die Christen war damit die Allmacht des unerbittlichen Schicksals, die die Stoa gelehrt hatte, gebrochen, und sie konnten das, was ist und zu sein hat, auf die zugleich physische wie normative Gesetzgebung des in der Bibel geoffenbarten Gottvaters zurückführen. Bei Thomas von Aquin (ca. 1225–1274) wird dieses Modell weiter ausdifferenziert, wobei er die *lex naturalis* als die Art und Weise interpretiert, in der die *lex aeterna* in die Schöpfung hineinwirkt. Sie aber unmittelbar mit dem *ius naturale*, also dem christlichen Naturrecht, gleichzusetzen, wie es im Neuthomismus um 1900 geschah, entspricht nicht der Lehre des Thomas; vielmehr ergibt sich die *lex humana* als die Basis des Naturrechts erst aus dem

Zusammenwirken der *lex naturalis*, an der auch die Tiere unwillkürlich teilhaben, mit der menschlichen Vernunft. [96]

In der Scholastik dominiert somit nach wie vor der normative Sinn des Begriffs ‹Naturgesetz›, und die uns Heutigen vertraute deskriptive Bedeutung findet hier nur beiläufiges Interesse. Die Abkehr vom christlichen Stoizismus findet freilich im Bereich der Theologie selbst statt, und zwar durch eine Trendänderung, die man als ‹voluntaristische Revolution› bezeichnen kann.[97] Hatte bereits Augustinus den Willen gegenüber dem aristotelischen Intellektualismus, dem zufolge er nichts anderes ist als ein bloßes Begehren, das der Lenkung durch das *logistikón* bedarf, kräftig aufgewertet, so kehrte die Hochscholastik (Albertus Magnus, Thomas von Aquin) unter dem Eindruck der Aristoteles-Rezeption und der Wirkungsgeschichte des Neuplatonismus wieder zur Lehre vom unbedingten Primat des Intellekts gegenüber dem Willen zurück. Für das Gottesbild bedeutete dies, dass es auszuschließen sei, dass Gott etwas Unvernünftiges wollen könnte. Da nach dieser Lehre die menschliche Vernunft an der göttlichen teilhat, wenn auch nur partiell, schien es im Prinzip möglich zu sein, mit unserem endlichen Denken die Grundzüge der göttlichen Gesetzgebung zu erkennen, obwohl hier immer noch die großen Mysterien des Christentums wie die Weltschöpfung oder die Inkarnation außen vor blieben.

Johannes Duns Scotus (ca. 1266–1308) und William von Ockham (ca. 1285–1347) als die führenden Scholastiker des Spätmittelalters kehrten in der Gotteslehre jenes Verhältnis von Vernunft und Willen um und bestanden auf der Freiheit und Souveränität Gottes bei der Weltschöpfung und in der Heilsgeschichte. Das bedeutete, dass es uns Menschen versagt sei, mit unserer endlichen Vernunft auf das zu schließen, was Gott allein habe wollen oder nicht wollen können. Zwar blieb Gott in dieser Konzeption der oberste Gesetzgeber, aber welche Gesetze er tatsächlich gegeben habe, ließe sich demnach immer erst im Nachhinein erkunden. In großer Vereinfachung lässt sich sagen, dass diese voluntaristische Wendung der Theologie die Geburtsstunde des neuzeitlichen Empirismus werden sollte. Seine erste prominente Gestalt nahm er im Werk von Francis Bacon (1561–1626) an, der darauf besteht, dass nicht begriffliche Konstruktionen oder einzelne Beobachtungen *(experientia vaga)*, sondern allein die methodisch gelenkte Erfahrung *(experientia ordinata)* und darauf gründende Induktion zur Erkenntnis der Strukturen der Welt führe. Bemerkenswert ist, dass Bacon dieses Verfahren als die richtige Weise der Gottesverehrung, ja als Gottesdienst versteht und somit selbst auf die theologischen Wurzeln seines Wissenschaftsverständnisses verweist.[98]

Während Bacon dabei noch ganz in den Bahnen der scholastischen Begrifflichkeit verbleibt, gehen die führenden Naturwissenschaftler der Zeit dazu über, die Gesetzlichkeiten der Naturabläufe mit mathematischen Mitteln zu formulieren; die Hauptstationen sind die keplerschen Gesetze, die Fallgesetze Galileis und als vorläufiger Höhepunkt die Gravitationsgleichungen Isaac Newtons. Natürlich war damit immer noch die traditionelle Vorstellung verbindbar, Gott habe den Planeten vorgeschrieben, so um die Sonne zu kreisen, wie sie es tatsächlich tun, oder dass er gewollt habe, dass sich schwere Körper so und nicht anders verhalten, aber das bedeutete jetzt nur noch eine religiöse Garnierung und betraf nicht mehr den Kern der Naturerkenntnis. Die dazu passende Theologie war der Deismus, also die Lehre, dass Gott bei der Schöpfung eine physische und eine moralische Weltordnung gestiftet habe, in die er danach nicht mehr eingreift. Damit waren Wunder ausgeschlossen und die Naturwissenschaften mussten nicht länger mit unvorhersehbaren Störungen der Naturgesetzlichkeit rechnen. Was die Moral betrifft, so waren die Deisten überzeugt, dass Gott die Menschen mit einer natürlichen Vernunft ausgestattet habe, durch deren Gebrauch sie ermitteln können, was gut und böse ist. Eine besondere Ausgestaltung des Deismus war die Physikotheologie des 18. Jahrhunderts, bei der man glaubte, man könne in der Einrichtung der Natur das wunderbare Wirken Gottes und damit ihn selbst erkennen. Selbst Hegel erweist im frühen 19. Jahrhundert dieser Art von Gottesverehrung seine Reverenz und möchte sie auch auf die Betrachtung der geschichtlichen Welt beziehen. (Vgl. H 7, 15 f.)

Die Philosophie Immanuel Kants setzt hier einen Endpunkt. Unter dem Eindruck der universellen Geltung der Mathematik und euklidischen Geometrie sowie der newtonschen Physik, die die Empiristen nicht mit überzeugenden Argumenten in Zweifel zu ziehen vermochten, erklärt er, dass «in jeder besonderen Naturlehre nur so viel *eigentliche* Wissenschaft angetroffen werden könne, als darin Mathematik anzutreffen ist».[99] Nimmt man seine Kritik des physikotheologischen Gottesbeweises hinzu, so führt hier von der Erkenntnis der Naturgesetze kein Weg mehr zu einem göttlichen Gesetzgeber zurück; die theologische Neutralisierung der Natur, die in der Spätscholastik eingesetzt hatte, ist hier vollständig vollzogen. Zugleich antizipiert Kant das moderne Verständnis der physikalischen Gesetze, die sich in Formeln formulieren lassen; damit ist auch noch die letzte Reminiszenz an das stoische normative Gesetzesverständnis getilgt. Gleichwohl hält Kant daran fest, dass neben den deskriptiven Gesetzen in der Natur sehr wohl präskriptive Gesetze gelten, die aber nicht das Sein der Dinge, sondern nur das Sollen des menschlichen Handelns betreffen. So vertritt er den vollständigen Gegensatz zwischen den Gesetzen der Natur und denen der Freiheit, denn nur von freien Wesen kann man verlangen, dass sie etwas tun sollen, während die Erde nicht um die Sonne kreisen «soll».

Trotz aller Wandlungen im Gesetzesdenken setzte sich bis ins 18. Jahrhundert das alte stoische Erbe durch – die Überzeugung von der vollständigen kausalen Determination aller Ereignisse in Welt, und auch heute ist sie unter den Gebildeten weit verbreitet, wie die neuere Debatte über die Willensfreiheit aufzeigt. Die Rede von Naturgesetzen ist hier gleichbedeutend mit der Idee der notwendigen Verknüpfung von Ursache und Wirkung; dies nennt man auch das «Kausalitätsprinzip», und da es angeblich universell gilt, versteht man hier alle Naturgesetze als Kausalgesetze. Die Enttheologisierung des Begriffs ‹Naturgesetz› schien damit abgeschlossen zu sein, aber tatsächlich setzte sie sich mit anderen Mitteln fort: nun als dessen Entmythologisierung. Ein erster Schritt war David Humes skeptische Attacke gegen die Vorstellung, Ursache und Wirkung folgten mit Notwendigkeit aufeinander; hier werde die subjektive Gewöhnung an das oftmals erlebte Nacheinander von Zuständen und Ereignissen *(post hoc)* für eine objektive Verknüpfung *(propter hoc)* gehalten.[100] Diese These ließ Kant nach seinen eigenen Worten aus dem «dogmatischen Schlummer» erwachen (KP, A 13) und drängte ihn dazu, die Geltungsansprüche der Allgemeinheit und Notwendigkeit, die die moderne Physik erhob, zu rechtfertigen. Ob ihm dies im Rahmen seiner Kritischen Philosophie gelang oder nicht, ist in diesem Zusammenhang unwichtig; hier geht es vielmehr darum, dass Kant am Kausalitätsprinzip festhielt. So heißt es in der zweiten Ausgabe der *Kritik der reinen Vernunft*: «Grundsatz der Zeitfolge nach dem Gesetze der Kausalität: *Alle Veränderungen geschehen nach dem Gesetz der Verknüpfung der Ursache und Wirkung.*» (KK, B 232)

Was Kant nicht sah, war die Tatsache, dass dieses «Gesetz» mit der mathematischen Gestalt der «Naturlehre», durch die sie ihm zufolge allein als Wissenschaft auftreten könne, nur schwer vereinbar ist. Das Gravitationsgesetz Newtons, das Kant als den besten Besitz der Naturwissenschaft ansah, stellt keine Gesetzlichkeit der Aufeinanderfolge von Dingen, Zuständen oder Ereignissen dar, sondern nur der wechselseitigen Variation von Kräften und physikalischen Größen. Aus solchen Koexistenzgesetzen mögen sich nachträglich empirisch überprüfbare Gesetzeshypothesen, die Sukzession betreffend, ableiten lassen, aber ihrem eigenen Sinn zufolge ist bei ihnen nicht mehr von Ursache und Wirkung die Rede. Nun kann man einwenden, dass Kant in der *Dritten Analogie der Erfahrung* – «Alle Substanzen, so fern sie im Raume als zugleich wahrgenommen werden, sind in durchgängiger Wechselwirkung» (KK, B 257) – genau die Bedingung angegeben habe, unter der Newtons Gesetz überhaupt allgemeine und notwendige Geltung beanspruchen kann. Denn dass Substanzen in «dynamischer Gemeinschaft» (KK, B 260) zueinander stehen, unmittelbar oder mittelbar, kann man aus Gründen der eindimensionalen Zeitlichkeit unserer Erfahrung nicht aus der Erfahrung allein wissen; es ist also ein Prinzip a priori. Damit aber wäre Kant noch nicht bei der mathematischen Formulierung von Koexistenzgesetzen angekommen. Noch schwieriger gestaltete sich für ihn die Mathematisierung von Sukzessionsgesetzen, denn da müsste man Ursachen und Wirkungen unmittelbar Messgrößen zuordnen können. Umstritten ist ferner, ob die Kovarianzgesetze kausale Sukzessionsgesetze voraussetzen oder ob es sich nicht gerade umgekehrt verhält.

Der Vorrang der Kovarianzgesetze gilt nicht nur für die Mechanik, sondern auch für das ohmsche Gesetz und erst recht für die Erhaltungssätze der Thermodynamik. Diese Einsicht führte im 19. Jahrhundert zu der These vom «Absterben des Kausalitätsbegriffs»,[101] denn schon George Berkeley hatte 1721 gefordert, die Vorstellung einer Wirkursache aus dem Naturdenken zu vertreiben und sich mit der Darstellung der Zusammenhänge der beobachtbaren Phänomene zu begnügen.[102] Auch Auguste Comte verlangte 1844, die Physik habe nur die konstante Beziehung zwischen Phänomenen zu formulieren, aber diese «Gesetze» enthielten dann keine Informationen über tatsächliche Verursachung. Ernst Mach (1838–1916) bestand auf einem strikt funktionalen Verständnis der Naturgesetze, und schließlich versuchte

Bertrand Russell (1872–1970) in seinem berühmten Aufsatz *On the Notion of Cause* dem traditionellen Ursache-Wirkungs-Denken den Garaus zu machen. Ihm zufolge ist es ein Anzeichen für den unreifen Zustand einer wissenschaftlichen Disziplin, wenn in ihr immer noch von ‹Kausalität› die Rede ist. Hatte Kant den Wissenschaftscharakter der Naturwissenschaft an die mathematische Formulierung ihrer Erkenntnisse gebunden, so zog Russell daraus die Konsequenz: «*Causation is swallowed up by mathematics.*»[103] Die Lehre, die man daraus ziehen mag, kann dann nur der Abschied vom kausalen Vokabular sein.

Russell fügte dem ein weiteres wirkmächtiges Argument hinzu: Die Rede von Ursachen in der Natur sei in Wahrheit ein Anthropomorphismus, denn Verursachung im Sinne eines Bewirkens oder Herbeiführens sei uns nur aus dem Feld unserer willentlichen Handlungen bekannt, und dies werde hier dann naiv in die Natur hineinprojiziert. Wolfgang Stegmüller sprach in diesem Sinne von der Idee der kausalen Notwendigkeit als «einem letzten Rest der animistischen Weltauffassung», wobei er Quine folgt, der das kausale Idiom als ein «mentalistisches Erbe» bezeichnet hatte und darauf bestand, dass der Ursachebegriff in der modernen Physik keinen Platz habe.[104] Die neuere wissenschaftstheoretische Diskussion hat gezeigt, dass durch solche Argumente die Rede von Kausalität nicht einfach sinnlos wurde, sie erwies sich nur als unvereinbar mit dem Konzept des Naturgesetzes im strikten Sinn der Allgemeinheit und Notwendigkeit.[105] Sukzessionsgesetze mögen in den Naturwissenschaften vorkommen, aber sie betreffen dann nur empirische oder phänomenologische Regelhaftigkeiten, die Ausnahmen nicht ausschließen.[106]

Der Ausschluss des kausalen Idioms aus einer korrekten Wissenschaftssprache wurde auch von dem Hempel-Oppenheim-Modell der kausalen Erklärung gefordert, das längere Zeit als das allgemein verbindliche Muster wissenschaftlicher

Erklärung überhaupt präsentiert wurde. In ihm wird ‹Erklärung› aufgefasst als logische Ableitung der Beschreibung eines zu erklärenden Zustandes oder Ereignisses *(explanandum)* aus einem *explanans*, das aus zwei Prämissen besteht – einer Feststellung der Ausgangsbedingungen *(antecedens)* und einer Gesetzeszeile, die als «covering law» das *antecedens* mit dem *explanandum* verknüpft. Der Begriff der Ursache ist hier in dem der Antezedensbedingungen aufgegangen, und das bedeutet, dass die Gesetzeszeile nicht simple Ursache-Wirkungen-Verknüpfungen enthalten kann, sondern nur Konditionale von der Form ‹Immer wenn …, dann…›, und dies meist auch in irrealer Gestalt: «Wären die und die Antezedensbedingungen erfüllt, dann wäre mit der und der Wahrscheinlichkeit das Explanandum zu erwarten.» Je nachdem, wie man das Hempel-Oppenheim-Schema einsetzt, kann man es seinen Verfechtern zufolge sowohl für prognostische Zwecke als auch für die empirische Überprüfung von Gesetzeshypothesen verwenden. Bemerkenswert ist zudem, dass Kant dieser Kausalitätsauffassung schon sehr nahe kam, sie aber nicht weiterverfolgte; in der ersten Ausgabe der *Kritik der reinen Vernunft* heißt es: «Alles, was geschieht (anhebt zu sein), setzt etwas voraus, worauf *es nach einer Regel* folgt.» (KK, A 189) Man könnte dies als eine Vorwegnahme des Hempel-Oppenheim-Schemas auffassen, aber Kant präzisiert diese «Regel» in demselben Text selbst als das «Gesetz der Kausalität» im Sinne der zeitlichen Aufeinanderfolge von Ursache und Wirkung (vgl. KK, A 190); dies übernimmt er in der zweiten Ausgabe dann in die Überschrift dieses Kapitels.

Wenn die Idee von der Naturkausalität tatsächlich ein Anthropomorphismus sein sollte, ist dies dann auch bei der Rede von Naturgesetzen der Fall? Philosophen können wissen, dass man nicht mehr der soziomorphen Metaphorik des Gesetzesdenkens vertrauen kann. Naturgesetze lassen sich nicht länger mit juridischen Gesetzen vergleichen; die Differenz zwischen dem beschreibenden und erklärenden Gebrauch des

Gesetzesbegriffs auf der einen Seite und seinem präskriptiven oder normativen Sinn andererseits ist fundamental. Der grammatischen Nötigung, zu Gesetzen immer auch einen Gesetzgeber hinzuzudenken, hatte sich bereits die Stoa dadurch entzogen, dass sie die Einheit von *lógos* und *nómos* als *lex aeterna* dachte, aber dem vermochte die christliche Schöpfungstheologie nicht zu folgen, und so lebte der göttliche Gesetzgeber noch lange fort – im Deismus, der Physikotheologie und nicht zuletzt im modernen *Creationism* und in der Ideologie des *Intelligent Design*, mit der sogar Papst Benedikt XVI. mit seiner Logos-Theologie sympathisiert. Schließlich ist stets sehr genau der Unterschied zu beachten zwischen allgemeinen Naturgesetzen, seien sie deterministisch oder statistisch, einerseits und empirisch konstatierten Regelhaftigkeiten andererseits, auf die man in Hypothesenform so lange vertraut, wie keine signifikanten Gegenbeispiele bekannt sind.

10 Naturalistischer Fehlschluss

Das Argument ist jedem philosophischen Anfänger bekannt: Man darf nicht von dem, was ist, einfach ableiten, was sein soll. Tatsachenbehauptungen allein rechtfertigen keine normativen Forderungen; ein unvermittelter Übergang vom Beschreiben zum Vorschreiben, vom Deskriptiven zum Präskriptiven ist weder in grammatischer noch in sachlicher Hinsicht erlaubt. Warum dieses Verbot, das man allgemein David Hume als das «Hume'sche Gesetz» zuschreibt, etwas betrifft, was angeblich naturalistisch und zudem ein Fehlschluss sein soll, liegt freilich nicht auf der Hand. Mit dem Sein, aus dem man Hume zufolge kein Sollen ableiten kann, ist ja nicht bloß die Natur gemeint, sondern der Inbegriff aller Seinsbereiche, und im Übrigen ist ein solcher Übergang im streng logischen Sinn kein Schluss, denn aus einem Satz allein kann man keinen anderen erschließen; man benötigt dazu mindestens eine weitere Prämisse. Die Redeweise «Naturalistischer Fehlschluss» ist in der Tat nur historisch zu erklären.

Sie ist die deutsche Übersetzung des Ausdrucks ‹*naturalistic fallacy*›, den George Edward Moore in seinem Hauptwerk *Principia Ethica* (1903) in kritischer Absicht einführte. Mit ‹*fallacy*› meinte er in Übereinstimmung mit der englischen Umgangssprache etwas Trügerisches, Irreführendes, mit dem man glaubt korrekt argumentieren zu können – also eine begriffliche Verirrung durch Verwechslung, und dies als eine Denkfalle, in die man leicht geraten kann. Moores Ausgangspunkt ist die Überzeugung, die Grundfrage der Ethik sei die nach der Bedeutung des Prädikats ‹gut›, die er in einer «allgemeinen Untersuchung» (Mo, 30) zu beantworten unternimmt. Dabei geht es nicht darum, was ‹gut› in einer bestimmten Hinsicht, also ‹gut für ...› oder ‹gut als Mittel› meint; gefragt ist vielmehr nach der Primärbedeutung dieses Wortes: Was heißt es, etwas sei an sich oder intrinsisch gut? Wie Sokrates ist Moore davon überzeugt, dass dies nicht durch eine Aufzählung guter Dinge und erst recht nicht durch den Bezug auf irgendein angeblich Gutes beantwortet werden kann, denn da kann man stets zurückfragen, um welche Eigenschaft es sich bei den guten Dingen oder dem Guten handelt, die sie gut sein lässt.

Moores zentrale These lautet: «‹Gut› ist undefinierbar.» Mit ‹Definition› ist dabei keineswegs irgendetwas Linguistisches gemeint – etwa das Unternehmen, die Bedeutung eines Wortes durch Bezug auf andere Wörter zu erklären (vgl. Mo, 30, 35) –, sondern die Angabe der «Eigenschaft ..., die wir einem Ding zuschreiben, das wir mit gut bezeichnen» (Mo, 39). Moore folgt somit einer realistischen Bedeutungstheorie, wonach dasjenige, was Wörter bedeuten (wenn sie überhaupt etwas bedeuten), die Gegenstände sind, die sie bezeichnen. So gilt ihm ‹gut› als ein Adjektiv, das einen realen Gegenstand, und zwar in diesem Fall eine gegenständliche Eigenschaft, repräsentiert. Eine Definition kann vor diesem Hintergrund im Unterschied zu einer bloßen Worterklärung nur die Angabe der «Teile» oder Elemente sein, die das zu Definierende das sein lassen, was es ist. Moore behauptet nun, ‹gut› sei ein einfacher Begriff wie ‹gelb›; in beiden Fällen sei es nicht möglich, die Bedeutung durch die Angabe noch elementarerer Begriffe zu erfassen, wie es beispielsweise beim Begriff ‹Pferd› der Fall sei: ‹Säugetier›, ‹Vierbeiner› etc. (Vgl. Mo, 38) So wie das, was ‹gelb› bedeutet, keinem Blinden durch sprachliche Umschreibungen nahegebracht werden kann, so sei dies auch bei dem Eigenschaftswort ‹gut› der Fall; als Basis des Verstehens gilt in beiden Fällen die Evidenz des Intuitiven.

Somit liegt das Fehlerhafte der *naturalistic fallacy* laut Moore zunächst in dem Irrtum, es gebe einen definitorischen Zusammenhang zwischen der Eigenschaft ‹gut› und anderen Eigenschaften, auf die man sich bei der Definition glaubt beziehen zu können, weil ihr Ensemble dasselbe bezeichne; es handelt sich hier also wie bei ‹gelb› um eine fehlerhafte Identifikation (vgl. Mo, 41, 77); ‹gut› und ‹gelb› sind synthetische Eigenschaften (vgl. Mo, 36). Das Naturalistische einer solchen *fallacy* besteht dann darin, dass man ‹gut› für die Bezeichnung einer natürlichen Eigenschaft hält, mit der man – wie mit ‹gelb› – etwas an einem Gegenstand, den man als gut bezeichnet, glaubt beschreiben zu können; in diesem Sinne ist für Moore ‹gut› die Bezeichnung einer nichtnatürlichen Eigenschaft. Zugleich grenzt sich Moore auch von den metaphysischen Ethiken ab, die zwar ebenfalls ‹gut› für die Bezeichnung einer nichtnatürlichen Eigenschaft halten, sie aber durch den Bezug auf die Eigenschaften einer vorausgesetzten nichtsinnlichen Wirklichkeit definieren zu können glauben; auch sie verfallen ihm zufolge der *naturalistic fallacy*. Die nichtnatürliche Eigenschaft ‹gut› einer Sache oder einer Handlung ist demnach nur intuitiv erfassbar. (Vgl. dazu Mo, 202 ff.)

Bezogen auf eine historisch spätere Klassifikation ethischer Positionen erweist sich die Lehre von Moore als eine intuitionistische Wertethik. Diese Deutung kann sich direkt auf seine Texte berufen, wo er wiederholt ‹gut an sich› und ‹gut als Mittel› mit dem ‹inneren, eigentlichen Wert› und dem ‹Wert als Mittel› genau parallelisiert. (Mo, 48, 57) Er folgt dabei der grammatischen Einsicht, dass allen Wertungen letztlich die Prädikation ‹… ist gut› zugrunde liegt. Da also der Begriff des ‹eigentlichen, intrinsischen Wertes› kein anderer als der der Eigenschaft ‹gut an sich› sei, könne man die Kernfrage der Ethik auch so formulieren: Hat etwas ‹eigentlichen Wert›? (Mo, 303) Wichtig ist, dass laut Moore aus der Einsicht, dass etwas gut im Sinne von ‹intrinsisch wertvoll› ist, keinesfalls automatisch die Verpflichtung folgt, es auch handelnd zu realisieren, und dies unterscheidet ihn von fast allen intuitionistischen Ethikern.[107]

Aber die Frage «Was soll ich tun?» oder «Wozu bin ich

verpflichtet?» muss in der Ethik auch beantwortet werden, und dazu reicht die bloße Einsicht in das, was intrinsisch gut ist, nicht aus. Handlungen sind Moore zufolge nur richtig, wenn sie gut als Mittel zur Verwirklichung des als intrinsisch gut Erkannten sind; sie lassen sich nur von ihren Folgen her ethisch beurteilen. Dazu bedarf es freilich eines erheblichen Wissens über kausale Zusammenhänge zwischen Handlungsweisen und Handlungswirkungen, das immer unvollständig und fallibel bleibt. Somit handeln wir dann richtig, wenn wir zu dem begründeten Urteil kommen, dass unser Tun das intrinsisch Gute in der Welt bewahrt und vermehrt. Dies ist mit Recht als ein «idealer Utilitarismus» bezeichnet worden,[108] denn vom Utilitarismus von Jeremy Bentham und anderen unterscheidet sich Moores Konzeption dadurch, dass sie den Nutzen einer Handlung nicht an einem natürlichen Handlungsziel wie das der Glücksmaximierung bemisst, sondern auf die Maximierung des intrinsisch Guten in der Welt bezieht. Gleichwohl bleibt hier eine Lücke zwischen dem, was ich als Antwort auf die Frage, was ich tun soll, eingesehen habe, und der Verpflichtung, es dann auch zu tun.[109] Moores Kritik der *naturalistic fallacy* betrifft somit gar nicht die Missachtung der Sein-Sollens-Differenz, die üblicherweise mit dem Naturalistischen Fehlschluss gleichgesetzt wird; um jene zurückzuweisen, bedarf es einer davon unabhängigen Argumentation. Diese wäre überflüssig, wenn man zeigen könnte, dass das als gut Eingesehene unmittelbar verpflichtenden Charakter besitzt, und da dies nicht der Fall ist, setzt sich Moore hier selbst dem Verdacht des Naturalistischen Fehlschlusses im Sinne eines unbegründeten Übergangs vom Sein zum Sollen oder vom Deskriptiven zum Präskriptiven aus; genau dies ist die Crux aller Wertethiken, wenn man von ihnen überzeugende Antworten auf die Frage nach unseren Pflichten erwartet.

Moores Kritik der *naturalistic fallacy* verlor auch dann nicht ihre Berechtigung, als man in der anschließenden metaethischen Diskussion seiner Interpretation von ‹gut› als einer gegenständlichen Eigenschaft nicht mehr zu folgen bereit war. Die nonkognitivistischen Positionen in der Ethik, die dem korrekten Gebrauch des Wertprädikats ‹gut› jede Erkenntnisfunktion absprechen und es entweder als emotives oder als präskriptives Zeichen deuten, halten mit Moore an seiner semantischen Eigenständigkeit fest. Wenn man wie der Emotivismus behauptet, mit ‹X ist gut› nur eine subjektive, gefühlsmäßige Einstellung zu X kundtut, ist dies nicht durch irgendeine Tatsachenbehauptung ersetzbar. Dasselbe gilt für den Fall, dass man ‹gut› primär als ein Mittel versteht, ein X als das zu empfehlen, was anderen vorzuziehen sei; hier werde nichts beschrieben, sondern etwas vorgeschrieben. Der Präskriptivismus neigt somit dazu, die Differenz zwischen dem Tatsächlichen und dem Guten auf die zwischen dem Sein und dem Sollen zu reduzieren, das heißt, Moores Kritik der *naturalistic fallacy* mit dem Argument David Humes gleichzusetzen. Beide Positionen geben Moore zumindest darin recht, dass Wertprädikate, die sämtlich Varianten von ‹gut› sind, nicht durch Prädikationen definierbar sind, die sich auf Tatsächliches beziehen.

Hier kann man einen breiten Konsens zwischen der angelsächsischen Ethik- und Metaethikdiskussion auf der einen Seite und der kontinentalen Wertphilosophie auf der anderen festhalten. Auch ohne wechselseitige Rezeption kommen beide Argumentationen zu dem Ergebnis, dass Tatsachen und Werte gänzlich verschiedenen Bereichen angehören. Hier ist nicht wichtig, wie man dies im Einzelnen begründet. Moores ontologischer Wertintuitionismus zeigt starke Parallelen zur phänomenologischen, materialen Wertethik Max Schelers und Nicolai Hartmanns, während der Emotivismus in vielem mit den subjektiven Werttheorien übereinstimmt. Den Präskriptivismus, dem zufolge alles Moralische auf verbindlichen Normen gründet,[110] kann man mit den Grundzügen der neukantianischen Ethik in Verbindung bringen, in der die

Differenz zwischen den Tatsachen und Werten auf die zwischen dem Sein und dem Gelten zurückgeführt wird; man kann hier von einer präskriptivistischen Werttheorie sprechen, wobei im Unterschied zum angelsächsischen Präskriptivismus die vorschreibende Kraft unmittelbar von den objektiv geltenden Werten selbst ausgehen soll. Die neukantianische Wertphilosophie enthält somit selbst eine ontologische Komponente, deren ungeklärter Status zwischen Sein und Gelten sie inzwischen fast völlig um ihren Kredit brachte.[111]

Gegen das, was Moore als *naturalistic fallacy* bezeichnete, kann man ontologische, semantische und logische Einwände vorbringen, und dieses kritische Spektrum ist so breit, dass seine Kritik auch unabhängig von seinen eigenen Hintergrundüberzeugungen aktuell bleibt. Er selbst argumentiert ontologisch, weil er ‹gut› für die Bezeichnung einer objektiven, nichtnatürlichen Eigenschaft hält, die die Naturalisten mit einer natürlichen Eigenschaft verwechseln und gleichsetzen. Erstaunlich ist freilich, dass er auch die metaphysischen Ethiken der *naturalistic fallacy* bezichtigt, obwohl die sich ja gerade nicht auf natürliche, sondern auf übersinnliche Wirklichkeiten beziehen, sodass man besser von einer *metaphysical fallacy* sprechen sollte.[112] In semantischer Hinsicht besteht er darauf, dass das Prädikat ‹gut› nicht mit Bezug auf andere Prädikate definierbar sei – analog zu den Farbprädikaten, sodass die Rede von der *naturalistic fallacy* hier in Wahrheit ein Definitionsfehler wäre. In anderer Terminologie bedeutet dies die Einsicht, dass man evaluative Prädikate, die sämtlich das Prädikat ‹gut› nur variieren, nicht ausschließlich durch deskriptive Prädikate definieren kann; dieser Anschein entsteht nur dort, wo bereits ein verstecktes Wertprädikat im Spiel ist, und es ist nicht immer leicht, es ausfindig zu machen, weil viele unserer umgangssprachlichen Eigenschaftswörter deskriptive und evaluative Aspekte in sich vereinen. So findet der Naturalistische Fehlschluss dort nicht statt, wo man mit der platonisch-aristotelischen Tradition und im Geist der Stoa von einem werthaltigen Naturbegriff ausgeht und das Natürliche als das wahre Gute versteht; dann ergibt sich aus der Naturerkenntnis einiges, was sich zu tun oder zu unterlassen lohnt, zum Beispiel die stoische Empfehlung, der Natur gemäß zu leben. Dies gilt auch für die katholische Tradition des Naturrechts, in der das Gute auf die Güte der göttlichen Schöpfung zurückgeführt wird. Wenn der moderne Naturalismus glaubt, alle unsere Lebensprobleme mit naturwissenschaftlichen Mitteln lösen zu können, unterstellt er, dass deren Gegenstandsbereich, die Natur, auch Maßstäbe für unser Handeln bereitstellt; man kann dies als eine Trivialform des Stoizismus ansehen. Auf den Fall, in dem die *naturalistic fallacy* auf einen logischen Fehler hinausläuft, machte Frankena anhand eines mooreschen Beispiels aufmerksam: Wenn man wie der Hedonismus die These vertritt, die Lust sei das Gute, da alle Menschen danach streben, so ist dies nur dann überzeugend, wenn man als Obersatz hinzufügt: «Das, wonach alle Menschen streben, ist das Gute»,[113] und es dürfte nicht leichtfallen, dies ohne *naturalistic fallacy* zu begründen.

So kann man als Resultat festhalten: Die Differenz zwischen dem deskriptiven und dem evaluativen Diskurs lässt sich weder mit ontologischen noch mit semantischen und erst recht nicht mit formallogischen Argumenten allein überbrücken. Die Erkenntnis, was der Fall ist, führt nicht unmittelbar, sondern nur durch zusätzliche Prämissen zur Einsicht in das Gute, und wenn diese Prämissen nicht explizit gemacht werden, entsteht der Eindruck, eine naturalistische oder eine metaphysische Ethik sei doch möglich. Dies können Philosophen wissen, unabhängig von ihren übrigen Überzeugungen.

Der andere Aspekt dessen, was man als Naturalistischen Fehlschluss kritisiert, betrifft das sogenannte «Hume'sche Gesetz», das es verbietet, aus Tatsachenbehauptungen Sollenssätze oder aus Deskriptionen Präskriptionen abzuleiten.

Bei David Hume findet sich aber gar keine Formulierung, die es erlaubte, sein Argument als ‹Gesetz› zu bezeichnen, er begnügt sich vielmehr mit einer alles entscheidenden Beobachtung. Hume berichtet, dass er bei fast allen Moralsystemen, denen er bisher begegnet sei, einen fast unmerklichen Übergang von Sätzen mit ‹ist› oder ‹ist nicht› zu Sätzen mit ‹soll› oder ‹soll nicht› festgestellt habe, ohne dass dieser erklärt oder gar begründet würde, und er fährt fort: «… ich bin überzeugt, daß ein klein wenig Aufmerksamkeit auf diesen Punkt alle gängigen Moralsysteme umstürzen und uns sehen lassen würde, daß der Unterschied zwischen Laster und Tugend nicht ausschließlich auf Beziehungen zwischen Gegenständen beruht und nicht von der Vernunft erfaßt wird» (Hu II, 211 f.).

Das erste Teilargument gegen den unmittelbaren Übergang vom Sein zum Sollen lässt sich mit der These Moores vergleichen, dass die Differenz zwischen dem moralisch Guten und Bösen nicht die natürlichen Eigenschaften von Gegenständen und ihre jeweiligen Beziehungen betrifft, aber Hume schwächt dies durch ein «nicht ausschließlich» ab. Entscheidend aber ist für ihn nicht der ontologische, sondern der psychologische Aspekt: Was gut und was böse ist, werde nicht durch die Vernunft erfasst. Zwar ist sie unentbehrlich, um erst einmal festzustellen, um welchen Tatbestand oder um welche Handlung es geht, aber sie reicht nicht aus, um dabei die moralische Qualität zu erfassen. Hume verweist hier auf das «Gefühl» – allerdings nicht im Sinne einzelner Gefühle oder Emotionen, sondern auf einen spezifisch menschlichen *moral sense*, der sich in einzelnen *moral sentiments* zu Wort meldet, und diese drücken wir dann in unseren moralischen Urteilen aus. Das Verhältnis zwischen Vernunft und Gefühl bestimmt Hume in einer Weise, die bis auf die Seelenlehre des Aristoteles zurückverweist: Die Vernunft als das Vermögen des Erkennens und Überlegens *(logistikón)* ist nicht fähig, den Menschen zum Handeln zu motivieren, dies vermag nur das Strebevermögen *(oréktikon)*; das jedoch ist blind und bedarf der Lenkung durch die Vernunft. So schreibt Hume: «Die Hauptfeder oder das aktive Prinzip im Geiste des Menschen sind Lust und Unlust ... Die unmittelbaren Wirkungen von Lust und Unlust sind die geistigen Regungen von Neigung und Abneigung.» Darauf lassen sich ihm zufolge auch die moralischen Qualitäten zurückführen, und eben nicht auf die Vernunft allein. «Alle Sittlichkeit hängt von unseren Gefühlen ab; wenn irgend eine Geisteseigenschaft oder eine Handlung uns *in einer bestimmten Weise* [nämlich des *moral sense* – H.S.] gefällt, nennen wir sie tugendhaft; und wenn uns die Vernachlässigung oder die Unterlassung *in derselben Weise mißfällt*, sagen wir, daß wir der Verpflichtung unterliegen, sie zu tun.» (Hu II, 263)

Für Hume ist moralische Verpflichtung somit nichts anderes als eine besondere Art der Motivation, etwas Bestimmtes zu tun oder zu unterlassen; das moralische Sollen im strengen Sinn einer allgemeingültigen Vorschrift wird damit nicht erklärt. So kann man sagen, dass Hume seinem eigenen «Gesetz» folgt und sich in seiner Moralphilosophie auf eine reine Moralphänomenologie beschränkt. Er beschreibt und systematisiert die faktisch geltenden Urteile über das Gute und Böse, über Tugenden und Laster und fragt nach den Gesetzen, die dieses Urteilen bestimmen. Leitend sind dabei die Dimensionen des Nützlichen und des Angenehmen, immer bezogen auf das Individuum und die anderen, und daraus sollen sich dann alle weiteren Dimensionen des Moralischen erschließen lassen. Die Frage, ob und wie unsere moralischen Überzeugungen im Sinne von Allgemeinheit und Notwendigkeit begründbar sind, beantwortet Hume nicht.

Genau dies zu zeigen, war Kants Vorhaben. Dabei unterschied er nicht nur strikt zwischen Sein und Sollen, sondern auch zwischen zwei Sollensarten – dem nur bedingten und dem unbedingten Verpflichtetsein. Alle Verpflichtung gründet laut Kant in Imperativen der Form «Handle so und so ...», wobei die bedingten Verpflichtungen aus hypothetischen und die unbedingten Verpflichtungen aus kategorischen Imperativen folgen. Hypothetische Imperative haben die Form «Wenn du X erreichen willst, tu Y», aber sie sagen nicht, warum ich X erreichen sollte; ihre normative Kraft stammt nur aus der Kenntnis faktisch bestehender kausaler Zusammenhänge, also aus empirischem Wissen. Ein kategorischer Imperativ wäre ein solcher, der unabhängig von solcher Kenntnis und unter Ausschluss aller subjektiven Beliebigkeit gebietet, etwas Bestimmtes zu erreichen zu versuchen. Kant erkannte, dass es sich dabei nur um ein formales Prinzip handeln könne. Der Kategorische Imperative gebietet somit keine bestimmte Einzelhandlung und auch keine spezielle subjektive Handlungsvorschrift (Maxime), sondern nur, ausschließlich solchen Maximen zu folgen, die die Eigenschaft aufweisen, als allgemeines, für alle Handelnden verbindliches Gesetz gelten zu können.

Man hat diese Konzeption immer wieder als «formalistisch» denunziert und ständig die Behauptung Hegels wiederholt, mit Kant ließe sich jede beliebige Maxime als moralisch verbindlich erweisen.[114] Dabei blieb freilich stets die Frage unbeantwortet, wie man einem Moralprinzip den Charakter der Allgemeingültigkeit und Notwendigkeit sollte beimessen können, ohne sich dabei aufs Formale zu beschränken. Dass Hegel mit seinem Einwand unrecht hat, ist seit Langem hinreichend gezeigt.[115] Kant zufolge kann es ein solches Moralprinzip nur geben, wenn die reine Vernunft praktisch ist, das heißt, wenn sie unabhängig von allem empirischen Wissen und von allen subjektiven Präferenzen unmittelbar gesetzgebend für das Handeln ist; nur dann ist ein kategorisches Sollen denkbar. Diese Bedingung ist unter Philosophen nicht umstritten, wohl aber, ob ein solcher unbedingt gebietender Imperativ wirklich existiert. Diese Frage erübrigt sich allerdings, wenn man in der Moralphilosophie wie Hume auf solche strikten Geltungsansprüche verzichtet, und dies taten ja auch die meisten Ethikkonzeptionen, die nicht Kant gefolgt sind.

In der Perspektive Kants liegt somit der Naturalistische Fehlschluss überall dort vor, wo man glaubt, aus bestimmten naturgesetzlichen Zusammenhängen allgemein verbindliche Handlungsvorschriften ableiten zu können. Dies war der Fall bei psychologischen Versuchen, sich hier auf ein allgemeines Glücksstreben der Menschen zu beziehen, ebenso wie bei der Behauptung, die darwinsche Evolutionslehre mit ihrem Prinzip des *survival of the fittest* zeige doch, was wir zu tun hätten, nämlich unsere Erfolgschancen im biologischen Überlebenskampf zu optimieren. Der Sozialdarwinismus übertrug dieses Modell unmittelbar auf den gesellschaftlichen Bereich und vermischte sich dort meist mit der wahnhaften Rassenideologie, der zufolge sich die historischen und sozialen Machtverhältnisse angeblich aus der biologisch festgelegten Über- oder Unterlegenheit bestimmter Menschengruppen ergeben. Auch heute herrscht an naturalistischen Moralvorstellungen kein Mangel; sowohl die Evolutionstheorie wie die Genetik gelten vielfach als wissenschaftliche Grundlagen einer modernen Moralbegründung. Im Widerstand dagegen können die Philosophen wissen, dass sie mit der Kritik am Naturalistischen Fehlschluss über ein wirksames Gegenargument verfügen.

Im 19. Jahrhundert kommt eine Argumentationsfigur auf, die man in Analogie zum Naturalistischen Fehlschluss als Historistischen Fehlschluss bezeichnen sollte. Hier wird nicht vom natürlichen Sein auf das Gute und Sollen geschlossen, hier gilt die geschichtliche Entwicklung der Kultur als die Quelle des Normativen. Dieser normative Historismus entstand im deutschen Sprachraum im Widerstand gegen die Ideen von 1789, die als abstrakt rationalistisch und geschichtsfremd aufgefasst wurden. Wichtig war dabei der Einfluss von Johann Gottfrieds Herders Geschichtsdenken, in dem die verschiedenen Kulturen gleichsam als große Individuen mit jeweils eigener Herkunft und Lebenswirklichkeit aufgefasst wurden; das romantische Geschichtsdenken, vor allem aber die historische Rechtsschule wandten sich im Zeichen des kulturellen Individualitätsprinzips von der Tradition des rationalen Naturrechts ab.

Dieser Historismus kann nicht umstandslos als Gegenaufklärung abgetan werden, denn er wies ja mit Recht auf die geschichtlichen Bedingungen dessen hin, was in den faktischen Rechtssystemen soziale Geltung erlangt hatte. Problematisch war dabei nur der Schritt von der Genese zur Geltung des Rechts; wenn man über keine anderen Maßstäbe verfügt als diejenigen, die sich in der Vergangenheit durchgesetzt haben, muss man letztlich Traditionen nur deswegen akzeptieren, weil es sie gibt, seien es die der Leibeigenschaft, des Zunftwesens, des politischen Absolutismus oder auch der Folter. Der junge Karl Marx schrieb 1843 dazu im Zorn: «Eine Schule, welche die Niederträchtigkeit von heute durch die Niederträchtigkeit von gestern legitimiert, eine Schule, die jeden Schrei des Leibeigenen gegen die Knute für rebellisch erklärt, sobald die Knute eine bejahrte, eine angestammte, eine historische Knute ist, eine Schule, der die Geschichte, wie der Gott Israels seinem Diener Moses, nur ihr *a posteriori* zeigt, die historische Rechtsschule, sie hätte daher die deutsche Geschichte erfunden, wäre sie nicht eine Erfindung der deutschen Geschichte.» (Mx, 210) Marx wirft dieser Schule vor, die normative Kraft des Rechts als ein *a posteriori*, das heißt als etwas anzusehen, was sich aus dem ergibt, was in der Geschichte des Rechts schließlich entstanden ist; von hier aus blicke sie auf das Geschichtliche zurück, ohne zu begreifen, dass sie selbst geschichtlich ist und zur spezifisch deutschen Geschichte gehört, und diese Geschichte ist Marx zufolge ein «Anachronismus»: «Wir haben nämlich die Restaurationen der modernen Völker geteilt, ohne ihre Revolutionen zu teilen.»(Mx, 209) Die historische Rechtsschule ist daher für ihn nur ein politisches Restaurationsphänomen unter anderen.

Der Historistische Fehlschluss liegt überall dort vor, wo man vorgibt, man könne aus dem, was geschichtlich der Fall war und ist, Normen ableiten, an denen sich vor allem politisches Handeln zu orientieren habe. Unter der Faszination des in der Romantik aufkommenden historischen Denkens, das das rationale Prinzipiendenken des 18. Jahrhunderts zu verdrängen beginnt, übernahmen nun die großen Historiker die kulturelle Führungsrolle. Historische Bildung war jetzt vor allem anderen gefragt, und sie galt zugleich als Voraussetzung klugen politischen Handelns. Leopold von Ranke wurde vom bayerischen König Maximilian II. 1854 um Vorlesungen «Über die Epochen der neueren Geschichte» gebeten, und zwar nicht nur zu Bildungszwecken, sondern im Sinne wirksamer Politikberatung. Andere Berühmtheiten wie Johann Gustav Droysen, Heinrich von Sybel und vor allem Heinrich von Treitschke galten nicht nur als politische Autoritäten, sie zog es vielmehr selbst in die Politik, und dies mit beträchtlichem Einfluss. Dabei war immer ziemlich unklar, woraus diese politisierenden Historiker ihre ihnen zugeschriebene oder selbst beanspruchte normative Kompetenz bezogen. In jener Zeit setzte sich im gebildeten Diskurs die Rede von «der» Geschichte und «dem» Fortschritt durch, ohne weitere Erläuterung,[116] und von diesen Kollektivsingularen schien selbst normative Kraft auszugehen; jetzt konnte man in beruhigender Allgemeinheit der Geschichte und dem Fortschritt dienen.

Wer fragte, was dies im Konkreten bedeuten könnte, wurde in der Regel auf die historische Erfahrung verwiesen, die vor allem bei Geschichtsprofessoren zu vermuten war. Der alte Satz Ciceros: «*Historia magistra vitae*» (Die Historie ist die Lehrerin des Lebens), gehörte zur klassischen Bildung, und ihm vertrauten damals die Gebildeten fast uneingeschränkt. Ausgerechnet Hegel, den man zu Unrecht dem Historismus zurechnet, behauptete im Gegensatz dazu: «Man verweist Regenten, Staatsmänner, Völker vornehmlich an die

Belehrung durch die Erfahrung der Geschichte. Was die Erfahrung aber und die Geschichten lehren, ist dieses, daß Völker und Regierungen niemals etwas aus der Geschichte gelernt und nach Lehren, die aus derselben zu ziehen gewesen wären, gehandelt haben.» (H 12, 17) In seiner Rechts- und Geschichtsphilosophie hat Hegel in aller Schärfe die Vorstellung kritisiert, man könne aus der Erkenntnis der geschichtlichen «sittlichen Welt» irgendwelche Sollensvorschriften für das politische Handeln ableiten. Was man hier erkennen könne, sei die Tatsache, dass hier das Vernünftige wirklich und das Wirkliche vernünftig geworden sei. Es geht somit um den «Versuch, den *Staat als ein in sich Vernünftiges zu begreifen und darzustellen.* Als philosophische Schrift muß sie [diese Abhandlung zu den ‹Grundlinien der Philosophie des Rechts› – H.S.] am entferntesten davon sein, einen *Staat, wie er sein soll,* konstruieren zu sollen; die Belehrung, die in ihr liegen kann, kann nicht darauf gehen, den Staat zu belehren, wie er sein soll, sondern vielmehr, wie er, das sittliche Universum, erkannt werden soll ... Das *was ist* zu begreifen, ist die Aufgabe der Philosophie, denn das, *was ist,* ist die Vernunft.» (H 7, 26)

Genau diese Politikabstinenz warfen die revolutionären Jung- oder Linkshegelianer, allen voran Karl Marx und Friedrich Engels, ihrem Meister vor, denn er habe in seiner Philosophie doch die Versöhnung von Vernunft und Wirklichkeit schon gedacht, und nun gehe es darum, dieses vorerst nur Gedachte wirklich werden zu lassen. Diese Verwirklichung der Philosophie sei dann zugleich deren Aufhebung. (Vgl. Mx, 215) Möglich sei das alles nur durch eine proletarische Revolution, die ohnehin aus ökonomischen Gründen auf der politischen Tagesordnung stehe und die sozialen Klassengegensätze beseitigen werde. Im Marxismus wurde somit einer ins Materialistische gewandten Geschichtsphilosophie die normative Gesamtorientierung zugemutet, und so ist es nicht erstaunlich, dass führende Denker der II. Internationale die

Ansicht vertraten, Marxisten brauchten keine gesonderte Ethik, denn sie wüssten ja durch ihre revolutionäre Theorie, was jeweils zu tun sei.[117] Erst unter dem Eindruck der russischen Revolution 1917 und unter dem Druck, dem sich die junge Sowjetregierung ausgesetzt sah, sich nunmehr als postrevolutionäre Ordnungsmacht zu bewähren, wurde im orthodoxen Marxismus-Leninismus die normative Ethik wiederentdeckt.

Der historistische Fehlschluss der Marxisten war in Wahrheit eine Parodie auf Hegels These von der Identität von Vernunft und Wirklichkeit; nur wurde diese in die Zukunft projiziert, während sich in der sozialen Wirklichkeit die Kluft zwischen Sein und Sollen erneut aufgetan hatte. Die Leitwissenschaft war jetzt nicht mehr die *Wissenschaft der Logik*, sondern die *Kritik der politischen Ökonomie*, die unter Marxisten bis heute als die rationale Form der hegelschen Dialektik gilt, weil sie dessen System vom idealistischen Kopf auf die materialistischen Füße gestellt habe.[118] Im letzten Jahrzehnt des 19. Jahrhunderts hatte Friedrich Engels den von Marx ökonomisch begründeten Historischen Materialismus zu einer allumfassenden Weltanschauung mit dem Titel ‹Dialektischer Materialismus› ausgebaut. Ihr zentraler Lehrbestand war die Unvermeidlichkeit des Zusammenbruchs des Kapitalismus, der proletarischen Weltrevolution und der dadurch heraufgeführten klassenlosen Gesellschaft; sie war die ideelle Geschäftsgrundlage der damaligen Sozialdemokratie. Deren «heiliges Buch» war natürlich *Das Kapital* von Karl Marx, und es ist bis heute umstritten, ob es wirklich ein theoretisches Werk der damaligen Nationalökonomie oder nicht doch primär ein Buch der Wirtschaftshistorie ist. In der Tat glaubte Marx, aus der Rekonstruktion der Geschichte des Warenkapitalismus so etwas wie ein Verlaufsgesetz der weiteren Entwicklung ableiten zu können, aus dem dann die späteren Marxisten die These vom «naturgesetzlichen» Übergang der kapitalistischen in eine sozialistische Produktionsweise machten. Es ist aber unmöglich, aus einer singulären Ereignisabfolge eine allgemeine Gesetzesaussage zu gewinnen, und so konnte es sich bei der marxistischen Revolutionstheorie in Wahrheit nur um eine materialistisch drapierte Geschichtsphilosophie handeln. Darum beruhte die gesamte revolutionäre Normativität der Marxisten ebenfalls auf einem historistischen Fehlschluss; denn selbst wenn wir wüssten, dass unsere gegenwärtige Wirtschaftsordnung unvermeidlich auf einen revolutionären Crash zusteuert, bliebe doch die Frage offen, warum wir das gut finden sollten oder dazu verpflichtet wären, diesen Prozess mit voranzutreiben.

Im Jahr 1873 wurde von führenden Nationalökonomen ein «Verein für Socialpolitik» gegründet, und zwar mit dem Ziel, durch aktive Politikberatung den revolutionären Bestrebungen der Arbeiterbewegung entgegenzuwirken; dabei herrschte unter den Mitgliedern ein Konsens darüber, dass der ungezügelte Marktkapitalismus den Zusammenhalt der Gesellschaft gefährde. Obwohl die Vertreter dieser Ideen – allen voran Gustav Schmoller – den Sozialismus ablehnten, bezeichneten ihre Gegner sie ironisch als «Kathedersozialisten». Bismarck folgte weitgehend ihren Vorschlägen, und so setzte er zunächst die Sozialversicherung durch, um der Sozialdemokratie den revolutionären Wind aus den Segeln zu nehmen.[119] Es ist unbestreitbar, dass diese konservative Reformpolitik, die in den weiteren Jahren durch die Einführung der gesetzlichen Kranken-, Unfall- und Rentenversicherung fortgeführt wurde, politisch und sozial erfolgreich war und viel zur Integration der Arbeiterbewegung in die Gesamtstruktur des deutschen Reiches beitrug; sie war zu einem «Element deutscher Staatsräson»[120] geworden.

Das Problem des historistischen Fehlschlusses stellte sich auch hier, weil die damalige deutsche Nationalökonomie im Unterschied zur angelsächsischen wesentlich historisch orientiert war. Der Gründer dieser «Historischen Schule», Wilhelm Roscher (1817–1894), war zunächst Historiker, wandte sich aber dann der Nationalökonomie und der Staatswissenschaft zu, um diese Disziplinen mit historischen Methoden neu zu begründen. Er ging davon aus, dass sich auf diese Weise allgemeine Gesetze der ökonomischen und staatlichen Entwicklung ermitteln ließen, die politisches Handeln anleiten könnten; so hielt er später auch Vorlesungen über «Volkswirtschaftspolitik». Auch Gustav Schmoller hatte sich für sein Fach durch historische Studien qualifiziert. In dieser Gemengelage von Wissenschaft und Politik, die die Arbeit des «Vereins für Socialpolitik» prägte, eröffnete Max Weber 1904 mit seinem Aufsatz *Die «Objektivität» sozialwissenschaftlicher und sozialpolitischer Erkenntnis* den berühmten Werturteilsstreit, dessen Nachwirkungen bis zum sogenannten Positivismusstreit der 1960er-Jahre reichten.

Weber erinnerte zunächst daran, dass die ökonomische Wissenschaft ursprünglich unter praktischen Zwecksetzungen entstanden sei; sie sollte die staatliche Wirtschaftspolitik anleiten. Gleichwohl verstärkte sich in der weiteren Entwicklung der Verdacht, dass der Übergang von der Feststellung dessen, was ist, zur Festsetzung dessen, was sein soll, nicht unproblematisch ist. Die eindeutige Sonderung beider Bereiche wurde meist behindert durch die Meinung, es gebe eindeutige, objektive Entwicklungsprinzipien der wirtschaftlichen Vorgänge, sodass das, was sein soll, mit dem unvermeidlich Werdenden angeblich zusammenfalle. Zugleich verschaffte sich auch in der Nationalökonomie das historische Denken Geltung mit der Folge, dass man es hier mit einer «Kombination von ethischem Evolutionismus und historischem Relativismus» (MW, 77) zu tun bekam. Durch den Rekurs auf die faktisch anerkannten Kulturideale sollte dem entgegengewirkt werden mit dem Ziel, «die Nationalökonomie zur Dignität einer ‹ethischen Wissenschaft› auf empirischer Grundlage zu erheben» (MW, 78). So war es nach Max Weber durchaus verständlich, dass «besonders den Praktikern … geläufig ist, daß die Nationalökonomie *Werturteile* aus einer spezifisch ‹wirtschaftlichen Weltanschauung› heraus produziere und zu produzieren habe» (MW, 78) Demgegenüber bestand er darauf, dass «es niemals Aufgabe einer Erfahrungswissenschaft sein kann, bindende Normen und Ideale zu ermitteln, um daraus für die Praxis Rezepte ableiten zu können» (MW, 78).

Die Kritik am Historistischen Fehlschluss, der das, was geschichtlich geworden und zu erwarten ist, mit dem, was wir tun sollen, verwechselt, war bei Max Weber nur die Eröffnung des Werturteilsstreites, den er selbst mit den Mitteln der neukantianischen Wertphilosophie durchzufechten versuchte. Dabei setzte er sich trotz unleugbarer Unklarheiten, was die Terminologie betrifft,[121] sowohl gegen den Marxismus wie gegen die «Kathedersozialisten» durch; so ging auch der Positivismusstreit für die «Frankfurter Schule» verloren, was vermeidbar gewesen wäre, wenn man sich dort mit den Argumenten Max Webers wirklich vertraut gemacht hätte.[122]

11 Werte und Normen

Die Kritik am Naturalistischen Fehlschluss wird in zweierlei Form vorgebracht; sie richtet sich gegen die Vermengung von Werturteilen mit Tatsachenfeststellungen und gegen das Ignorieren der Sein-Sollen-Differenz. Es besteht weithin Konsens unter Philosophen, dass sich Werturteile nicht auf Sollenssätze zurückführen lassen und umgekehrt. Was Werturteile und Sollenssätze gemeinsam von Tatsachenfeststellungen unterscheidet, ist die Differenz zwischen Urteilen und Beurteilungen; in Urteilen sprechen wir einem Redegegenstand eine bestimmte Eigenschaft zu oder ab, während wir bei Beurteilungen Dinge, Ereignisse, Handlungen oder auch Personen an Kriterien messen, die unseren Vorstellungen von gut und schlecht oder von dem, was als das Richtige der Fall sein sollte, folgen. Bei Urteilen im juridischen, moralischen oder ästhetischen Bereich handelt es sich in Wahrheit um Beurteilungen, während es irreführend wäre, zu behaupten, mit ‹Die Rose ist rot› würden wir die Rose beurteilen; für die Philosophen ist dies das Standardbeispiel für ein Urteil, wobei sie wieder einmal recht weit vom alltäglichen Sprachgebrauch abweichen. Es mag irritierend sein, dass wir auch Urteile und Beurteilungen beurteilen, nämlich ob sie wahr oder falsch bzw. richtig oder falsch sind, aber diese Tatsache macht die Unterscheidung zwischen Urteilen und Beurteilungen nicht überflüssig.

In den letzten Jahren hat sich vor allem im deutschen Sprachraum eine umfangreiche Wertedebatte entwickelt. Da ist vom Wertewandel, Werteverlust, Wertemangel und von der wichtigen Aufgabe der Wertevermittlung die Rede. Sieht man genauer hin, so ist mit den Werten natürlich nichts Materielles gemeint, und auch nicht das, wonach jedermann ohnehin strebt. Es soll sich dabei um etwas «Höheres» handeln, das uns angeblich zu irgendetwas verpflichtet, das aber bedroht oder sogar ganz verloren gegangen sei, sodass man es gerade heute wieder in Erinnerung rufen und einfordern müsse. Die Unbestimmtheit des Wertebegriffs erhöht seine Attraktivität, wenn es darum geht, die verbreitete Sorge um Sitte und Moral zur Sprache zu bringen; dabei handelt es sich in der Regel um eine konservative Rhetorik des «Früher war alles besser».

Versucht man, sich in diesem Bereich der Werte Übersicht zu verschaffen, empfiehlt es sich, zunächst zwischen Wertobjekten und Objektwerten zu unterscheiden.[123] Zu den Wertobjekten gehört alles, was wir wertschätzen, also positiv bewerten, und die Objektwerte sind die Eigenschaften, die wir Objekten durch die Verwendung von Wertprädikaten zuschreiben und um deretwillen wir sie wertschätzen; bei ihnen handelt es sich sämtlich um Variationen von ‹gut›.[124] In der Werterhetorik kommt in der Regel sehr Verschiedenes vor, und zwar meist das, von dem man überzeugt ist, dass es nicht genügend wertgeschätzt wird: Recht und Ordnung, die Familie, die demokratische Grundordnung, Disziplin, Toleranz, Rücksichtnahme, Friedfertigkeit oder auch Hilfsbereitschaft. Diese Liste ließe sich fast beliebig verlängern, und auch die Wertobjekte, deren Güte man niemandem erst ans Herz legen muss – wie Gesundheit, Glück und langes Leben, Frieden, Wohlstand und Bildung – gehören hierher. Bemerkenswert ist, dass wir es nicht mehr gewohnt sind, an dieser Stelle von Gütern und Tugenden zu reden; es scheint sich hier um veraltete Begriffe zu handeln. Aber ist die Gesundheit ein Wert oder ein Gut? Ist Toleranz ein Wert oder eine Tugend?

Man hat immer wieder mit Recht auf die Herkunft des Wertebegriffs, dessen philosophische Konjunktur erst im späteren 19. Jahrhundert beginnt, aus der Ökonomie hingewiesen. Seiner Ideologiekritik, in der es um den Nachweis aus gesellschaftlichen Gründen unvermeidbaren falschen Bewusstseins ging, legte Karl Marx die Deutung des Gebrauchs-

und Tauschwerts der Ware als Vergegenständlichung oder Verdinglichung lebendiger Arbeit in einem spezifisch kapitalistischen Produktionssystem zugrunde. Diese Diagnose übertrugen die kritischen Marxisten auf die Allgegenwart der Werterhetorik in der bürgerlichen Kultur und deuteten sie als Symptom ideologischer Verdinglichung des Denkens. Es spricht einiges dafür, dass es sich hier in der Tat um eine Verdinglichung handelt, aber um eine grammatische, die man so beschreiben kann: Die Eigenschaften, die wir als Objektwerte bei unseren Bewertungen von Objekten den Wertobjekten zuschreiben, werden selbst als Wertobjekte aufgefasst. So kommt es vor, dass man vor dem Hintergrund von bestimmten Wertüberzeugungen den Frieden als wertvoll, also als ein Gut, bewertet und dann den Frieden selbst als einen Wert präsentiert; Analoges gilt für die Tugenden. Ein Objekt, das wir im Licht unserer Wertüberzeugungen positiv bewerten, ist ein Gut, aber es ist selbst kein Wert; ebenso ist eine Charaktereigenschaft, die wir schätzen, kein Wert, sondern eine Tugend.[125]

Hinzu kommt, dass die Werteigenschaften, die wir Objekten zuzuschreiben bereit sind, nicht isoliert vorkommen, sondern stets in einem Zusammenhang des Mehr-oder-weniger stehen; von ihm hängt ab, welche Wertobjekte wir anderen vorzuziehen oder unterzuordnen bereit sind. Auf diese Weise ergibt sich eine Skala von Präferenzen, an der wir uns in Entscheidungssituationen orientieren: Was halten wir für besser – das Rauchen aufzugeben oder das erhöhte Krebsrisiko zu akzeptieren? Ehrlich zu sein oder einen wertvollen Fund einfach zu behalten? Der Fachausdruck für das Bewerten, ‹Evaluation› (von lat. *valere* – stark sein, wert sein), drückt viel deutlicher als das deutsche Wort die Tatsache aus, dass es dabei um die Feststellung geht, wie wertvoll das betreffende Wertobjekt ist, und dies setzt einen Maßstab für den wertenden Vergleich mit anderen Wertobjekten voraus.

In der philosophischen Wertedebatte ist bis heute umstritten, ob die Eigenschaften, die wir als Objektwerte den Wertobjekten zuschreiben, objektiv oder subjektiv sind: Schreiben wir sie ihnen zu, weil wir sie an ihnen selbst entdecken, oder weisen sie sie nur deswegen auf, weil wir sie ihnen zuschreiben? Im ersten Fall wäre die Evaluation eine Art von Erkenntnis, nämlich des objektiven Wertvollseins eines Wertobjekts, und im anderen Fall bloß als eine Projektion unserer subjektiven Wertschätzungen auf Objekte, die uns dadurch wertvoll zu sein scheinen. Die Werttheorien Rudolf Hermann Lotzes und des südwestdeutschen Neukantianismus haben die Zweifel an der Objektivität der Werte durch die Unterscheidung zwischen Sein und Gelten zu entkräften versucht; wenn Werte auch nicht im buchstäblichen Sinn existieren wie alle anderen Dinge in der Welt, so sei doch unbestreitbar, dass sie gültig sind, und dies nicht nur deswegen, weil wir sie gelten lassen. Auch die phänomenologischen Wertethiker (Max Scheler, Nicolai Hartmann u.a.) haben in ähnlicher Weise auf der Objektivität von Werten bestanden. Die subjektiven Wertlehren hingegen verstanden sich in der Regel als Teil der Psychologie, in der es nur darum geht, zu erklären, wie und aus welchen Motiven Menschen Dinge, Ereignisse, Handlungen und Haltungen bewerten. Die Wahrheit liegt hier wahrscheinlich in der Mitte. Es ist wohl wirklich von unseren Präferenzen auszugehen, wenn es um Evaluationen geht, aber das, was wir evaluieren, muss auch tatsächlich die Eigenschaften aufweisen, deretwegen wir ihm einen bestimmten Wert beimessen; wenn wir das Erste vergessen, haben wir den Eindruck, wir hätten es mit einem objektiven Wert an sich zu tun. Es versteht sich zudem, dass auch die «Unwerte» zu den Werten gehören, obwohl von ihnen in der Werterhetorik nur selten die Rede ist; nicht nur das Abwerten, Entwerten, das Behaupten der Wertlosigkeit, sondern auch der Gebrauch der Prädikate des «Unguten» wie ‹schlecht›, ‹böse›, ‹unangenehm› oder ‹widerlich› ist Teil unserer evaluativen Praxis.

Der andere Fall des Naturalistischen Fehlschlusses, der sich über die Sein-Sollen-Differenz hinwegsetzt, wird meist als Verstoß gegen die strikte Unterscheidung zwischen Tatsachen und Normen dargestellt, aber das ist irreführend; zunächst geht es rein sprachlich nur um Beschreibungen und Vorschriften, Deskriptionen und Präskriptionen. Alle Präskriptionen sind Normen, aber nicht alle Normen sind präskriptiv. Das lateinische Wort *norma* bedeutete ursprünglich Winkelmaß und Richtschnur, dann auch Maßstab, Regel und schließlich auch Vorschrift; das Normative betrifft somit durchgängig die Beurteilung gemäß der Differenz zwischen richtig und falsch. Dass wir auch Deskriptionen danach beurteilen, ob sie wahr oder falsch sind, hat dazu geführt, dass zuweilen auch diese Differenz normativ aufgefasst und so bezeichnet wird, obwohl es sich dabei sicher nicht um etwas Präskriptives handelt. Ähnliches gilt für die Beurteilung von Bewertungen, bei denen strittig sein kann, ob sie richtig oder falsch, angemessen oder abwegig sind. Und selbst Präskriptionen pflegen wir normativ zu beurteilen, indem wir sie an Variationen des Richtigseins messen. Die Tatsache, dass der Bereich des Normativen sehr viel weiter ist als der des Präskriptiven und auf der Metaebene sogar unsere gesamte Sprachpraxis betrifft, hat bei manchen dazu geführt, sie insgesamt als normativ zu charakterisieren.[126] Dabei droht freilich der Normbegriff überdehnt zu werden und seine Trennschärfe einzubüßen. Denken wir etwa an Kleidergrößen, Papierformate und andere Industrienormen, dann ist es irreführend, hier von Vorschriften zu sprechen; es handelt sich dabei vielmehr um Standards, auf die man sich geeinigt hat, um die Vergleichbarkeit von Produkten zu sichern, die aber sonst niemanden zu irgendetwas verpflichten. Solche Normen legen zwar auch Richtigkeiten fest, aber nur im Sinne dessen, was in bestimmten Bereichen als normal gilt; auch im Alltag halten wir das Normale in den meisten Fällen für das Richtige.

In der Erinnerung an das Sein-Sollen-Problem empfiehlt es sich, das Normative zunächst als das Präskriptive zu diskutieren. Die einfachste Form von Vorschrift ist ein Imperativ, der sich als Aufforderung oder Befehl direkt an einen handlungsfähigen Adressaten richtet; dabei kann man mit Kant zwischen kategorischen und hypothetischen Imperativen unterscheiden. Kategorische Imperative fordern etwas unabhängig von allen Rahmenbedingungen («Hör auf zu rauchen!»), während hypothetische Imperative im Modus des «Wenn ..., dann ...» gebieten («Wenn du gesund bleiben willst, hör auf zu rauchen!»). Normen im strikt präskriptiven Sinn kann man als anonymisierte hypothetische Imperative auffassen; sie fordern, dass immer dann, wenn ein Handelnder ein bestimmtes Ziel erreichen will, er etwas tut, was dies möglich macht («Wer heiraten will, muss zum Standesamt gehen»).

Ein Beispiel ist das Rechtsfahrgebot der StVO, das alle, die Auto fahren wollen, dazu auffordert, rechts zu fahren. Die Geltungsmodi von Normen sind ‹geboten›, ‹verboten› und ‹erlaubt›, wobei rechtlich, wenn auch nicht moralisch das erlaubt ist, was nicht ausdrücklich verboten ist. Im Allgemeinen ist der Verstoß gegen Normen sanktioniert, also im sozialen Zusammenhang mit unerwünschten Nebenfolgen verbunden. Eine schwache Form sanktionierter Normen bilden die Konventionen unseres alltäglichen Zusammenlebens wie Höflichkeit, Rücksichtnahme oder Diskretion; sie zu verletzen, kann im Extremfall zu sozialer Isolierung und Ächtung führen, aber nicht zu Geld- oder Freiheitsstrafen wie im Fall der Verletzung von Rechtsnormen, die in einem Rechtsstaat die am stärksten sanktionierten sozialen Normen sind. Zwischen ihnen und den Konventionen gibt es weitere Normenarten mit unterschiedlichem Sanktionsgrad, die die Anforderungen definieren, denen in bestimmten Handlungskontexten zu genügen ist: An den Olympischen Spielen darf nur teilnehmen, wer in seiner Disziplin eine festgesetzte Leistung erbringt; den vollen Lohn erhält nur, wer bestimmte Arbeitsnormen erfüllt; ein Universitätsstudium setzt in der Regel das Abitur voraus. Sehr viel unbestimmter sind die Anforderungen, die die Öffentlichkeit an künstlerische Leistungen stellt, und dass diese unablässig diskutiert werden, garantiert nicht nur die Freiheit der Kunst, sondern vor allem, dass sie interessant bleibt.

Unter Philosophen ist besonders der Status von moralischen Normen umstritten. Mit dem Kategorischen Imperativ – «Handle so, dass die Maxime deines Willens jederzeit zugleich als Prinzip einer allgemeinen Gesetzgebung gelten könne» – glaubte Kant ein unabhängig von allen faktischen Rahmenbedingungen des Handelns gebietendes Moralprinzip aufgefunden zu haben. Diese Unabhängigkeit ist notwendig mit dem formalen Charakter dieses Imperativs verbunden, was aber nichts mit «Formalismus» zu tun hat, was man seit Hegel Kant immer wieder vorgeworfen hat. Das Formale lässt es im Gegenteil gerade zu, dass man, wenn man moralisch handeln möchte, sehr wohl bestimmte Maximen als subjektive Handlungsprinzipien verfolgen darf («Ich will keine Schulden machen!»), aber nur darauf zu achten hat, ob sie auch für alle Handelnden als verbindlich denkbar sind und dann auch gewollt werden können. Bei den Schulden ist dies sicher der Fall, aber beim Diebstahl ist es anders: Wer Eigentum missachtet, riskiert im Fall der allgemeinen Erlaubnis des Diebstahls den Schutz seines eigenen Eigentums, das er als Dieb doch gerade vergrößern wollte.

Kants Moralphilosophie ist die stärkste Form einer deontologischen oder Sollensethik (griech. *tò déon* – das Nötige, Gebotene, Erforderliche) mit dem Grundprinzip der Pflicht. Aus ihm lassen sich Kant zufolge Rechtspflichten ableiten, deren Erfüllung der Staat mit Sanktionen erzwingen kann. Anders verhält es sich bei den moralischen Tugendpflichten, hinter denen keine Staatsgewalt steht, sondern als einzige Sanktion der Verlust der Selbstachtung des Handelnden als eines freien und vernunftfähigen Wesens. Wem dieser Anspruch an sich selbst zu hoch ist, wird sich mit einer schwächeren deontologischen Ethik begnügen, die nur mit hypothetischen Imperativen rechnet, wie der Utilitarismus. Er setzt voraus, dass faktisch alle Menschen nach Glück streben, und daraus ergibt sich, dass nur moralisch handelt, wer dieses Ziel tätig befördert, und zwar durch Mehrung des Nutzens für alle. So lassen sich hypothetische Imperative formulieren, die nichts anderes als Klugheitsregeln sind, die zu befolgen sind, wenn man sich dem Prinzip des größtmöglichen Glücks für möglichst viele Menschen verpflichtet hat. Da im Utilitarismus die normative Kraft der Klugheitsregeln von einem im Voraus festgesetzten Ziel abhängt, wird diese Position meist den teleologischen Ethiken zugerechnet.

Die klassische Form dieses Ethiktypus findet sich bei Aristoteles, der davon ausgeht, dass offensichtlich alles menschliche Tun nach einem Guten strebt: «Darum hat man mit Recht das Gute als dasjenige bezeichnet, wonach alles strebt.» (ANE, 1094 a3) Die Ethik als philosophische Disziplin hat dann keine andere Aufgabe, als zu beschreiben und zu erklären, wie es möglich ist, dass Menschen das für den Menschen Gute, nämlich die Glückseligkeit *(eudaimonía)*, wirklich erlangen; dabei sind Sollenssätze weitgehend entbehrlich, denn man muss niemanden erst dazu auffordern, glücklich sein zu wollen. Heute wird der Konsequentialismus als die Position, die die moralische Qualität von Handlungen an ihren Folgen bemisst, zuweilen auch als ‹teleologische Ethik› bezeichnet, aber das ist irreführend, weil es sich dabei nur um eine Variante des Utilitarismus handelt. Das Beispiel des Aristoteles zeigt, dass die normative Kraft des Moralischen in dem Maße abnimmt, in dem es in der Theorie von dem abhängig gemacht wird, was man allgemein bei den Menschen als deren Interessen, Motive und Zwecksetzungen unterstellt. Die Güterethiken orientieren sich an den Wertschätzungen der Menschen, obwohl Max Scheler seine Wertethik davon abzugrenzen versuchte und alles Moralische auf das «Wertgefühl» beziehen wollte. Das Feld der Moralphilosophie ist seit Kant sehr unübersichtlich geworden, und es existieren zahlreiche Mischformen der angedeuteten Grundtypen. Zu erwähnen sind auch die nonkognitivistischen Ethiken, die darauf verzichten, das Moralische in irgendeiner Weise auf die Kenntnis oder Erkenntnis des Guten und Richtigen für den Menschen zurückzuführen, und es stattdessen mit David Hume, Arthur Schopenhauer und dem Emotivismus von Stevenson u.a. aus der menschlichen Gefühlswelt erklären. Moralische Äußerungen drücken demzufolge nichts anderes aus als bestimmte emotionale Einstellungen, die wir Handlungen und Zuständen gegenüber einnehmen; Beispiele dafür sind Sympathie, Mitleid, Billigung oder Missbilligung. Hier ist der deontologische Anteil am Moralischen ganz getilgt, und deswegen kritisierte Schopenhauer Kants imperativische Ethik als eine verkappte Rechtsphilosophie, die das wahre Wesen des Moralischen völlig verfehlt habe.

Werte und Normen im engeren Sinne des Präskriptiven verhalten sich wie das Gute und das Rechte zueinander, aber diese Unterscheidung führt direkt auf die Frage, ob beides nicht doch miteinander zusammenhängt. Die Vermutung liegt nahe, dass sich die Normensetzung stets nach den herrschenden Wertüberzeugungen richtet, dass somit allgemein das als das Rechte gilt, was für gut für die Menschen gehalten wird. Umgekehrt scheinen Normen auch wertvoll zu sein, und darum wird der Rechtsstaat als ein Gut angesehen und verteidigt. Dass Normen Güter seien, ist aber nicht zu verwechseln mit der These, dass bestimmte normative Regelungen selbst Werte zu begründen vermögen. Das Rechtsfahrgebot der StVO ist selbst kein Wert, denn es könnte ebenso ein Linksfahrgebot gelten. Wir schätzen die StVO nur deswegen, weil sie den Straßenverkehr per Verordnung regelt und wir die Ordnung an dieser Stelle dem Chaos vorziehen. Der reziproke Übergang von Werten zu Normen hingegen scheitert an der Tatsache, dass Wertschätzungen allein kein Sollen zu begründen vermögen, es sei denn, insgeheim wäre bereits eine deontologische Prämisse im Spiel, etwa von der Form «Was gut ist, soll auch sein und ist dem Schlechten vorzuziehen».

In der klassischen Metaphysik galt das Prinzip «*Ens et verum et bonum convertuntur*» (Das Seiende, Wahre und Gute sind austauschbar, sind dasselbe), und wegen dieser ontologischen Stabilität des Guten schien sein normativer Vorrang unstrittig zu sein. Genau diese Eigenschaft ging dem Guten durch die neuzeitliche Aufklärung verloren, und dadurch konnte nur das als gut gelten, was von Menschen für gut gehalten wird. Diesem Subjektivismus versuchte die Wertphilosophie des 19. und 20. Jahrhunderts dadurch entgegenzutreten, dass sie den Werten einen besonderen Existenzmodus zusprach – des Geltens, und da etwas immer nur als etwas für jemanden gilt, versuchte man diesen subjektiven «Erdenrest» durch die Behauptung eines «objektiven» Geltens zu tilgen. Angesichts dieser Bemühung hat Martin Heidegger 1935 eine vernichtende Kritik formuliert. In der Tat nehmen die angeblich objektiv geltenden Werte eine prekäre Zwischenstellung zwischen Sein und Sollen, Fakten und Normen ein, und in seinen Nietzsche-Vorlesungen (1936–1940) heißt es: «Der Wert und das Werthafte wird zum positivistischen Ersatz für das Metaphysische.»[127] Für Heidegger bestätigt die Wertphilosophie mit ihren Halbheiten Nietzsches Diagnose, dass es sich bei dieser Philosophie in Wahrheit um Nihilismus handelt: «Nicht nur mit dem ‹Sein›, sondern auch mit den Werten *‹ist es nichts›*.»[128]

Auch Max Weber folgt Nietzsche, wenn er vor dem Hintergrund der abendländischen Rationalisierung betont, dass in der Frage der Werte der «Polytheismus» das letzte Wort hat (vgl. MW, 373 und 500); darum ist nicht damit zu rechnen, dass in der Moderne eine allgemeingültige Werteordnung ausfindig zu machen sei, auf der sich eine allgemein verbindliche Rechtsordnung begründen ließe. Carl Schmitt nahm dies in seiner Schrift *Die Tyrannei der Werte* (1967) auf, in der er bestritt, dass das Grundgesetz der Bundesrepublik eine «Werteordnung» sei und den Verfassungsrichter zum «unmittelbaren Wertevollzieher» mache.[129] Wertüberzeugungen seien nur subjektiv gewiss, und die philosophischen Versuche, ihnen objektive Geltung beizumessen, in Wahrheit eine bloße Machtstrategie: «Wer Wert sagt, will geltend machen und durchsetzen. Tugenden übt man aus; Befehle werden vollzogen; aber Werte werden gesetzt und durchgesetzt. Wer ihre Geltung behauptet, muss sie geltend machen. Wer sagt, dass sie gelten, ohne dass ein Mensch sie geltend macht, will betrügen.»[130] Vielleicht fällt es nicht ganz leicht, diese These aus der Feder eines ehemaligen Starjuristen des NS-Regimes zu akzeptieren, aber es ist kaum zu bestreiten, dass die Rechtspflege genau dann, wenn sie sich auf das Normative beschränkt und die stets subjektiven Wertüberzeugungen sich selbst überlässt, die individuelle Freiheit gegenüber Werttyrannen sichert; nur so bleibt auch der kontroverse Diskurs über das, was unsere Wertschätzung verdient und was nicht, ein Projekt mit offenem Ausgang.

Eberhard Straub hat mit seinem Buch *Zur Tyrannei der Werte* (2010) das Stichwort Carl Schmitts aufgenommen. Er besteht mit großem Nachdruck darauf, dass unserer freiheitlichen Rechtsordnung das Prinzip der Menschenwürde zugrunde liegt und sie darum nicht als Werteordnung misszuverstehen ist. Als Werteordnung wäre der Staat eine Wertegemeinschaft, die allen eine bestimmte Lebensordnung vorschreibt und Abweichler rechtlos macht; die Menschenwürde hingegen als oberstes normatives Prinzip begründet die individuellen Freiheitsrechte unabhängig von bestimmten Wertüberzeugungen, die in der modernen Welt stets wandelbar und umstritten bleiben.

12 Handlung

‹Handlung› gehört wie das zugehörige Verb ‹handeln› zu den Ausdrücken, die im Alltagsdiskurs nur selten gebraucht werden, zugleich aber einen der wichtigsten philosophischen Begriffe anzeigen. Es liegt nahe, damit zunächst etwas Ökonomisches zu assoziieren, etwa eine Weinhandlung oder die Sitte, auf Märkten in südlichen Ländern zu «handeln», bevor man etwas kauft. Daran werden wir auch erinnert, wenn Politiker verhandeln. Sonst spricht man vielleicht von der Handlung eines Films oder von strafbaren Handlungen, aber es mutet schon ein wenig pathetisch an, wenn jemand sagt, er habe in einer bestimmten Angelegenheit nicht anders handeln können. Schon wenn man hier versucht, die uns vertrauten Redeweisen zu unterscheiden und zu sortieren, wird deutlich, in welch komplexes Begriffsfeld wir uns da hineinbegeben haben. ‹Handlung› kann sowohl einen Vorgang wie ein Ergebnis bezeichnen, während wir beim verwandten ‹Tun› das, was dabei herauskommt, als ‹Tat› davon abheben. Im Griechischen wird ganz ähnlich zwischen der *prâxis* (Tätigkeit) und dem *prâgma* (Tat) unterschieden. Das Lateinische bezeichnet den Vorgang des Tuns als *actio* und die Taten als die *acta*. Die Verben, die in beiden Sprachen diesen Termini zugrunde liegen, bedeuten ursprünglich ‹Etwas treiben/betreiben›, und genau diese Grundbedeutung findet sich in der Etymologie des deutschen Wortes ‹handeln›, nämlich ‹mit der Hand berühren, ergreifen, in die Hand nehmen›. Damit ist bereits durch die Wortgeschichte angedeutet, dass bei dem, was wir als Handeln/Handlung verstehen, im Unterschied zu anderen Vorgängen in der Welt so etwas wie Absichten oder Ziele im Spiel sind.

In diesem Sinne pflegen wir dann auch zwischen Handlung und bloßem Verhalten zu unterscheiden, das die Ethologen bei Tieren erforschen. Die Grenze zwischen Mensch und Tier wird freilich durchlässig, wo wir vom Sich-Verhalten sprechen, weil dieses Reflexivum so etwas wie eine Selbstbeziehung in Bezug auf bestimmte Situationen andeutet, die wir höheren Tieren unterstellen; es kann sich dabei offenbar nicht um ein simples Reiz-Reaktions-Schema handeln. Umgekehrt kritisieren wir Leute, wenn sie sich nicht so verhalten, wie es sich gehört oder wie wir es erwarten, ohne ihnen deswegen gleich das Menschsein abzusprechen. Der Grund dafür ist die Tatsache, dass das meiste, was wir tun, Handlungsmustern folgt, die wir habitualisiert haben, sei es durch Erziehung oder durch Gewöhnung; es bedarf da keiner expliziten Zielsetzungen, und doch handelt es sich dabei um Handlungen.

Wichtig ist ferner die Anbindung der Handlungen an körperliche Vorgänge; die Handlungstheorie wird überkomplex, wenn man auch reine Bewusstseinsvorgänge wie Denkakte oder subjektive Entscheidungen mit einbezieht. Das Handeln ist immer ein Etwas-in-der-Welt-Bewirken, und das gilt auch für die Fälle des Scheiterns, was in der Regel ebenfalls reale Folgen hat. Körperbewegungen sind dabei zwar notwendige, aber nicht hinreichende Bedingungen. Ein Augenzwinkern kann ein bloßer Reflex sein, aber auch eine Botschaft, und nur in einem entsprechenden kommunikativen Kontext ist es eine Handlung. Auch hier ist die Abgrenzung zum habituellen Handeln schwierig: Wer bei der reflexartigen Abwehr einer Wespe ein Glas zu Boden stößt, wird sicher um Entschuldigung bitten und erklären, dass dies nicht seine Absicht war, aber man wird ihn vielleicht doch fragen, warum er es sich angewöhnt habe, auf jede Wespe in seiner Nähe einzuschlagen.

Unter Philosophen besteht weitgehend Konsens darüber, dass sich Handlungen von bloßen Körperbewegungen durch Intentionalität unterscheiden, also durch bewusste oder bewusstseinsfähige Absichten. Absichten aber sind nicht genug, denn sie allein können den Körper nicht in Bewegung setzen. Aristoteles hat eine Erklärung der Möglichkeit von Handlungen gegeben, deren Aktualität bis heute nicht verblasst ist. Das Besondere der Handlungen ist ihre teleologische Struktur; sie geschehen um eines Zieles willen. Die Fixierung solcher Ziele ist Sache des Überlegenkönnens *(logistikón)*, aber die so festgesetzten Absichten werden nur dadurch zu wirksamen Motiven (von lat. *movere* – bewegen), dass sie sich mit dem Strebevermögen *(oréktikon)* verbinden, und zwar so, dass das Streben dem Überlegen zu folgen bereit ist, «gewissermaßen als ein dem Vater Gehorsames» (ANE, 1103a 4). Das Ergebnis dieser Kooperation ist dann der Entschluss (*prohaíresis* – wörtl. das [unter den möglichen Alternativen – H.S.] Vorgezogene), und dieser ist dann die Wirkursache der Handlung als eines Ereignisses in der Welt.

Dass Handlungen alles andere als simple Vorkommnisse sind, wiewohl sie uns im Alltag so erscheinen mögen, hat lange nach Aristoteles die Analytische Handlungstheorie erneut hervorgehoben: Der Begriff ‹Handlung› ist analysierbar, also kein einfacher Begriff. Arthur C. Danto hat sechs Bedingungen angegeben, die erfüllt sein müssen, damit es sich bei einem Ereignis um eine Handlung handelt:

A-1 X möchte, dass a geschieht
A-2 a geschieht
A-3 X tut b
A-4 b ist angemessen für a
A-5 X glaubt A-4
A-6 A-3 weil A-1[131]

Mit A-2 ist festgehalten, dass in dem Fall, in dem a nicht wirklich geschieht, nicht von einer Handlung, sondern nur von einem Wunsch die Rede sein kann . Mit A-3 bis A-6 ist ausgeschlossen, dass a zufällig und damit unabhängig vom Wünschen und Tun des X eingetreten ist, wenn das Ganze eine Handlung sein soll. A-5 formuliert den subjektiven Vorbehalt bei der Beziehung zwischen b und a; auch wenn eine Handlung aufgrund eines Irrtums im Hinblick auf A-4 scheitert, handelt es sich doch um eine Handlung. Danto legt somit die aristotelischen Strebe- und Überlegungselemente der Handlungen genauer auseinander, und mit dieser Handlungsanalyse ist nicht nur der Handlungsbegriff, sondern sind auch die Handlungen selbst analysierbar.

Schauen wir uns nun A-6 näher an. In der Tat tun wir in der Regel etwas, um etwas anderes zu erreichen; wir fahren beispielsweise in die Stadt, weil wir dort jemanden treffen wollen. Dieses Fahren ist aber selbst ein a_1, um dessentwillen wir andere b_{1-n} tun – zur Garage gehen, das Hoftor öffnen, ins Auto einsteigen usf. Die Sache wird immer komplizierter, wenn wir das Kupplungtreten, Anfahren, Abbiegen, Anhalten vor Ampeln etc. mit in die Reihe der b aufnehmen, und dies liegt nahe, da es sich ja stets um ein Tun handelt mit dem Ziel, a zu erreichen, und es ist unbestreitbar, dass es sich bei all diesem einzelnen Tun um Handlungen handelt, auch wenn fast jede von ihnen «automatisch» erfolgt, zum habitualisierten Tun gehört und als einzelne nur im Konfliktfall als solche wahrgenommen wird. Hier hat man zutreffend vom «Ziehharmonikaeffekt» gesprochen, der sich bei der Handlungsanalyse einstellt.[132] Diese Analyse kann nicht beliebig weitergeführt werden, weil man dann in den Bereich rein physiologischer Abläufe hineingeriete, wo von A-1 bis A-6 nicht mehr die Rede sein kann; also muss es elementare, nicht weiter analysierbare Handlungen geben. Solche «Basishandlungen» sind in der Regel im Bereich der Körperbewegungen aufzusuchen; in diesem Sinne heben wir den Arm, um jemanden von fern zu begrüßen, aber wenn dieses «um zu» nicht im Spiel ist, handelt es sich beim Armheben nicht um eine Basishandlung, sondern vielleicht um eine Reflexbewegung, die ein anderer als Gruß deuten mag oder auch nicht.

Ein weiteres Problem bei der Handlungsanalyse betrifft die Reichweite der Handlungsfolgen. Wenn X b tut, um a zu erreichen, und wenn ihm dies auch gelingt, dann stellt sich die Frage, ob dieses a nicht Folgen hat, die ohne das Tun von X nicht eingetreten wären. Wenn jemand im Freien einen Grill anzündet, Fleisch brät und dabei, ohne es zu beabsichtigen, einen Waldbrand entfacht, wird ihn kein Gericht von der Anklage freisprechen, fahrlässig gehandelt zu haben – und das kann man X vorwerfen. Schwieriger ist dies bei den Handlungsfolgen, die zum Zeitpunkt des Handelns nicht absehbar waren; wer wusste schon, dass die Kamele, die man im 19. Jahrhundert als Transportmittel nach Australien brachte, sich einmal zu einer Zwei-Millionen-Landplage entwickeln würden.

Wichtig ist ferner, dass es sehr verschiedene Handlungstypen gibt. Aristoteles, dessen Handlungstheorie einem teleologischen Modell folgt, unterscheidet zwischen Handlungen, die um eines Zwecks willen unternommen werden, und solchen, die selbst Zweck sind – nicht «Selbstzweck». Die Handlungen, bei denen Mittel und Zweck zusammenfallen, gelten ihm als die höheren gegenüber den äußerlich zweckgebundenen Handlungen; sie geschehen um ihrer selbst willen, «denn das gute Handeln ist selbst ein Ziel» (ANE, 1140b 8). Wir mögen hier Beispiele wie das zweckfreie Klavierspielen oder Spazierengehen assoziieren; Aristoteles erläutert diese Handlungen um ihrer selbst willen anhand der Tätigkeiten des freien, keiner fremden Direktive unterstellten Mannes, nämlich mit seinem Mitwirken im Handlungszusammenhang der *pólis,* und dem Leben in der Theorie, das das «politische» Leben an Wert noch übersteigt. Da nach Aristoteles das «Politische» die naturgemäße Lebensform des freien Mannes ist, kann man nicht fragen, warum oder zu welchem Zweck er daran teilnimmt; diese Teilnahme ist selbst Zweck. Dasselbe gilt für das Betreiben von Wissenschaft.

Die «politische» Mitwirkung ist für Aristoteles der paradigmatische Fall der Handlung im engeren Sinne einer Tätigkeit ohne externe Zwecksetzung (*prâxis* – Handeln$_p$); ihr setzt er das Herstellen *(poíesis)* entgegen, in dem das Tun um eines äußeren Werks willen geschieht, wie es vor allem im Bereich des Handwerks der Fall ist. Für Aristoteles ist diese Tätigkeitsform ein Anzeichen von Unfreiheit, und er rechtfertigt auf diese Weise die antike Geringschätzung des Handwerks und der Arbeit insgesamt mit philosophischen Mitteln; selbst der berühmte Bildhauer Phidias galt demnach als Banause *(bánausos* – Handwerker), und dies mit einem weit geringeren Sozialprestige als der schäbigste Intrigant, der sich, ohne selbst arbeiten zu müssen, auf der politischen Bühne herumtrieb.

Hannah Arendt machte darauf aufmerksam, dass bis in unsere Gegenwart nie deutlich zwischen Arbeiten und Herstellen unterschieden wurde. Während das Herstellen sein Ziel im hergestellten Werk erreicht, ist die Arbeit in den Kreislauf des Lebens eingelassen; die Feld- und die Hausarbeit sind niemals abgeschlossen, sondern müssen immer wieder neu beginnen, damit das Weiterleben möglich bleibt.[133] Diese Differenz ist freilich implizit auch im antiken Denken vorhanden, denn das Herstellen folgt ja einem Herstellungswissen *(téchne)*, über das die leitenden Handwerker wie die Architekten verfügen und das sich immerhin mit der theoretischen Wissenschaft vergleichen lässt. (Vgl. AM, 981a 23 ff.) Die Ausführung des vom Hersteller Geplanten ist dann Sache von Sklaven, deren sich der leitende Handwerker als seiner Werkzeuge bedient (vgl. AP, 1254a 3); diese Sklavenarbeit verbleibt im Bereich der «niedrigen» Tätigkeiten ohne eigene Zwecksetzung. Dazu gehört auch der Bereich der täglichen Existenzsicherung, für den das antike Denken nur Begriffe wie griech. *pónos* und lat. *labor* (Anstrengung, Mühe, Strapaze) bereitstellt und den es im Übrigen den Bauern, Frauen und Haussklaven überlässt. Wer in diesem Sinne arbeiten muss, ist ein *animal laborans* – ein an die tägliche «Mühe und Arbeit» gefesseltes Lebewesen.

Erst in der Neuzeit und nur im Abendland wird die Rangordnung zwischen Handeln$_p$ und Herstellen umgekehrt. Da die klassische *pólis* längst nostalgisch verklärte Vergangenheit ist, hat das aristotelische Handeln$_p$ in der politischen Realität der Spätantike und des Mittelalters keine reale Chance mehr; so bleibt dafür nur das Leben in der Theorie als Modell. Da die Differenz zwischen Arbeiten und Herstellen weiterhin undeutlich bleibt und im allgemeineren Begriff der Praxis fast ganz verschwindet, hat es das neuzeitliche Denken von nun an mit dem Theorie-Praxis-Gegensatz zu tun; dabei gewinnt das Praktische die Oberhand. Während in der Bibel die Arbeit als Strafe für die Sünde gilt und die reine Theorie dort als glückliche Anschauung Gottes *(visio beatifica dei)* auf die künftige ewige Seligkeit vertagt wird, wertet vor allem der Protestantismus mit seinem Berufsethos die Arbeit systematisch auf. Zugleich übernimmt in der praktischen Philosophie der Neuzeit der Homo faber die anthropologische Führungsrolle, begleitet von einer ständig wachsenden Verachtung des nutzlosen Theoretisierens und Spekulierens. Das Sprachrohr dieser folgenreichen Umwertung ist Francis Bacon mit seinem *Novum Organon,* das die Unterordnung der Wissenschaft unter den technisch-praktischen Nutzen für die Menschen fordert und damit bis in unsere Gegenwart fortwirkt.

Noch bei Marx finden sich Arbeit und Herstellen in seinem Leitbegriff der Produktion unmittelbar gleichgesetzt, und sie gilt ihm zugleich als die Selbstproduktion und damit als die Selbstverwirklichung des Menschen. Er unterscheidet nur zwischen der selbstbestimmten und der unfreien Produktion, die in der kapitalistischen Produktionsweise in der Regel als Lohnarbeit derer stattfindet, die nicht über die Produktionsmittel verfügen. Erst wenn durch eine Revolution in einer künftigen Gesellschaft der Klassenunterschied zwischen Kapital und Arbeit aufgehoben wäre, stünde der freien Produktion nichts mehr im Wege. Die Marxisten aber haben die Frage offengelassen, wie das Verhältnis von Herstellen und Arbeiten genauer zu bestimmen ist. Im Übrigen wurde in vielen Bereichen der Produktion das *animal laborans* durch Maschinen ersetzt, was tendenziell das Verschwinden des klassischen Proletariats zur Folge hatte; die alte Arbeiterklasse ist heute Teil des Prekariats.

Zusammenfassend lässt sich festhalten: Philosophen können wissen, dass ‹Handlung› ein komplexer, analysierbarer Begriff ist. Die Vorschläge des Aristoteles wurden bis heute tradiert und durch die Analytische Handlungstheorie präzisiert. Die Differenz zwischen reinen Körperbewegungen und Handlungen wird durch Basishandlungen markiert. Es sind verschiedene Handlungstypen zu unterscheiden, wobei das aristotelische ‹Handeln_p vs. Herstellen› durch einen spezifischeren Begriff ‹Arbeit› zu vervollständigen ist. Zu erinnern ist an dieser Stelle an zwei weitere handlungstheoretische Typologien, die sich in unterschiedlichen Kontexten als fruchtbar erwiesen haben: an die Konzepte von Max Weber und Jürgen Habermas.

Max Weber gründet sein Konzept einer verstehenden Soziologie auf die Differenz zwischen Handeln und bloßem Verhalten, die er wie folgt beschreibt: «‹Handeln› soll dabei ein menschliches Verhalten (einerlei ob äußeres oder innerliches Tun, Unterlassen oder Dulden) heißen, insofern der oder die Handelnden mit ihm einen subjektiven *Sinn* verbinden.» (MW, 653) Dieses ‹subjektiv› ist wichtig, weil es in einer empirischen Wissenschaft nicht darum gehen kann, die Sinnorientierungen des tatsächlichen Handelns anhand objektiver Maßstäbe zu bewerten, sondern nur darum, sie zu verstehen. Dann unterscheidet Weber zwischen zweckrationalem, wertrationalem, affektuellem und traditionalem Handeln. (Vgl. MW, 673) Das traditionale Handeln im Sinne des «Das haben wir immer so gemacht» steht dem bloßen, instinktgesteuerten Verhalten am nächsten, unterscheidet sich davon aber dadurch, dass hier eine Antwort auf die Warumfrage denkbar ist, und der Sinn einer subjektiv sinnvollen Handlung ist dann wohl eine solche Antwort. Affektuelles Handeln im

Unterschied zu einer reinen emotionalen Explosion liegt dann vor, wenn man beim Handlungsverstehen auf bewusst erlebte Affekte oder emotionale Situationen verweisen kann. Das wertrationale Handeln kommt dem aristotelischen Handeln$_p$ am nächsten, denn hier wird etwas um seiner selbst willen getan, ohne Rücksicht auf die vorauszusehenden Folgen, weil es für den Handelnden einen unbedingten Wert hat oder eine daraus folgende Forderung erfüllt. Das zweckrationale Handeln schließlich ist der berühmteste, aber meist missverstandene Handlungstyp Max Webers: «Zweckrational handelt, wer sein Handeln nach Zweck, Mittel und Nebenfolgen orientiert und dabei sowohl die Mittel gegen die Zwecke, wie die Zwecke gegen die Nebenfolgen, wie auch die verschiedenen möglichen Zwecke gegeneinander rational *abwägt* …» (MW, 675) Zweckrationalität ist Weber zufolge die Signatur der modernen Gesellschaft als Resultat der abendländischen Rationalisierung, die wesentlich als Implementierung von Zweckrationalität in allen Lebensbereichen erfolgte. Der durch Max Horkheimer in kritischer Absicht in Umlauf gebrachte Typus des instrumentellen Handelns ist demgegenüber eine problematische Verkürzung des weberschen Modells, denn er legt die Vorstellung nahe, in der Moderne bestehe Rationalität ausschließlich in der rationalen Mittelwahl im Dienst vorausgesetzter und rational nicht kritisierbarer Zwecke; dies ist jedoch nicht der Fall.

Jürgen Habermas unterscheidet in seinem Hauptwerk *Theorie des kommunikativen Handelns* (1981) zwischen erfolgsorientiertem und verständigungsorientiertem Handeln; die Erfolgsorientierung in der Perspektive des individuellen Handelns bedingt das instrumentelle Handeln, während die Erfolgsorientierung in der Perspektive der sozialen Interaktion zum strategischen Handeln führt. Das kommunikative Handeln hingegen zielt auf Verständigung, was aber nicht mit dem Erzielen von Einverständnis verwechselt werden sollte, denn nur wenn Konfliktparteien verstehen, worum es geht, können sich beide auf eine denkbare Strategie einstellen; Interaktion ist auch in diesem Fall nicht ohne Kommunikation denkbar.

Wenngleich Habermas der Komplexität des weberschen Handlungstypus der Zweckrationalität in seinem Konzept des erfolgsorientierten Handelns nicht wirklich gerecht wird, besteht an dieser Stelle keine Unvereinbarkeit. Es macht wenig Sinn, zu fragen, welche der skizzierten Handlungstypologien die «richtige» sei; Philosophen können wissen, dass sie sehr wohl geeignet sind, uns im aspektreichen Begriffsfeld des Handelns zu orientieren und uns auf wichtige Differenzen aufmerksam zu machen. Ein Beispiel dafür ist der Hinweis von Hannah Arendt, was aus der Politik wird, wenn sie im Gegensatz zur Interaktion im öffentlichen Raum als ein Herstellen aufgefasst und praktiziert wird. Das «Umsetzen» politischer Projekte in die Realität, von der zu allen Zeiten die Revolutionäre träumten, ist nur möglich, wenn solche Politiker die Bedingungen erfolgreicher *poíesis* zu kontrollieren vermögen, was bedeutet, dass die Betroffenen nicht als Beteiligte zugelassen werden können; eine öffentliche Debatte über die Mittel und Ziele solch einer Politik wäre kontraproduktiv. Deswegen hatten sämtliche totalitären Bewegungen nichts Eiligeres zu tun, als die politische Öffentlichkeit zu neutralisieren. Freilich ist gerade in Massendemokratien politisches Handeln ohne *poíesis*-Elemente undenkbar, denn hier muss in der Tat manches aufgrund von Mehrheitsentscheidungen, die immer «Ende der Debatte» bedeuten, durchgesetzt werden. Dabei bleibt stets die Frage zu beantworten, wie dies mit dem Ideal der freien Interaktion und Kommunikation im öffentlichen Raum vereinbar bleibt.

Wie ‹Handlung› ist auch ‹Wille› ein komplexer Begriff, der aber erst in der praktischen Philosophie der Neuzeit zentral wurde und dort sogar den Handlungsbegriff in den Hintergrund abdrängte. Für den Willensbegriff gab es in der antiken Philosophie kein eindeutiges Äquivalent. (HWP 12,

Sp. 763) Erst Augustinus unterscheidet zwischen *voluntas* als dem Vermögen, etwas anzustreben, und *liberum arbitrium* im Sinne einer freien Willensentscheidung. (HWP 12, Sp. 767 f.) Es konnte gezeigt werden, dass dieses zweite Willenskonzept theologische Wurzeln hat, nämlich in der jüdisch-christlichen Schöpfungstheologie, der zufolge Gott aus freien Stücken die Welt so erschuf, wie sie ist, ohne dass man dafür Gründe angeben könnte. Die antike Kosmologie hingegen war von der Ewigkeit der Welt überzeugt, sodass darin kein Platz war für solche weltschaffenden Spontaneitäten. Der große ontologische Streit zwischen der platonisch-aristotelischen und der stoischen Tradition, die über Heraklit bis auf Anaximander zurückreicht, betraf nur die Frage, wie die ewige Weltstruktur beschaffen sei – teleologisch oder kausaldeterministisch. Für Aristoteles ist der Kosmos nach Zwecken geordnet, alles in der Welt geschieht um der Erreichung eines Zieles willen, während die Stoa von durchgängigen Ursache-Wirkung-Strukturen ausgeht, die ausnahmslos und mit Notwendigkeit gelten. Hier hat der Begriff des Naturgesetzes seinen Ort, der in der neuzeitlichen Naturwissenschaft das Naturdenken in teleologischen Strukturen vollständig verdrängen sollte.

Dies ist dann auch der Ort des intrikaten Problems der Willensfreiheit, das die aristotelische Handlungstheorie gar nicht kennt. Zwar diskutiert sie auch die Fälle des nichtfreiwilligen und des unfreiwilligen Handelns, aber ohne den Willensbegriff dabei zu bemühen. Dass wir im Deutschen das Freiwillige sofort mit dem Problem der Willensfreiheit assoziieren, ist in Wahrheit ein grammatisches Unglück; im Griechischen gehören die Ausdrücke für das Freiwillige und für das, was unserem Willensbegriff entspricht, ganz verschiedenen Wortstämmen an. Nichtfreiwillig sind nach Aristoteles die Handlungen, die aus Unwissenheit geschehen, denn da war die Überlegung ausgeschaltet; unfreiwillig hingegen ist alles, was unter Zwang oder durch Gewaltanwendung getan wird, und das bedeutet, dass dabei die Wirkursache der Handlung nicht im Handelnden selbst zu suchen ist. Demzufolge ist nach Aristoteles alles freiwillig, was der Handelnde sich selbst als Autor zuzurechnen vermag. (ANE, 1113b 3ff.) So kann auch keine Rede davon sein, dass die *prohaíresis* als die Wirkursache der Handlungen selbst kausal determiniert sei; gleichwohl ist an dieser Stelle auch keine Rede von einem voraussetzungslosen, spontanen Willensentschluss im Sinne des *liberum arbitrium*, auf dem die Verteidiger der Willensfreiheit bestehen. Im teleologischen Weltmodell ist das Strebevermögen weder die Wirkung einer Ursache noch ein grundloser Impuls, es wird vielmehr um eines Zieles willen in Gang gesetzt, und so sagt Aristoteles: «Jede Kunst und jede Lehre, ebenso jede Handlung und jeder Entschluß scheint irgend ein Gut zu erstreben: Darum hat man mit Recht das Gute als dasjenige bezeichnet, wonach alles strebt.» (ANE 1094 a1)

Wenn es hingegen bei Kant heißt, der Wille sei das «Begehrungsvermögen, sofern es nur durch Begriffe, d.i. der Vorstellung eines Zwecks gemäß zu handeln, bestimmbar ist» (KKU, § 10), klingt dies ganz aristotelisch und erinnert an die Bestimmung der *prohaíresis* als Kooperationsergebnis zwischen dem strebenden und dem überlegenden Seelenteil; auch die Formulierung «Der Wille ist eine Art von Kausalität lebender Wesen, sofern sie vernünftig sind» (KG, B 97) passt dazu. Der alles entscheidende Unterschied betrifft die Frage, was das Begehrungsvermögen in Gang setzt und bestimmt – ein objektiver Zweck, den die überlegende Vernunft zu erkennen vermag, oder nur die subjektive Vorstellung eines Zwecks, die das Denken selbst hervorbringt. Bei Kant wie auch in der gesamten Wirkungsgeschichte der Stoa ist die offensichtlich plausible Um-zu-Struktur des Handelns nicht aufgegeben, aber sie ist zurückgenommen in den Bereich der subjektiven Zwecksetzungen, denn es gibt in dieser Perspektive keine andere Teleologie.

Das Problem der Willensfreiheit reduziert sich damit auf die Frage, ob diese subjektiven Zwecksetzungen selbst frei wählbar oder nicht doch kausal determiniert sind. Wenn Kant sagt: «Ein jedes Ding der Natur wirkt nach Gesetzen» (KG, B 36), dann ist damit die Naturgesetzlichkeit nach dem Kausalprinzip gemeint: «Alle Veränderungen geschehen nach dem Gesetze der Verknüpfung der Ursache und Wirkung.» (KK, B 232) Dann fährt er fort: «Nur ein vernünftiges Wesen hat das Vermögen, nach der Vorstellung der Gesetze, d.i. nach Prinzipien, zu handeln, oder einen Willen.» (KG, B 36) Diese Reflexionsschleife, durch die das blinde Begehren auf die Ebene des Willens als des vernünftigen Begehrungsvermögens erhoben wird, ist zwar eine notwendige, aber keine hinreichende Bedingung für die Freiheit des Willens, denn die Handlungsprinzipien und ihre jeweilige Repräsentation im Bewusstsein könnten im Sinne des psychischen Determinismus, den Kant vertritt, ebenso wie die äußere Natur ausnahmslosen Kausalgesetzen unterliegen. Die bloße Tatsache also, dass bei der kausal wirksamen Willensregung Vernunft im Spiel war, ist kein zureichender Grund für die Annahme, jene sei in dem Sinne frei gewesen, dass sie ebenso hätte anders ausfallen können; aber dies ist die Voraussetzung dafür, dass man einem Handelnden seine Tat zurechnen, ihn dafür loben oder tadeln und ihn dafür verantwortlich machen kann.

Kant hat der Nachwelt mit dem Thema ‹Willensfreiheit› ein Problem hinterlassen, das in den beiden letzten Jahrzehnten durch neurophysiologische Forschungen erneut auf die Tagesordnung geraten ist. Schon die alte Stoa lehrte die kausale Geschlossenheit der Welt, und unter der Faszination des physischen, psychischen und neuerdings durch den neuronalen Determinismus, der die Grundlage der neuzeitlichen Naturwissenschaften bereitstellt, wurde immer wieder einmal behauptet, es sei nun endgültig gezeigt worden, dass unsere normative Kultur, die Lob und Tadel, Schuld, Verantwortung und Strafe zuweist, mit unserem wissenschaftlichen

Weltbild unvereinbar und daher grundlegend zu revidieren sei. An dieser Stelle kann man nicht von einem Wissenskonsens unter Philosophen berichten; tatsächlich streiten hier zwei Parteien miteinander, nämlich die Kompatibilisten, die behaupten, kausale Determination und normative Beurteilungen von Handeln seien miteinander vereinbar, und auf der anderen Seite die Inkompatibilisten, die das bestreiten.[134]

Kants eigene Lösung des Problems, die auf einem Rückzug der Willensfreiheit in den Bereich des nichtempirischen, sondern nur intelligiblen Charakters der Handelnden und ihrer Handlungen beruht, findet heute nur wenige Anhänger. Wichtig scheint nur zu sein, dass man die traditionelle Willensfreiheitsproblematik als Frage nach der Handlungsfreiheit diskutiert, und zwar als die Frage, ob es Gründe gibt, anzunehmen, jemand hätte in einer bestimmten Situation auch anders handeln können, als er tatsächlich handelte, denn dies ist die Voraussetzung für die Zurechnung. Der Rekurs auf Willensakte, die als Handlungsursachen frei oder determiniert sein können, ist misslich, weil die Willensakte in dieser Perspektive selbst als Handlungen eigener Art erscheinen, für die wieder Willensakte als Ursachen anzugeben wären, und so fort ins Unendliche. Verdeutlichen kann man dies anhand der Tatsache, dass es nicht möglich ist, sich dazu zu entschließen oder jemanden anderen aufzufordern, etwas Bestimmtes zu wollen; Wollen ist kein Handeln.[135] Wir können das Handeln schwerlich anders verstehen als ein Verursachen, und die Freiheit des Handelns ist unverträglich mit der Annahme, dieses Verursachen sei selbst vollständig verursacht, es sei denn, der Handelnde selbst mit seinen Situationseinschätzungen und Bestrebungen gehörte mit zu den Handlungsursachen. Diese Idee der *agent causality* (Roderick Chisholm) ist hier attraktiv, denn in der Tat erfahren wir uns als frei Handelnde, wenn wir Grund haben, uns selbst als die Autoren unserer Taten zu verstehen. Die Befürchtung, dieses Modell mache den Handelnden zu einem *creator ex nihilo*, also zum Schöpfer aus einem Nichts von Vorbedingungen, ist unbegründet, denn niemand handelt ohne subjektive Vorbedingungen wie bestimmte Charaktereigenschaften oder durch Erfahrung gefestigte Neigungen, in bestimmten Situationen so und nicht anders zu handeln. Wenn man sich gegenseitig kennt, kann man an dieser Stelle die Handlungen des anderen sogar mit einer gewissen Sicherheit voraussagen und sich darauf verlassen, ohne dass dies ein Einwand gegen die Handlungsfreiheit wäre. Solange es nicht gelingt, alle subjektiven Voraussetzungen solcher Entscheidungen auf simple Kausalverhältnisse zu reduzieren, ist die Annahme von völliger Unfreiheit des Handelns ein metaphysisches Vorurteil.

Hier kann man erneut an Aristoteles erinnern, für den das Handeln durch das überlegte Streben nach dem bewirkt ist, was in unserer Macht steht. (Vgl. ANE, 1113a 10ff.) Wenn die Entscheidung, so und nicht anders zu handeln, Aristoteles zufolge von der Fähigkeit zu überlegen abhängig ist, dann ist es kaum möglich, die Resultate solcher Überlegungen nach dem Muster von Ursache und Wirkung vorherzusagen. Sie sind nämlich Aktualisierungen einer rationalen Kompetenz unter bestimmten Umständen, zu denen die aktuelle Situation ebenso gehört wie die charakterlichen Haltungen und die rationale Qualifikation dessen, der überlegt, was eine kausale Erklärung an dieser Stelle unglaublich kompliziert macht. In Wahrheit sind hier dispositionale Erklärungen gefragt, die sich von den kausalen mit ihrem simplen «Wenn …, dann …» dadurch unterscheiden, dass man dazu irreale Konditionalsätze braucht: «Stieße man die Venus von Milo im Louvre von ihrem Sockel, zerbräche sie in tausend Stücke», aber um das ziemlich sicher zu wissen, muss man es nicht erst ausprobiert haben. Verstehen wir das Überlegenkönnen, dem wir einen Einfluss auf unsere Bestrebungen zugestehen, als eine Disposition in diesem Sinne, dann sind hier die Resultate ungleich schwieriger vorauszusagen, weil wir es da nicht wie bei der Venus von Milo nur mit komplexen Ursache-Wirkungs-

Zusammenhängen zu tun bekommen, sondern mit Annahmen, Vorurteilen, Gründen, Argumenten und Gegenargumenten. Dieses «Reich der Gründe», in dem wir uns bei unseren Überlegungen aufhalten, kann man auch nicht auf den Monitoren der Neurophysiologen sichtbar machen, und solange dies nicht der Fall ist, haben sie auch keinen vernünftigen Grund, die Handlungsfreiheit zu bestreiten.

Überlegungen können prinzipiell immer so oder auch anders ausfallen; ohne diese Offenheit ist der Begriff ‹Überlegung› fehl am Platz. Diese Fähigkeit, unsere kausal wirksamen Handlungsimpulse durch das Erwägen von Gründen faktisch zu beeinflussen, ist dasjenige, was wir uns selbst und anderen als Handlungsfreiheit unterstellen, und auf dieser Basis verstehen wir uns als Personen. Wir müssen wohl bei Kant bleiben, der darauf bestand, dass wir die Willensfreiheit im Sinne eines ursachelosen Verursachenkönnens von Handlungen nicht beweisen, sondern in praktischer Absicht nur postulieren können; insofern lässt sich niemals definitiv zeigen, dass wir oder jemand anderes zu einem vergangenen Zeitpunkt auch anders hätte handeln können. Personsein bedeutet, ein Kandidat zu sein für Verantwortung, Lob und Tadel, Verdienst und Schuld. Dabei geht es überhaupt nicht darum, wie viele Willensakte der Handelnde unternommen hat und welche unter ihnen möglicherweise frei oder determiniert waren, sondern hier wird die Handlungsfreiheit zugeschrieben im Lichte dessen, was wir sonst noch über uns und andere wissen. Genauso verfahren auch die Gerichte, wenn es um volle oder verminderte Schuldfähigkeit oder gar um Schuldunfähigkeit geht. Die Unterstellung der Fähigkeit des «überlegten Strebens nach dem, was in unserer Macht steht», ist fehlbar, aber sie ist die Grundlage unserer wechselseitigen Anerkennung als mündige Menschen.

13 Vernunft[136]

Im Alltag ist bei uns nur selten von Vernunft die Rede, etwa wenn wir verlangen, jemand solle doch endlich Vernunft annehmen. Das Prädikat ‹vernünftig› und sein Gegenteil kommen hier häufiger vor, denn damit bewerten wir nicht nur Personen und ihr Verhalten, sondern auch Vorschläge, Entscheidungen, Regelungen oder Zustände. Ganz anders ist es im philosophischen Diskurs; hier ist die Vernunft eines der wichtigsten Themen, denn einer alten Überlieferung zufolge soll sie es sein, die den Menschen von den übrigen Lebewesen unterscheidet. Bei Molière heißt es: «Der Mensch ist ein vernünftig Wesen. Wer's glaubt, der ist nie Mensch gewesen», und auch wir neigen dazu, uns über die althergebrachte Definition des Menschen als *animal rationale* lustig zu machen und dabei das Kind mit dem Bade auszuschütten. Immanuel Kant hingegen forderte, wir sollten nicht länger so vom Menschen reden, sondern besser vom *animal rationabile,* also dem vernunft*fähigen* Lebewesen. (KA, A 315) In der Tat ist die Vernunft nicht eine unserer ständigen Eigenschaften, sondern nur ein Inbegriff von Fähigkeiten oder «Vermögen», wie die Philosophen sagen, über die nur die Menschen verfügen; sonst haben wir ja fast alles mit den Tieren gemeinsam. Zugleich trat sie im philosophischen Denken niemals ganz allein auf, sondern seit dem 14. Jahrhundert im deutschen Sprachbereich stets begleitet vom Verstand, und Kant ließ dann noch die Urteilskraft hinzutreten. ‹Vernunft› kommt von ‹Vernehmen› und ‹Verstand› von ‹Verstehen›, aber beide Ausdrücke wurden als Übersetzungen von lateinischen Termini eingeführt, die ganz andere Assoziationen erwecken, nämlich ‹*intellectus*› und ‹*ratio*›. Mit ‹*intellectus*› war ursprünglich die Fähigkeit rein geistiger Einsicht gemeint und mit ‹*ratio*› das Begründen-, Beweisen-,

Berechnenkönnen; im Spätmittelalter wurde dies rätselhafterweise vertauscht, sodass schließlich bei Kant der *intellectus* als Verstand und die *ratio* als Vernunft erscheint.

Diese lateinischen Begriffe sind sämtlich Übersetzungen griechischer Termini, die Cicero einführte, und schon bei Aristoteles finden wir eine Vielzahl von weiteren Facetten der spezifischen Fähigkeiten des *animal rationale*: theoretische Vernunft *(epistéme)*, praktische Vernunft, unterteilt in Herstellungskönnen *(téchne)* und Klugheit im Handeln *(phrónesis)*, intuitive Einsicht *(nôus)* und Weisheit *(sophía)* als Verbindung von *epistéme* und *nôus*. (Vgl. ANE, 1139b 15 ff.) Zudem bildet im Griechischen der *lógos* ein weiteres Bedeutungszentrum mit geradezu unübersehbaren Varianten: Wort, Rede, Argument, aber auch Begriff, Gedanke und Grund sind dabei zentral, wobei auffällt, dass dabei niemals bloß sprachliche, sondern stets auch bestimmte Bewusstseinsphänomene gemeint sind. Deswegen nennt Aristoteles den Menschen das Lebewesen, das den *lógos* hat *(zôon lógon échon)*, und denkt dabei zugleich an die Sprache und an die Vernunft als das Denken- und Überlegenkönnen. Cicero übersetzte diesen Ausdruck mit ‹*animal rationale*›, was leider bis heute die Vorurteile gegen die angeblich ‹rationalistische› Philosophie unterstützt, die offensichtlich kein Verständnis für die übrigen Aspekte des menschlichen *lógos* aufbringe.

Das Vernunftthema ist deswegen so komplex, weil in der Geschichte des Denkens niemals eine einheitliche Explikation dieses Begriffs existierte. Hinzu kommt, dass die griechischen Ausdrücke ‹*lógos*› und ‹*noûs*›, die ihren festen Platz in der damaligen Umgangssprache hatten, in der Geschichte der Philosophie schon sehr früh als Termini mit metaphysischer Sonderbedeutung auftraten. Nach Heraklit ist der *lógos* verkörpert im Element des Feuers und bestimmt als das göttliche Weltgesetz das Entstehen, Wirken und Vergehen aller Dinge in der Welt. Die Stoa, die in der römischen Kaiserzeit zur führenden philosophischen Schulrichtung aufstieg, ist Heraklit darin genau gefolgt; sie ist eine Lehre der objektiven Vernunft, der zufolge das, was «die Welt im Innersten zusammenhält», vernünftig und mit unserer subjektiven Vernunft, die am *lógos* teilhat, als vernünftig erkennbar ist. Das Christentum, das sich in der Vielfalt der hellenistischen philosophischen Angebote zu behaupten hatte, griff dies auf, wie der Anfang des Johannesevangeliums zeigt – «Am Anfang war das Wort (*lógos*)» –, aber es deutete das Wort anders: Nicht eine anonyme feurige Macht, sondern das Schöpfungswort eines persönlichen Gottes und seine ihn dabei leitenden Gedanken waren jetzt damit gemeint. Man hat mit gutem Grund unsere abendländische Metaphysiktradition logozentrisch genannt, und das katholische Christentum ist davon bis heute geprägt, wie die logostheologischen Verlautbarungen von Papst Benedikt XVI. zeigen. Varianten dieses Logozentrismus oder Fundamentalrationalismus finden sich zunächst bei Anaxagoras, dem zufolge der *noûs* die Welt regiert, den er sich als einen ganz feinen, alle Dinge durchdringenden Stoff vorstellt. Platon und Aristoteles hingegen verwenden die Ausdrücke ‹*lógos*› und ‹*noûs*› ausschließlich im Sinn subjektiver Vernunftvermögen, aber auch sie gehen davon aus, dass die gesamte Welt in objektiver Hinsicht vernünftig strukturiert und als solche unserer Vernunft zugänglich ist.

Dieser «rationalistische» Hauptstrom unserer abendländischen Denkgeschichte war somit eine Philosophie der objektiven Vernunft, die in «getaufter» Gestalt in der Scholastik fortlebte. Sie wurde freilich von Beginn an vom Zweifel wie von einem Schatten begleitet. Schon die Sophisten, die Platon als seine philosophischen Gegner betrachtete, bestritten mit scharfsinnigen Argumenten, dass es möglich sei, die objektive Wirklichkeit, wie sie unabhängig von unseren Vorstellungen und Meinungen existiert, zu erkennen. Die beiden Traditionen der antiken Skepsis, die akademische und die pyrrhonische,[137] perfektionierten dieses sophistische Erbe. Ihre Zweifelsargumente blieben eine ständige Herausforderung der Metaphysik, die seit den Anfängen immer von objektiv vernünftigen Weltstrukturen ausgegangen war.

Dass hier die Skepsis schließlich doch die Oberhand gewann, ist wesentlich das Resultat eines innertheologischen Vorgangs, nämlich der oben bereits erwähnten grundlegenden Veränderung in der Gotteslehre. In der Spätscholastik, insbesondere durch Johannes Duns Scotus und Wilhelm von Ockham, setzte sich der Gedanke der uneingeschränkten Freiheit und Souveränität Gottes durch gegenüber allem, was die herkömmliche Theologie ihm an ewigen und unveränderlichen Eigenschaften zugeschrieben haben mag. In der Tat waren die Theologen durch die Rezeption der Schriften des Aristoteles in Versuchung geraten, eine Gotteslehre zu entwickeln, die das Wesen Gottes auf das Vernünftige festlegen und dem den göttlichen Willen unterordnen sollte. Wenn demzufolge Gott nur das wollen kann, was offensichtlich vernünftig ist, verschwindet der Unterschied zwischen dem Gott der Philosophen, die angeblich wissen, was objektiv vernünftig ist, und dem unerforschlichen Gott der biblischen Offenbarung. Sollte somit die christliche Theologie von der rationalen Philosophie unterscheidbar bleiben – und dazu gab es damals keine Alternative –, so musste sie im Verständnis des Wesens Gottes den göttlichen Willen der göttlichen Vernunft überordnen, und dies geschah im Zuge der sogenannten «voluntaristischen Revolution» der Spätscholastik.

Für die Metaphysik bedeutete dies die Lehre, dass die Welt so eingerichtet sei, wie der Schöpfergott sie gewollt habe, und wenn er gewollt hätte, dass 2 mal 2 = 5 ist oder Wasser bergan fließt, dann wäre es halt so. Wie Gott sie tatsächlich geschaffen hat, ließ sich somit nicht mehr aus vermeintlich übergeordneten Vernunftprinzipien deduzieren; jetzt war man vielmehr auf Erfahrung und Forschung verwiesen. Die «voluntaristische Revolution» lieferte somit eine theologische Geburtshilfe für den neuzeitlichen Empirismus, der wesentlich durch Francis Bacon (1561–1626) begründet wurde. Die scholastische Tradition, die am Ende des Mittelalters die wissenschaftliche Szene beherrschte und immer noch an der Metaphysik der objektiven Vernunft festzuhalten versuchte, war in dieser Perspektive nur noch ein Gegenstand der Verachtung, denn sie musste als leere und nutzlose Rhetorik erscheinen. Diese Einschätzung teilte auch René Descartes (1596–1650), und so forderte er wie Bacon eine fundamentale Neuorientierung der Wissenschaft. Er sah keine andere Möglichkeit, als in der Welterklärung zunächst von unserer subjektiven Vernunft auszugehen und an diesem Ort durch methodischen Zweifel und Erkenntniskritik die Fundamente für sicheres Wissen aufzusuchen; darin ist ihm eine ganze Tradition gefolgt, die mit dem vernunftkritischen Werk Immanuel Kants schließlich ihren Höhepunkt erreichte.

Das Jahrhundert vor dem Erscheinen der *Kritik der reinen Vernunft* (1781) war in der Philosophie von einer Kontroverse bestimmt, die in der Philosophiehistorie als die zwischen Rationalismus und Empirismus bezeichnet wird. Beide Parteien versuchten die Frage zu beantworten, wie unsere subjektive Vernunft zu wissenschaftlichen Erkenntnissen gelangt und wie weit diese reichen. Die rationalistische Partei vertrat in der Nachfolge Descartes' die These, dass unser Bewusstsein über Vorstellungen *(ideae, ideas, idées)* verfügt, die nicht aus der Erfahrung stammen, auch nicht von uns selbst produziert wurden, sondern als «eingeborene» *(innatae)* in uns vorgefunden werden können. Das prominenteste Beispiel war da der Begriff Gottes, und da man mit Descartes glaubte beweisen zu können, dass dasjenige, was dieser Begriff bedeutet, nämlich ein vollkommenes und höchstes Wesen, notwendig existieren müsse, schien der Weg frei für eine erneuerte Metaphysik aus den Quellen einer «reinen», von der Erfahrung unabhängigen Vernunft. Baruch de Spinoza (1632–1677), Gottfried Wilhelm Leibniz (1646–1716) und Christian Wolff (1679–1754) waren hier die wirkmächtigsten Autoren.

Die Gegenposition vertrat zuerst John Locke (1632–1704) mit seinem Werk *An Essay concerning Human Understanding (Versuch über den menschlichen Verstand)* (1690). Die Ausgangsthese gewann Locke durch eine ausführliche Kritik der Lehre von den eingeborenen Ideen, und die besagte, dass unser Bewusstsein nur über Vorstellungen verfügt, die ihm durch die sinnliche Erfahrung zugeführt wurden. Empirismus ist seitdem die erkenntnistheoretische Position, die die Erfahrung zum Prinzip macht und all unser Wissen darauf zurückführen möchte. Demgegenüber verteidigte der Rationalismus die These, dass das Wissen, das diesen Namen wirklich verdient, weil es allgemeingültig und beweisbar ist, nicht empirisch sein könne, denn die sinnliche Erfahrung sei doch wechselhaft und unzuverlässig. Letztlich ging es bei diesem Streit um das angemessene Verständnis des Vernunftbegriffs selbst: Handelt es sich bei unserer Vernunft um ein selbstständiges, höheres Erkenntnisvermögen, das es möglich macht, durch rein geistige Einsichten etwas über die Wirklichkeit auszumachen, oder ist dies ausgeschlossen, wie die Empiristen behaupten? Die waren ja keineswegs Verächter der Vernunft, aber sie sahen in ihr nur das Vermögen, die am Orte des Bewusstseins eingegangenen einfachen Vorstellungen zu ordnen, zu sortieren und zu komplexeren Vorstellungen zu kombinieren. Der alte Gegensatz zwischen *intellectus* und *ratio* wurde damals wieder aktuell; dem intuitiven Vernunftkonzept der Rationalisten, nach dem rein geistige Gegenstände wie in einem Blick erfasst werden können, stand nun das ausschließlich operative Vernunftverständnis der Empiristen gegenüber. Natürlich schätzten die Rationalisten diesen Aspekt der Vernunft nicht gering, aber sie bezweifelten, dass er ausreicht, um wissenschaftliche Philosophie zu betreiben, und die war für sie nur als Metaphysik im Sinne einer Erkenntnis aus bloßer Vernunft möglich.

Im 18. Jahrhundert geriet das rationalistische Vernunftkonzept durch das Vordringen der empiristisch geprägten

Aufklärungsphilosophie immer mehr in die Defensive, und Kant, der in der leibniz-wolffschen Tradition aufgewachsen war, stellte vor allem unter dem Eindruck der skeptischen Philosophie von David Hume (1711–1776) dann die entscheidende Gegenfrage: Wenn angeblich wissenschaftliche Philosophie nur als Metaphysik möglich ist, ist dann die Metaphysik selbst als Wissenschaft möglich? Der tatsächliche Zustand dieser obersten Ebene des menschlichen Wissens war ja ziemlich trostlos, voller unentschiedener Fragen und ohne feststellbare Erkenntnisfortschritte. Vor diesem Hintergrund erklärt sich auch der Titel von Kants Schrift *Prolegomena [Vorreden – H.S.] zu einer jeden künftigen Metaphysik, die als Wissenschaft wird auftreten können*. Kant wollte die Metaphysik nicht abschaffen wie die Empiristen, sondern sie endlich auf eine solide Grundlage stellen. Wichtig ist dabei, dass Kant sich in diesem Zusammenhang vehement gegen die intuitive Vernunftkonzeption wandte; ihm zufolge fußt sie auf einer Konfusion von Denken und Anschauen, Verstand und Sinnlichkeit. Seine Grundthese ist: Der Verstand schaut nicht an, und die Sinnlichkeit denkt nicht, also gibt es die intellektuelle Anschauung nicht, auf die die Rationalisten seit Descartes unser metaphysisches Wissen zurückführen wollten.

Auf Kants Lehre ist hier nur mit Blick auf den Wandel des Vernunftbegriffs einzugehen. Für Kant ist die Vernunft ein subjektives Vermögen, bei dem zwischen Verstand, Urteilskraft und Vernunft im engeren Sinn zu unterscheiden ist. Verstand ist das Vermögen der Begriffe und Urteile, Urteilskraft die Fähigkeit, Besonderes als unter einem Allgemeinen enthalten zu denken, und Vernunft ist, davon unterschieden, das Vermögen der Prinzipien. Bemerkenswert ist, dass Kant an dieser Stelle die Lehre von den eingeborenen Ideen zu rehabilitieren scheint, denn es gibt ihm zufolge tatsächlich Vernunftbegriffe, die er sogar ‹Ideen› nennt, und von ihnen gilt auch, dass sie nicht aus der Erfahrung stammen; zu nennen sind hier Gott, Freiheit und Unsterblichkeit der Seele. Aber nach Kant sind sie nicht eingeboren, sondern sie lassen sich operativ erklären. Unser Verstand kann offenbar gar nicht anders, als bei seiner denkenden Erklärung der Dinge und Ereignisse der Erfahrungswelt aus Ursachen und Bedingungen nach einer ersten Ursache oder nach der Gesamtheit der Bedingungen zu fragen und dabei den Begriff des Unbedingten zu bilden. Genau dann aber ist er «zur Vernunft gekommen» und auf die Ebene der Vernunftideen gelangt. Der Preis dafür ist freilich, dass er damit jedoch die Grenzen unserer sinnlichen Erfahrung überschritten hat, innerhalb derer Wissenschaft allein möglich ist. Dieses «Ausschweifen in intelligible Welten» ist nach Kant kein einfacher Irrtum, ja es ist sogar unvermeidlich wegen eines unleugbaren Vernunfttriebs, aber es verschafft keine über das menschliche Maß hinausführende Erkenntnis. In diesem Zusammenhang wies Kant nach, dass die Existenz Gottes auf den Wegen, die die metaphysische Tradition eingeschlagen hatte, nicht beweisbar ist; damit hatte die rationalistische Metaphysik ihr Zentrum eingebüßt.

Bei Kant ist die Subjektivität der Vernunft das letzte Wort der Philosophie, und dies blieb verbindlich bis in unsere Tage. Allerdings fehlte es nicht an Versuchen, Kant zu widerlegen, seine Kritik am intuitiven Vernunftkonzept zu entkräften und sogar die herkömmlichen Gottesbeweise in ihre alten Rechte wieder einzusetzen. Hegel (1770–1831) vor allem hatte versucht, durch eine immanente Kantkritik die Metaphysik der objektiven Vernunft wiederzubeleben und die «Intellektualansicht des Universums» zu rehabilitieren (vgl. H 5, 44), aber im 19. Jahrhundert wollte ihm dabei fast niemand mehr folgen. Vor allem Arthur Schopenhauer (1788–1860) als der wohl einflussreichste Philosoph seit der Mitte des 19. Jahrhunderts vertrat das genaue Gegenteil: Ihm zufolge ist das, was die Welt im Innersten zusammenhält, völlig vernunftlos, also dunkler Drang, blinder Wille zum Leben, und das, was wir Vernunft nennen, nur eine Funktion dieser Macht und ein bloßes Mittel seiner Durchsetzung. Die voluntaristische Revolution in der mittelalterlichen Gotteslehre schien sich hier in säkularisierter Form zu wiederholen, nämlich als Ablösung des altehrwürdigen metaphysischen Rationalismus durch den Irrationalismus einer Willensmetaphysik. Dieser metaphysische Irrationalismus bestimmte jahrzehntelang das philosophische Klima im deutschen Sprachraum; Friedrich Nietzsche, die Lebensphilosophie, die Philosophische Anthropologie, aber auch der moderne Naturalismus in seinen verschiedenen Formen sind hier zu nennen. Vieles spricht dafür, dass dies die heimliche Metaphysik unserer Gegenwart ist, auch wenn fast niemand mehr das Wort ‹Metaphysik› in den Mund zu nehmen wagt. Wir können einfach nicht mehr wie Hegel daran glauben, dass eine höchste Macht, ‹Vernunft› genannt, existiert und die Geschicke in Natur und Geschichte bestimmt. Hinzu kommt, dass uns die Psychoanalyse Sigmund Freuds darüber belehrt hat, wie dünn die Fassade des vernünftigen Ich vor dem tiefreichenden Chaos des triebgesteuerten Unbewussten ist, das er «das Es» nennt.

Eine Folge dieses Übergangs vom metaphysischen Rationalismus zum metaphysischen Irrationalismus war, dass man in dieser Zeit unter Philosophen fast nur dadurch Vernunft beweisen konnte, dass man «die» Vernunft kritisierte; um die genauere Bestimmung dieses Objekts schien man sich dabei nicht mehr näher kümmern zu müssen. Unter der Faszination Nietzsches, der behauptet hatte, der Wille zum Wissen sei nichts anderes als der Wille zur Macht, steigerte sich in der zweiten Hälfte des 20. Jahrhunderts die Vernunftkritik bis zu ihrer Denunziation als bloßes Instrument der Naturbeherrschung und der sozialen und politischen Repression, und man beschwor das «Andere der Vernunft» als Heilmittel. Auch das ist jetzt vorüber, denn dem berühmten «Mann auf der Straße» kann niemand erklären, dass alle schlimmen Dinge in der Welt durch zu viel Vernunft verursacht seien, und dass uns nur die Freisetzung der Emotionen davor bewahren könne. Die Erfahrungen mit den jüngsten Kriegen, aber auch die drohende Umweltkatastrophe durch den Klimawandel und das Chaos auf den Finanzmärkten machen deutlich, dass wir auf diesem Planeten nichts anderes haben als unsere Vernunft, und dass es dort, wo es darum geht, Verirrungen unseres Vernunftgebrauchs zu kritisieren, natürlich vernünftig zuzugehen hat; an unvernünftiger, bloß emotionaler und von Ressentiments gesteuerter Vernunftkritik sind wir nämlich nicht interessiert. Der metaphysische Irrationalismus ist kein Grund für uns, verrückt zu spielen und uns irrational aufzuführen, vielmehr ist in einer Welt ohne objektive Vernunft die menschliche Vernunftfähigkeit unsere einzige Chance; darum bleibt uns gar nichts anderes übrig, als methodische Rationalisten zu sein.

Die ausufernde Vernunftkritik derer, die sich ständig gegenseitig an Radikalität zu überbieten trachteten, war eine nietzscheanische Mode, die vor allem durch schreckliche Vereinfachungen attraktiv geworden war; sie bewirkte zudem, dass das Vernunftthema aus der auf Vernunftkritik festgelegten Philosophie in die Wissenschaften auswanderte – nun unter dem Titel ‹Rationalität›. In der Psychologie, vor allem aber in den Sozialwissenschaften konnte man auf eine positive Charakterisierung des Vernünftigen nicht einfach verzichten. ‹Vernunft› klang nach dem Untergang der großen idealistischen Systeme metaphysikverdächtig, ‹Rationalität› hingegen modern und wissenschaftlich, und es galt zu klären, was dieser Begriff in den verschiedensten Kontexten bedeutet: Wie weit reicht der Einfluss das Rationalen in unserer Psyche und lässt er sich erweitern? Was macht Entscheidungen und Handlungen in sozialen, politischen und ökonomischen Kontexten rational? Solche Fragen erwiesen sich als unabweisbar, trotz aller wohlfeilen Vernunftkritik. Der angedeutete Begriffswandel hatte freilich die unerwünschte Nebenwirkung, dass die vieldeutige Rationalität fast durchweg mit ‹Rationalisierung› assoziiert wurde, und zwar nicht im Sinne Sigmund Freuds als nachträgliche Umdeutung unvernünftiger Bestrebungen oder Taten als sehr wohl vernünftige, sondern als die Durchsetzung instrumenteller und strategischer Rationalität in allen Lebensbereichen, von der Max Weber als dem Schicksal der abendländischen Moderne gesprochen hatte. Das «stahlharte Gehäuse» der Gegenwart (MW, 224) mit seinen Disziplinierungszumutungen, vor allem aber die drohende Vernichtung traditioneller Arbeits- und Lebensformen durch ökonomische Rationalisierung bis hin zur «Wegrationalisierung» von Arbeitsplätzen schienen Grund genug zu sein, um die Rationalität als Ganzes in dunkles Licht zu tauchen und ‹Rationalismus› fast zu einem Schimpfwort werden zu lassen.

Was dabei freilich übersehen wird, ist die Tatsache, dass in der Moderne ‹Rationalität› ein Plural ist; es sind die vielen verschiedenen Rationalitäten, die zwar die Frage nach der Einheit der Vernunft aufwerfen, zugleich aber die Möglichkeit offenhalten, die Vernunft vernünftig zu kritisieren; wäre sie ein Singular, liefe dies auf ihre Selbstzerstörung hinaus. So können wir die Auswüchse der instrumentellen und strategischen Rationalität (mit Jürgen Habermas) dadurch benennen und zurückweisen, dass wir uns auf die kommunikative Rationalität besinnen, also auf unsere in der Sprache vorgezeichnete Fähigkeit, Dinge und Probleme verständigungsorientiert zu erörtern, wobei dann auch klar wird, wo und weswegen Einverständnis nicht zu erreichen ist. Umgekehrt ist es möglich, gut gemeinte Vorschläge daraufhin kritisch zu untersuchen, ob es technisch möglich oder strategisch sinnvoll ist, sie zu realisieren.

Besinnt man sich darauf, was das *animal rationale* alles kann, wird klar, dass es viel mehr vermag als das, was Aristoteles aufzählt, und dass es nicht angeht, dies alles auf instrumentelle Vernunft oder Zweckrationalität zu reduzieren; hier machen es sich die modernen Vernunftkritiker zu einfach. So trifft es nicht zu, dass der Abschied von der objektiven Vernunft die subjektive nur als instrumentelle Vernunft zurückgelassen habe, wie Max Horkheimer es darstellte. Und Max Weber zufolge ist Zweckrationalität nur ein Typus rationalen Handelns neben drei weiteren, denn auch wertrationales, affektuelles und traditionales Handeln sind durch den Handelnden mit einem «subjektiven Sinn» verbunden, der den Grund seines Handelns ausmacht. (MW, 653) Darüber hinaus kann das *animal rationale* auch Vermutungen anstellen, zweifeln, Rätsel lösen, fantasieren, spielen, Sport treiben und vieles mehr, was wir von den Tieren nicht erwarten. Dabei geht es auch nicht nur um das Sichbewegen im Raum der Wortsprache, auf den schon Aristoteles den menschlichen *lógos* festgelegt hatte; er ist auch in anderen Symbolsystemen tätig, sei es das Reich der Musik, der Gesten oder Bilder. Ernst Cassirer zog daraus den Schluss, dass das *animal rationale* viel umfassender als das *animal symbolicum* zu charakterisieren sei.

Dass wir einen umfassenden Vernunftbegriff brauchen, kann man auch daran ermessen, dass wir zwischen dem Nichtrationalen und dem Irrationalen, also zwischen dem Vernunftlosen und dem Widervernünftigen, unterscheiden müssen. Wir kämen nie auf die Idee, unsere Haustiere irrational zu nennen, denn nur vernunftfähige Wesen können rational oder irrational sein, sei es in ihren Äußerungen oder in ihren Handlungen. Das Prädikat ‹rational$_1$› mit seinem Gegenteil ‹nichtrational› hat einen ausschließlich deskriptiven Sinn, denn wir kritisieren unsere Haustiere nicht, wenn wir sie aufgrund unseres zoologischen Wissens nicht für rational$_1$ halten; somit verschonen wir sie mit den Zumutungen, die wir mit dem Prädikat ‹rational$_2$› und seinem Gegenteil ‹irrational› verbinden. Wir gebrauchen es in der Regel normativ, und zwar im Sinne der Bewertung von Meinungen, Einstellungen oder Handlungen anhand von Maßstäben, die aus dem folgen, was wir mit Gründen für Rationalität$_2$ halten. Der deskriptiv angemessene Gebrauch des Prädikats ‹$rational_1$› stellt überhaupt erst Kandidaten für die normativ angemessene Anwendung des Prädikats ‹$rational_2$› bereit. Was in diesem Bereich angemessen ist und was nicht, ist freilich nicht im «Wesen» des *animal rationale* festgeschrieben; abgesehen davon, dass die Kriterien der $Rationalität_2$ historisch und geografisch außerordentlich verschieden sein können, gehört zu seiner $Rationalität_1$, dass es jene Kriterien thematisieren, mit Gründen verändern und auch absichtlich dagegen verstoßen kann. Niemand wird bestreiten, dass er auch schon einmal mit Vergnügen unvernünftig war.

Was es mit der $Rationalität_1$ auf sich hat, kann man sich anhand des Verhältnisses von Rationalität und Emotionalität verdeutlichen; bis heute werden beide Bereiche immer wieder gegeneinander ausgespielt. Dabei handelt es sich um Nachwirkungen der romantischen Propaganda gegen die angeblich kalte, rationalistische Aufklärung des 18. Jahrhunderts, die sich seit der Goethezeit im deutschen Sprachraum durchsetzte. Dazu ist zu sagen: Es waren gerade die Aufklärungsphilosophen, die die Bedeutung der Gefühle für das gelingende menschliche Leben betonten, und ganz anders als der ebenfalls als «rationalistisch» verschriene Kant sahen sie darin die Grundlage der Moral. Tatsächlich gehört die Romantik mit ihrer Rationalitätskritik selbst in die Aufklärungsbewegung – als Versuch, die dabei aufgetretenen Dogmatisierungen aufzulösen und damit die Aufklärung über sich selbst aufzuklären. Auch aus sachlichen Gründen ist die Opposition ‹Rationalität vs. Emotionalität› irreführend, denn was macht denn Emotionen, die wir auch bei Tieren beobachten, zu etwas spezifisch Menschlichem? Die Symptome mögen sehr ähnlich sein; der Unterschied ist, dass wir unsere emotionalen Regungen dadurch zu deuten und zu verstehen vermögen, dass wir sie auf das Repertoire unserer Deutungsmuster für das Emotionale beziehen, was ohne Spracherwerb oder Symbolgebrauch nicht gelingen könnte. So kann man sagen, dass

Rationalität$_1$, also das Feld der Vernunft im weitesten Sinn, so weit reicht wie das im Prinzip Verständliche, und darin haben dann auch unsere Emotionen ihren Platz. Dabei kann es vorkommen, dass wir faktisch etwas nicht verstehen, aber nur unter der Voraussetzung, dass es sich doch um etwas Verständliches handelt, werden wir überhaupt versuchen, es zu verstehen.

Das wichtigste Merkmal unserer Vernunft ist ihre Fähigkeit zur Selbstkritik. Man kann zeigen, dass in der Geschichte des Nachdenkens über die Vernunft alle wichtigen Veränderungen durch vernunftkritische Argumente herbeigeführt wurden. Zu nennen ist hier die Unterscheidung zwischen der theoretischen und der praktischen Vernunft, die Aristoteles in seiner Platonkritik getroffen hat (vgl. ANE, 1096a 11 ff.); gegen die Utopie des Philosophenkönigs, der Wissen und Macht in seiner Person vereinigt, wandte er ein, dass theoretische Bildung allein gerade nicht zu politischem Handeln befähigt, weil die Theorie immer nur das Allgemeine betrifft, Handeln aber immer in Einzelsituationen stattfindet, und dazu braucht man Erfahrung und Klugheit. Die weitere Differenzierung im Praxisbegriff zwischen Handeln im engeren Sinne und dem Herstellen (vgl. ANE, 1140a 1 ff.) bei Aristoteles ist eine Erweiterung dieses kritischen Arguments. Es findet sich wieder in Kants Nachweis, dass Verstand und Vernunft nicht ausreichen, um menschliches Erkennen und Handeln befriedigend zu erklären. Beide Vermögen stellen nur Allgemeinbegriffe bereit, und sie können nicht festlegen, wie diese Begriffe auf Einzelfälle anzuwenden seien. Hier ist die Urteilskraft unentbehrlich; sie ist das Vermögen, etwas Einzelnes als Fall eines Allgemeinen richtig zu bestimmen; es handelt sich also immer um Einzelfälle, die zu beurteilen sind. Nimmt man an, es gäbe dafür eine allgemeine Regel, so bliebe die Frage offen, warum diese Regel auf genau diesen Fall anzuwenden sei; wollte man für diese Verknüpfung von Regel und Regelanwendung wieder eine allgemeine Regel fordern, so ergäbe sich eine Wiederkehr desselben Problems bis ins Unendliche. Dass die Urteilskraft durch nichts zu ersetzen ist, hat Kant so ausgedrückt: «Der Mangel an Urteilskraft ist eigentlich das, was man Dummheit nennt, und einem solchen Gebrechen ist gar nicht abzuhelfen.» (KK, B 173 Anm.) Und der Kantianer Friedrich Schiller meint: «Gegen Dummheit kämpfen Götter selbst vergebens.»[138]

Die weitere Pluralisierung des Vernunftkonzepts, die uns seit dem 19. Jahrhundert mit einer Vielzahl verschiedener Rationalitätstypen konfrontierte und die Möglichkeit, Vernunft vernünftig zu kritisieren, wesentlich erweiterte, war ebenfalls das Ergebnis immer weiter ausgreifender Selbstkritik der Vernunft. Dies ist ein Hinweis auf die Tatsache, dass Kritik zu ihrem Wesenskern gehört, was immer ihre Kritik durch die Vernunft selbst einschließt; unkritische Vernunft ist unvernünftig. Deshalb ist es überflüssig, gegen die Auswüchse der Rationalisierung die Gefühle, die Kunst oder gar die Religion ins Feld zu führen, wie es vielfach geschieht, denn man kann nicht bestreiten, dass der umfassende Rationalitätsbegriff, der alles Verständliche umfasst, auch diese Bereiche betrifft, denn sonst wären sie gar nicht anschlussfähig im vernunftkritischen Prozess. Es ist nicht vernünftig, die Vernunft zu verachten, aber auch nicht, sie zu überfordern.

14 Analytisch – synthetisch

Es gibt Texte, die die philosophische Welt verändert haben. In der Neuzeit gilt dies für René Descartes' *Meditationen* (1641), John Lockes *Versuch über den menschlichen Verstand* (1690), Immanuel Kants *Kritik der reinen Vernunft* (1781), Ludwig Wittgensteins *Tractatus Logico-Philosophicus* (1921) und Martin Heideggers *Sein und Zeit* (1927), um nur die wirkmächtigsten zu nennen; sie haben jeweils das Bisherige gründlich in Frage gestellt und einen radikalen Neuanfang des Philosophierens versucht. Sie können auch deswegen als ‹klassisch› gelten, weil sie ihre Nachwelt dazu zu verpflichten vermochten, sich mit ihnen und ihrer spezifischen Wirkungsgeschichte auseinanderzusetzen, wenn sie auf dem von ihnen definierten Niveau verbleiben wollte. Auch heute kommt kein Nachdenklicher am cartesianischen Vorschlag vorbei, den Skeptizismus mit seinen eigenen Waffen zu schlagen, und auch nicht an den Versprechungen des Empirismus, den Wissenschaften endlich ein tragfähiges Fundament zu verschaffen. Systematisches Philosophieren ist seit Kant nicht mehr möglich, ohne seine vernunftkritischen Argumente zumindest zur Kenntnis zu nehmen, und es ist bemerkenswert, wie wenig erfolgreich die selbst ernannten Kant-Überwinder geblieben sind – allen voran die Vertreter des «Deutschen Idealismus». Wittgensteins *Tractatus,* der in kritischem Bezug auf Grundideen von Gottlob Frege und Bertrand Russell entstand, zwingt die Philosophierenden, sich über die sprachlichen Bedingungen ihres Tuns zu verständigen, während Heideggers *Sein und Zeit* das Zentrum bildet, auf das sich sämtliche phänomenologischen Programme, und sei es auch nur kritisch, zu beziehen genötigt sehen.

Seltener sind Texte, die eine ganze Tradition definitiv abschließen. Kants *Kritik der reinen Vernunft* gehört ohne Zweifel dazu, denn sie setzte den Endpunkt der neuzeitlichen Metaphysik des Rationalismus – und benötigte dazu immerhin über 800 Druckseiten. Im 20. Jahrhundert schaffte etwas Vergleichbares ein Text von nur 16 Druckseiten, nämlich W. V. O. Quines *Two Dogmas of Empiricism* (1951), der in einem Argumentationsgang gleich zwei Traditionsstränge kappte: den der bisherigen Analytischen Philosophie und den des modernen Empirismus, die freilich eng miteinander verflochten waren. Dabei ist allerdings zu beachten, dass der Ausdruck ‹Analytische Philosophie› mehrdeutig ist. Heutzutage wird er vor allem gebraucht, um die Wissenschaftlichkeit des Philosophierens zu betonen und sich von essayistischen, phänomenologischen und historisch-hermeneutischen Vorgehensweisen abzugrenzen; zugleich wird damit strikte Problemorientierung signalisiert.[139]

Ursprünglich handelte es sich um einen Kampfbegriff, mit dem sich George Edward Moore und Bertrand Russell um die Wende zum 20. Jahrhundert gegen den damals mächtigen britischen Neoidealismus (Francis Herbert Bradley, John Ellis McTaggart) wandten, der eine eigentümliche Version des hegelschen «Das Wahre ist das Ganze» vertrat. Ihm zufolge konnte es keine singulären Wahrheiten geben, und was man dafür halten mochte, konnte nur von der Wahrheit des Ganzen zehren. Moore und Russell hingegen bestanden darauf, dass sehr wohl solche Einzelwahrheiten existierten und dass im Gegenzug die komplexen Wahrheiten das Resultat der logischen Verknüpfung solcher Wahrheitsatome seien. Damit setzten sie dem holistischen, immer an dem Ganzen der Wahrheit orientierten Methodenideal ein anderes entgegen – das analytisch-resolutive Verfahren im Sinn der zweiten und dritten cartesianischen Regel, nämlich zunächst die Probleme in ihre einfachsten Bestandteile zu zerlegen, um sie dann daraus in geordneten Schritten zu rekonstruieren. (Vgl. DA II, §§ 15 f.) Ihr Antiidealismus bedeutete nicht dasselbe wie Anti-Metaphysik, denn ihr Logischer Atomismus verstand sich durchaus als metaphysische Position; ihre Gegnerschaft galt zunächst nur der holistischen Metaphysik.

Gleichwohl gehören Moore und Russell fraglos zu den Gründungsvätern der Analytischen Philosophie, deren jüngere Vertreter sich anschickten, den metaphysischen Ballast jenes Atomismus abzuwerfen und sich auf seine logischen und semantischen Aspekte zu beschränken. Dabei wurde die polemische Opposition ‹analytisch vs. holistisch› ersetzt durch ‹analytisch vs. synthetisch›. Leitend war dabei die Überzeugung, dass Kants Verteidigung synthetischer Urteile a priori – also von Urteilen, die unabhängig von aller Erfahrung unser Wissen erweitern – nicht mehr haltbar sei. Als Begründung wurde angeführt, dass sich durch Frege und Russell die Mathematik als Zweig der formalen Logik und durch Einstein die Raum-Zeit-Lehre als Bestandteil der Physik herausgestellt habe; damit seien die beiden Säulen der kantischen Metaphysik der Natur entfallen. Insbesondere der Logische Empirismus des «Wiener Kreises» (Moritz Schlick, Rudolf Carnap, Otto Neurath u.a.) bestand darauf, dass sämtliche synthetischen Urteile a posteriori als erfahrungsabhängige Sache der empirischen Wissenschaften seien, sodass für die wissenschaftliche Philosophie nur die analytischen Urteile blieben. Deshalb verstand sich die Analytische Philosophie in diesem Stadium ihrer Entwicklung als ein Komplementärunternehmen zu den empirischen Wissenschaften; die dem folgende philosophische Tätigkeit sollte sich somit in der Struktur- und Bedeutungsanalyse wissenschaftlicher Aussagen erschöpfen, und zwar vor allem in kritischer Absicht, wobei zunächst die formale Sprache der *Principia mathematica* (1910/1913) von Bertrand Russell und Alfred North Whitehead als Maßstab diente. Das Ziel war immer auch der Nachweis der Sinnlosigkeit angeblich metaphysischer Aussagen, und in diesem Sinn kritisierte Rudolf Carnap in seinem Aufsatz *Die Überwindung der Metaphysik durch logi-*

sche Analyse der Sprache Martin Heideggers Satz «Das Nichts nichtet» als unsinnig, weil er sich nicht in die Sprache der *Principia mathematica* übersetzen lasse.

Dieses Selbstverständnis der Analytischen Philosophie als angewandter Logik genügte freilich nicht, denn es ging ja auch um Semantik, also die Analyse der Bedeutung der wissenschaftlichen Begriffe, und deswegen unternahm Carnap in seinem Werk *Der logische Aufbau der Welt* (1928) den Versuch, auf empirischer Basis ein logisch einwandfreies Definitionssystem der wichtigsten wissenschaftlichen Termini zu entwerfen. Im Unterschied zum klassischen Empirismus, der sich letztlich auf Sinnesdaten beziehen wollte, erkannten die Theoretiker des Wiener Kreises, dass die positiv gegebene Erfahrungsbasis selbst schon in logischer Form vorliegen müsse, wenn man darauf mit logischen Mitteln eine brauchbare Wissenschaftssprache gründen wollte; deswegen spricht man hier auch von «logischem» Positivismus.

Kant hatte die analytischen Urteile als diejenigen bezeichnet, die «durch das Prädikat nichts zum Begriff des Subjekts hinzutun» (KK, B 11); sein Standardbeispiel lautete «Alle Körper sind ausgedehnt», denn Körper sind durch Ausdehnung definiert. Hingegen füge das synthetische Urteile «Alle Körper sind schwer» etwas zum Körperbegriff hinzu, was nicht schon darin enthalten ist, denn die Schwere setze die kontingente Anwesenheit von Gravitation voraus. Die logischen Empiristen teilten die fregesche Kritik am Subjekt-Prädikat-Modell des Urteils und erläuterten das Analytische der analytischen Sätze durch ihre Eigenschaft, allein aufgrund der Bedeutung der in ihnen vorkommenden Ausdrücke wahr zu sein; damit waren nicht mehr nur deren formale Strukturen interessant, sondern auch die zugrunde liegenden Bedeutungsregeln. Der Gegensatz ‹analytisch vs. synthetisch› wurde dadurch weiter konkretisiert, denn er bezog sich ja nun nicht mehr nur auf das Verhältnis des formallogischen zum empirischen Wissen, sondern auch auf das gesamte sprachliche, im weiteren Sinne grammatische Wissen im Unterschied zum Wissen über die Welt. Damit war nicht länger ausgeschlossen, dass dieses grammatische Wissen auch die Regeln der natürlichen Sprache umfassen könne und nicht nur die der logisch-semantisch exakten Wissenschaftssprache; diese Tradition der «normalsprachlichen» Orientierung der Analytischen Philosophie, die wesentlich durch das selbstkritische Werk Ludwig Wittgensteins nach dem *Tractatus* begründet wurde, bildete einen deutlichen Kontrast zur «formalsprachlichen» Richtung, die nach der Emigration des Wiener Kreises in die USA eine breite Wirkung entfaltete.

Auf diesen Stand der Diskussion bezog sich Quine (1908–2000) mit *Two Dogmas*; er hatte die Positionen des Wiener Kreises bereits 1932/33 bei einem Besuch in Wien kennengelernt. Der Text beginnt wie folgt: «Modern empiricism has been conditioned in large part by two dogmas. One is a belief in some fundamental cleavage between truths which are *analytic*, or grounded in meanings independently of matters of fact, and truths which are *synthetic*, or grounded in fact. The other dogma is *reductionism*: the belief that each meaningful statement is equivalent to some logical construct upon terms which refer to immediate experience. Both dogmas, I shall argue, are ill-founded. One effect of abandoning them is, as we shall see, a blurring of the supposed boundary between speculative metaphysics and natural science. Another effect is a shift toward pragmatism.» (Q, 20) Die Überzeugung, dass sich eindeutig zwischen analytischen und synthetischen Wahrheiten unterscheiden lasse, war die Grundlage des wissenschaftlichen Selbstverständnisses des modernen Logischen Empirismus gewesen, und diese wurde nun durch Quines These, dabei handle es sich um «an unempirical dogma of empiricists, a metaphysical article of faith» (Q, 37), in ihren Grundfesten erschüttert. Das andere Dogma, die alte empiristische Idee der Reduzierbarkeit aller sinnvollen Aussagen über die Welt auf unmittelbare Erfahrung, musste ebenfalls ins Wanken geraten, wenn das synthetische Wissen sich nicht mehr vom analytischen eindeutig abgrenzen ließe. Die unvermeidliche Konsequenz wäre die Einsicht, dass damit die traditionellen Waffen der herkömmlichen Metaphysikkritik stumpf geworden seien; denn wenn nicht einmal das naturwissenschaftliche Wissen als logische Konstruktion auf der Basis eindeutig synthetischer Wahrheiten ausgewiesen werden kann, wird die Grenze zwischen metaphysischer Spekulation und empirischer Wissenschaft fließend.

Quines Argumentation kann in diesem Rahmen nur skizziert werden; sie ist außerordentlich dicht und voraussetzungsvoll, was dazu führte, dass dieser kurze Text zu denen gehört, die in den letzten Jahrzehnten am häufigsten und mit dem größten Scharfsinn diskutiert wurden.[140] Zunächst unterscheidet der Autor zwischen zwei Arten analytischer Wahrheiten: «Alle Junggesellen sind Junggesellen» und «Alle Junggesellen sind unverheiratete Männer», also zwischen rein logischen Wahrheiten auf der einen Seite und Wahrheiten aufgrund der darin vorkommenden Wortbedeutungen auf der anderen Seite. Tatsachen spielen bei «Alle Junggesellen sind unverheiratete Männer» dann keine Rolle, wenn die Ausdrücke ‹Junggeselle› und ‹unverheirateter Mann› synonym, also bedeutungsgleich sind, und dann kann man diesen Satz durch Ersetzung des einen durch den anderen Ausdruck in eine rein logische Wahrheit überführen. Dieser Wahrheitsbeweis analytischer Sätze durch ihre Übersetzung in logische Trivialitäten ist freilich wenig befriedigend, wenn er als Grundlage der Denkpraxis analytischer Philosophen dienen sollte. Die Diskussion über das sogenannte Paradox der Analyse galt genau diesem Problem; so fragte John Wisdom in seinem Aufsatz: «*Is Analysis a Useful Method in Philosophy?*» (1934) und damit nach der methodologischen Basis der Analytischen Philosophie.

Wie Quine zeigt, setzt dieses Verständnis von philosophischer Analyse im Medium analytischer Wahrheiten voraus, dass der Begriff ‹Synonymie› eine eindeutige Bedeutung habe, und diese Annahme liegt auch der Furcht vor dem ‹Paradox der Analyse› zugrunde. Es ist somit zu fragen, woher wir wissen, dass die Ausdrücke ‹Junggeselle› und ‹unverheirateter Mann› synonym sind, also dasselbe bedeuten. Quine diskutiert die wichtigsten Antworten, die bis dahin im Umkreis des Logischen Empirismus darauf gegeben worden waren. Die eine Auskunft lautet, dass jene Ausdrücke synonym sind, sei Definitionssache; aber was eine korrekte Definition sein soll, sodass sie etwa in ein Lexikon aufgenommen werden kann, hängt schon davon ab, was als synonym gelten kann und was nicht, und in der Regel sind dabei immer schon andere Synonymien im Spiel.

Ein weiterer Vorschlag bezieht sich auf die Idee, Ausdrücke seien dann und nur dann synonym, wenn sie sich in Sätzen austauschen lassen, ohne dass sich ihr Wahrheitswert ändert – «*salva veritate*». Demzufolge kann man, wenn man behauptet: ‹Junggesellen sind in der Regel schlecht rasiert›, auch sagen: ‹Unverheiratete Männer sind in der Regel schlecht rasiert›, und das wäre ebenso wahr wie der erste Satz – wenn er denn wahr ist. Die Schwierigkeit besteht hier freilich darin, dass in einer extensionalen, nur am Wahrheitswerteverlauf der Sätze orientierten Sprache die Ausdrücke ‹Lebewesen mit Herz› und ‹Lebewesen mit Nieren› austauschbar sein, ohne dass sich der Wahrheitswert ändert; aber offensichtlich sind beide Ausdrücke nicht synonym. Dem versuchte man zu begegnen durch den Rekurs auf Bedeutungsregeln, die angeblich festlegen, welche Ausdrücke synonym sind. Aber hier kann man zeigen, dass solche Regeln nicht zu klären vermögen, was ‹synonym› bedeutet, weil sie ja schon Gebrauch machen von einem bestimmten Verständnis von Synonymie, dem sie normativ entsprechen sollen. Das Beispiel mit den Lebewesen zeigt, dass das Prinzip ‹*salva veritate*› nicht ausreicht, weil es nichtsynonyme Fälle nicht ausschließt. Was man brauchte, wäre ein ‹*salva analyticitate*›, und damit hätte man sich im Kreis gedreht: Wenn man versucht, die nichttriviale Analytizität mithilfe des Begriffs ‹Synonymie› zu definieren, kommt man zu dem Ergebnis, dass dieser Begriff selbst nur dann brauchbar ist, wenn man schon weiß, was ‹analytisch› bedeutet.

Bei der Erörterung des Dogmas des Reduktionismus rekapituliert Quine zunächst die Kritik am herkömmlichen Sinnesdatenempirismus, die innerhalb der empiristischen Tradition selbst geleistet wurde. Ihr Ergebnis: Sofern es so etwas wie eine positive Basis der Erfahrungswissenschaft überhaupt gibt, kann die nicht in singulären Termini bestehen, die angeblich sinnlich Wahrnehmbares unmittelbar repräsentieren, sondern nur in ganzen Sätzen einer Sinnesdatensprache. Die Bedeutung solcher Sätze wurde dann verstanden als die Methode ihrer Verifikation, das heißt ihrer Bestätigung oder Entkräftung durch Konfrontation mit der sinnlichen Erfahrung; Synonymität zwischen ihnen sollte dann dasselbe sein wie die Identität ihrer Verifikationsbedingungen. Eine rein phänomenalistische, auf sinnliche Phänomene eingeschränkte Sprache aber ist unbrauchbar in den etablierten Naturwissenschaften. Hier ist nicht von nur subjektiv Erlebbarem die Rede, sondern von intersubjektiv zugänglichen Dingen, Eigenschaften und von gesetzesartigen Zusammenhängen zwischen ihnen.

Deswegen unternahm Rudolf Carnap im *Logischen Aufbau der Welt* den Versuch, eine solche physikalische Ding-Ereignis-Sprache auf rein phänomenalistischer Basis zu rekonstruieren; dass er dabei die fortgeschrittene formale Logik zu Hilfe nahm, musste deswegen nicht als Widerspruch erscheinen, weil diese ja als rein analytische Disziplin galt. Es ist erstaunlich, wie weit Carnap mit diesem Programm kam, aber er selbst musste erkennen, dass es letztlich undurchführbar war; das größte Hindernis war dabei die Rekonstruktion der intersubjektiv zugänglichen Raum-Zeit-Stellen, an denen eine bestimmte empirische Qualität beobachtbar sein sollte. Eine weitere Schwierigkeit stellte sich mit den in den Naturwissenschaften unentbehrlichen Dispositionsprädikaten wie ‹löslich›, ‹brennbar› oder ‹zerbrechlich›, weil diese sich nicht direkt, sondern nur im Rückgriff auf generelle Konditionalsätze der Form ‹Wäre p der Fall, geschähe q› präzisieren lassen. Daraus folgerte Carnap, dass man zwischen den Ebenen der physikalischen Theorie- und der Beobachtungssprache unterscheiden und davon ausgehen müsse, dass zwischen beiden nur indirekte logische Beziehungen bestünden. Bei den Dispositionsprädikaten ist bemerkenswert, dass hier die traditionelle empiristische Rangordnung auf dem Kopf steht, denn ihre empirische Bedeutung beziehen sie aus gesetzesartigem Wissen. Die These, dass alle Prädikate der physikalischen Beobachtungssprache bereits «theorieimprägniert» sind, hat Karl R. Popper schon in seinem ersten Hauptwerk, *Logik der Forschung* (1936), als Kritik am Logischen Empirismus des Wiener Kreises ausgeführt.

Der empiristische Reduktionismus hatte sich somit in den internen Diskussionen dieser Tradition selbst erledigt; sie bietet bis heute ein imponierendes Beispiel rückhaltloser und strikt sachorientierter Selbstkritik. Quine aber erkannte, dass er gleichwohl in veränderter Gestalt überlebt hatte, nämlich in Gestalt der Vorstellung, man könne einzelne Sätze unabhängig von ihrem jeweiligen Kontext empirisch überprüfen. Dabei handelte es sich in Wahrheit um ein Erbe der Metaphysik des Logischen Atomismus von Bertrand Russell und George Edward Moore, das Ludwig Wittgenstein im *Tractatus* so präsentierte: «Die Welt ist alles, was der Fall ist.» (1) «Die Welt ist die Gesamtheit der Tatsachen, nicht der Dinge.» (1.1) «Die Welt zerfällt in Tatsachen.»(1.2) «Eines kann der Fall sein oder nicht der Fall sein und alles übrige gleich bleiben.» (1.21) «Was der Fall ist, die Tatsache, ist das Bestehen von Sachverhalten.» (2) Für die Sätze, die nach Wittgenstein Bilder der Wirklichkeit sind, die wir uns von ihr machen (vgl. 4.01), gilt demzufolge, dass es unter ihnen einige geben muss, die nichts anderes behaupten als «das Bestehen eines [singulären – H.S.] Sachverhaltes». Daraus folgt: «Ist der Elementarsatz wahr, so besteht der Sachverhalt; ist der Elementarsatz falsch, so besteht der Sachverhalt nicht.» (4.25) Aus diesem Atomismus ergibt sich: «Ein Zeichen des Elementarsatzes ist es, daß kein Elementarsatz mit ihm in Widerspruch stehen kann.» (4.211) Damit schien eine irreduzible Basis für die Konstruktion sämtlicher Sätze mit höherer Komplexität gefunden zu sein. Wittgenstein gab freilich an keiner Stelle des *Tractatus* ein Beispiel für einen solchen Elementarsatz an, ermunterte aber seine Leser im Wiener Kreis durch die Bemerkung: »Die Wirklichkeit wird mit dem Satz verglichen» (4.05) nach den Elementarsätzen zu suchen, die einen solchen Vergleich wirklich zuließen. Dabei musste es sich offenbar um einfache, empirisch verifizierbare Sätze handeln, die man in den einfachen Protokollsätzen der Forscher glaubte gefunden zu haben.

Abgesehen vom Scheitern des carnapschen Reduktionsprogramms und der weiterhin unüberbrückbaren Kluft zwischen der Beobachtungs- und Theoriesprache ist es Quine zufolge vor allem das erste Dogma, das den Glauben an eine mögliche empirische Überprüfung singulärer Sätze nahelegt. Wenn es hier nämlich gelänge, im Sinn der Analytisch-synthetisch-Differenz jeweils eindeutig zwischen den sprachlichen und den faktischen Wahrheitsbedingungen zu unterscheiden, bekäme man bei den Einzelsätzen das in den Blick, was sie unabhängig von den sprachlichen Kontexten als empirische wahr macht. Da dies aber unmöglich ist, muss davon ausgegangen werden, dass auch bei den Einzelsätzen linguistische und faktische Anteile an ihrer möglichen Wahrheit immer schon zusammen sind, was bedeutet, dass sie immer schon in einem größeren Ganzen untereinander vernetzt sind. Der klassische Empirismus hatte unterstellt, dass letztlich nur einzelne Termini als Bezeichnung einzelner Sinnesdaten empirische Bedeutung haben können. Gottlob Frege erkannte, dass dies nur für Subjektausdrücke in ganzen Sätzen zutrifft, und dem folgte Wittgenstein im *Tractatus* und die Logischen Empiristen mit ihren Protokollsätzen. Quine hingegen ersetzt diesen mentalistischen und linguistischen Atomismus durch einen empiristischen Holismus: «*The unit of empirical significance is the whole of science*». (Q, 42) Dieses Ganze versteht er ursprünglich als das Begriffsschema *(conceptual scheme)* der physikalischen Naturwissenschaft, das in seinem Wahrheitsgehalt durch Erfahrung extrem unterbestimmt ist, sodass es auch möglich bleibt, mit alternativen Begriffsschemata zu operieren. Nach Quine berühren diese sich mit der Wirklichkeit nur an den Kanten und Grenzen, wo sich die empirischen Sätze befinden. Wenn es dort zu Unstimmigkeiten kommt, hat man bei ihrer Beseitigung immer zwei Möglichkeiten: Man kann das Theoretische an das Empirische anpassen oder umgekehrt das Empirische an das Theoretische; im ersten Fall opfert man unter dem empirischen Druck ganze Theoriestücke im Inneren des Systems, während man andernfalls diesem Druck durch theoretische Neuinterpretation des Empirischen widersteht. Was man hier vorzieht, ist laut Quine eine Frage der Zweckmäßigkeit, und genau dies versteht er unter dem «*shift toward pragmatism*» (Q, 20). Das Ergebnis ist ein «*empiricism without dogmas*» (Q, 42), der sich letztlich am Ideal der Einfachheit der Naturgesetze orientiert; und da ist für ihn das Begriffsschema der mathematischen Naturwissenschaft allen anderen überlegen.

Hier ist hinzuzufügen, dass Donald Davidson in seinem berühmten Aufsatz *On the very idea of a conceptual scheme (Was ist eigentlich ein Begriffsschema?)*[141] ein drittes Dogma des Empirismus identifizierte; es handelt sich um die Überzeugung, unsere Welterfahrung sei immer relativ auf ein bestimmtes Begriffsschema, und hier stünden uns alternative Begriffsschemata zur Verfügung, zwischen denen wir wählen könnten, wenn es um die Konfrontation von Theorien mit der empirischen Wirklichkeit geht. Ganz kurz gefasst zeigt er, dass die Identifikation eines alternativen Begriffsschemas als eines solchen zumindest seine teilweise Übersetzbarkeit in das uns vertraute voraussetzt. Übersetzbarkeit aber erfordert die Teilhabe an ein und demselben Begriffsschema, sodass es sich bei dem fremden nicht um ein ganz anderes Begriffsschema handeln kann. Im Fall der vollständigen Unübersetzbarkeit hingegen können wir gar nicht wissen, ob es sich bei dem Fremden überhaupt um ein Begriffsschema handelt oder nicht. Können wir somit nicht ein Begriffsschema und noch ein ganz anderes identifizieren, können wir überhaupt keines identifizieren, und der Begriff des Begriffsschemas ist aufzugeben. Davidson leugnet freilich keineswegs, dass es Grenzen des Fremdverstehens gibt, aber dabei kann es sich nur um Grade und nicht um prinzipielle Unübersteigbarkeiten handeln. In den Debatten über die Rationalität fremder Kulturen der 1970er-Jahre konnte es geschehen, dass die eifrigen Kritiker des Monopolanspruchs der westlichen Rationalitätsstandards behaupteten, bestimmte andere Kulturen könnten wir überhaupt nicht verstehen, weil dort alles ganz anders sei und wir diese Andersheit im Lichte unserer eigenen Verständnismöglichkeiten unvermeidlich verfehlen müssten; dies hinderte sie freilich nicht daran, uns ausführlich zu erklären, wie es tatsächlich dort sei. Davidsons Aufsatz konnten die damaligen ethnologischen Relativisten freilich noch nicht gelesen haben.

Es wäre ein Missverständnis, zu glauben, Quine habe mit *Two Dogmas* die Unterscheidung zwischen ‹analytisch› und ‹synthetisch› für sinnlos erklärt, sodass man sich ihrer nun nicht länger zu bedienen brauchte. Dass man sie nicht eindeutig zu treffen vermag, schließt ja nicht aus, dass man sich ihrer bedient, wo es argumentativ angebracht ist; auch dies ist bei Quine mit dem «*shift toward pragmatism*» gemeint. Einen Unterschied nur deswegen für irrelevant zu halten, weil er Grenzen der Eindeutigkeit aufweist, ist voreilig und in der

Regel unpraktisch, und so hat Quine selbst an keiner Stelle vertreten, man könne darauf verzichten, die begriffliche, theoretische und empirische Arbeit auch auseinanderzuhalten; schließlich ist er selbst zeitlebens Philosoph geblieben. Es ging ihm nur darum, die vermeintlichen Artunterschiede zwischen Logik, Mathematik, Naturwissenschaft und Philosophie als Gradunterschiede in einem Ganzen der Wissenschaft aufzuweisen und hier alle Grenzen durchlässig zu machen. Seinem physikalistischen Naturalismus, dem zufolge sich alle traditionellen philosophischen Disziplinen wie die Erkenntnistheorie «naturalisieren», das heißt, mit naturwissenschaftlichen Mitteln traktieren lassen, ist schon sein Schüler und Freund Donald Davidson nicht mehr gefolgt. Es gibt gute Gründe, darauf zu bestehen, dass diese Möglichkeit nicht zum philosophischen Wissensbestand gehört, weil hier die Einwände unabweisbar sind,[142] aber dass die Kritik an den drei Dogmen des Empirismus triftig und gut begründet ist, können Philosophen wissen.

Es ist bemerkenswert, dass sich fast alle, die sich dieser Einschätzung anschließen, weiterhin als «analytische» Philosophen verstehen,[143] obwohl fast niemand mehr die von Quine kritisierte Analytisch-synthetisch-Unterscheidung respektiert. Man hat mit Recht gesagt, dass Quine damit die Philosophie als ein seriöses Unternehmen gerettet habe.[144] Es handelte sich dabei vor allem um eine große Befreiung, denn nach Quine wurde es möglich, in philosophischen Debatten auch mit empirischem Wissen zu argumentieren, ohne sich dadurch sogleich Kategorienfehler oder Fehlschlüsse vorwerfen lassen zu müssen. Um ein Beispiel aus der Theoretischen Philosophie zu geben: In der Erkenntnistheorie wurde von Descartes bis Husserl behauptet, unser empirisches Wissen beruhe auf dem Empfang sinnlicher Einzelwahrnehmungen, die nachträglich in unserem Bewusstsein zu ganzheitlichen Dingvorstellungen zusammengefügt würden; auch Kant spricht an dieser Stelle von der Synthesis des gegebenen

Mannigfaltigen zur Einheit des Gegenstandes, die der Verstand vollbringe. So etwas wird noch heutzutage an Universitäten gelehrt, ohne zu fragen, wie es denn wirklich sei. Hier hat uns zuerst die Gestaltpsychologie des frühen 20. Jahrhunderts und dann die moderne Sinnesphysiologie längst eines Besseren belehrt, und dies einfach zurückzuweisen mit dem Argument, es handle sich hier um empirische Wissenschaft und nicht um Philosophie, beweist nur eine philosophische Selbstbornierung, die immer noch auf der strikten Trennung zwischen begrifflichem und empirischem Wissen im Sinne der klassischen Analytisch-synthetisch-Unterscheidung beruht. Tatsächlich beruht jener uralte Irrtum in der Wahrnehmungstheorie ausschließlich auf rein begrifflichen Festlegungen, die ihrerseits ontologischen Vorurteilen folgen. Für den klassischen Nominalismus waren nur Einzeldinge real, und diese Ontologie übertrug die cartesianische Bewusstseinsphilosophie in den Bereich der Vorstellungen. Damit schien klar zu sein, dass unsere Welterfahrung letztlich aus sinnlichen Atomen bestünde, und um deren Zusammenhang im faktischen Erleben erklären zu können, bemühte man die klassische Synthesistheorie des Urteils, der zufolge die Urteilseinheit auf einer Verknüpfung singulärer Termini beruht.[145] In Wirklichkeit haben uns die Psychologen gezeigt, dass wir zuerst immer sinnliche Ganzheiten wahrnehmen, die wir sekundär durch Selektion strukturieren, und dass wir erst dadurch überhaupt zu einzeln unterscheidbaren Wahrnehmungsobjekten gelangen. In allen philosophischen Teilgebieten lassen sich analoge Fälle angeben, in denen Philosophen durch wissenschaftliche Neuerungen genötigt wurden, bestimmte vermeintlich wohlbegründete begriffliche Festlegungen zu korrigieren.

Wenn Quines Kritik tatsächlich die Philosophie als ein seriöses Unternehmen gerettet hat, gilt dies offenbar auch für die Analytische Philosophie selbst, aber dann muss ‹analytisch› an dieser Stelle etwas anderes bedeuten als die schlichte

Opposition zu ‹synthetisch›. Die war noch leitend für die Konzeption der Analytischen Philosophie als Metaphysik des Logischen Atomismus; die Systemphilosophie des englischen Neoidealismus war damals die synthetische Gegenkonzeption. Die Diskussion über das Paradox der Analyse markierte später die Sackgasse, in die die Analytische Philosophie im Sinne der logischen Analyse geraten war, denn die Beschränkung darauf ließ für die Philosophen ja nur den Gebrauch analytischer Sätze übrig. Wo man sich wie im «normalsprachlichen» Zweig bei der philosophischen Analyse auf grammatisches Wissen bezog und damit nicht nur die formale Logik meinte, ergab sich ein Abgrenzungsproblem zur empirischen und theoretischen Linguistik, denn was sollte im Bereich der Beschreibung und Analyse natürlicher Sprachen noch spezifisch philosophisch sein? Einen Ausweg hatte Wittgenstein im *Tractatus* eröffnet – den Verzicht der Philosophie auf eigene wissenschaftliche Wahrheitsansprüche. (Vgl. WT, 4.11 ff.) An diesem Philosophieverständnis hat Wittgenstein auch im späteren Werk immer festgehalten; die Differenzen zwischen dem *Tractatus* und den *Philosophischen Untersuchungen* betreffen nur die Frage nach dem geeigneten Erläuterungsmedium. Während er sich im Frühwerk hier ausschließlich an der Logik der *Principia mathematica* orientierte, trat nach einem beeindruckenden Prozess philosophischer Selbstkritik an diese Stelle die unübersehbare Vielfalt wirklich funktionierender Sprachspiele.

Unter dem Druck des ersten Dogmas des Empirismus war die Analytische Philosophie bereit gewesen, sich methodologisch auf die logisch-grammatische Analyse im formal- und im normalsprachlichen Sinn zu beschränken und alles Übrige den Wissenschaften zu überlassen; eine solche Analyse schien das Einzige zu sein, was die Philosophie in ihren Erläuterungen zu bieten hatte. Für die Idee, dieses Verhältnis von Analyse und Erläuterung einmal umzukehren und das Analysieren selbst als eine bestimmte Weise des philosophischen Erläuterns zu verstehen, die auch Alternativen zulässt, steht Kants Verständnis der analytischen Urteile als «Erläuterungsurteile» (KK, B 11). Daraus folgt sein Verständnis der philosophischen Tätigkeit als «Analytik»: «Ein großer Teil, und vielleicht der größte, von dem Geschäfte unserer Vernunft besteht in *Zergliederungen* der Begriffe, die wir schon von Gegenständen haben. Dieses liefert uns eine Menge von Erkenntnissen, die, ob sie gleich nichts weiter als Aufklärungen und Erläuterungen desjenigen sind, was in unsern Begriffen (wiewohl noch auf verworrene Art) schon gedacht worden, doch wenigstens der Form nach neuen Einsichten gleich geschätzt werden, wiewohl sie der Materie, oder dem Inhalte nach die Begriffe, die wir haben, nicht erweitern, sondern nur aus einander setzen.» (KK, B 9 f.) Kant zeigt, dass wir nur dann, wenn wir das philosophische Analysieren von der Praxis des Erläuterns her verstehen und diese nicht von vornherein auf logische Analyse einschränken lassen, auch in der Philosophie zu nichttrivialen, wenn auch nicht unmittelbar empirischen Einsichten kommen. In diesem Bereich können Philosophen dann auch Geltungsansprüche erheben, die zumindest wahrheitsanalog sind. Zugleich wird klar, dass Kants Verständnis der analytischen Urteile nicht mit dem übereinstimmt, was in der modernen Analytischen Philosophie darunter verstanden wird; er begreift die Bedeutung dieser Urteile von ihrer Erläuterungsleistung her und lässt philosophische Erläuterungen auch dort zu, wo es sich nicht nur um angewandte Logik handelt.[146]

Philosophie als Praxis der begrifflichen Erläuterung, wie Kant sie verstand, verwandelt sich durch den *linguistic turn* in die Praxis der grammatischen Analyse. Wenn gilt: «Der Gedanke ist der sinnvolle Satz» (WT, 4), und dass «eine philosophische Erklärung des Denkens durch eine philosophische Analyse der Sprache erreicht werden kann, und zweitens …, daß eine umfassende Erklärung nur in dieser und keine anderen Weise zu erreichen ist»,[147] dann ist allein das

Konzept der sprachanalytischen Philosophie geeignet, begriffliche Erläuterungen bereitzustellen. Schon bei Kant ist der Sache nach nicht ausgeschlossen, dass in einer philosophischen Erläuterung auch Tatsachenwissen, über das wir bereits verfügen, eine Rolle spielen kann; dass Kant selbst an vielen Stellen seiner Analytik auch auf diesen Bereich zurückgreift, kann man durch zahlreiche Beispiele belegen. Quine hat mit seiner Kritik an der strikten Analytisch-synthetisch-Unterscheidung diese Möglichkeit gerechtfertigt und erweitert, aber er ist trotz aller naturalistischen Bestrebungen doch Philosoph geblieben – analytischer Philosoph im Sinne der Pragmatik der Erläuterung.

In den Titeln der deutschsprachigen philosophischen Literatur ist der Ausdruck ‹analytisch› ziemlich verbreitet, ohne dass damit stets die strikt sprachanalytische Problemexplikation verbunden wäre. Auch scheut man sich hier nicht, wo es explikativen Erfolg verspricht, auf empirisches Wissen zuzugreifen. In Wahrheit ist das Prädikat ‹analytisch› dabei nicht viel mehr als ein Signal, das den besonderen Anspruch auf Wissenschaftlichkeit betonen soll, der mit solchen Büchern erhoben wird. Damit ist zunächst die Orientierung an Einzelproblemen gemeint im Gegensatz zur klassischen Systemkonstruktion. Zugleich wendet man sich mit jener Bezeichnung gegen das Essayistische und Feuilletonistische, das die Grenzen zwischen Wissenschaft und Literatur durchlässig werden lässt. Ferner sucht man sich dadurch vom phänomenologischen Philosophieren mit seinem Ideal der Beschreibung abzugrenzen, und schließlich auch vom hermeneutischen, auf Textauslegung festgelegten Philosophiestil. Es gab Zeiten, in denen machten sich Philosophen wissenschaftlich verdächtig, wenn sie brillant und zugleich publikumswirksam zu schreiben vermochten; man denke an Friedrich Nietzsche, Theodor W. Adorno oder Odo Marquard, der sich selbst einmal in vollendeter Selbstironie als einen «Transzendentalbelletristen» bezeichnete;[148] der nachhaltige Widerstand hierzulande gegen die Rezeption des französischen Poststrukturalismus, der die uns geläufigen Unterscheidungen zwischen den Textsorten nicht respektiert, hat hier seine Wurzeln.

Die Abgrenzung zwischen dem analytischen und dem phänomenologischen Philosophieren konnte noch nie wirklich überzeugen, weil in Edmund Husserls phänomenologischer Gründungsschrift *Logische Untersuchungen* von 1900 nie ganz klar ist, was er da betreibt – Beschreibung bestimmter Bewusstseinsinhalte oder Begriffsanalyse oder vielleicht sogar beides zugleich; vor allem den französischen Phänomenologen machte eine solche Unterscheidung wenig Kopfzerbrechen.[149] Umgekehrt hat Ludwig Wittgenstein in seinen *Philosophischen Untersuchungen* mit großem Nachdruck die Beschränkung der philosophischen Tätigkeit auf das Beschreiben gefordert, wenn auch nicht von mentalen Erlebnissen, sondern von sprachlichen Phänomenen wie tatsächlich spielbaren oder gespielten Sprachspielen; der Gründer des normalsprachlichen Zweigs der sprachanalytischen Philosophie ist hier in Wahrheit ein Phänomenologe. (Vgl. WPU, § 109) Was schließlich die Abgrenzung zur hermeneutischen Tradition betrifft, so kommt auch heute kein Analytischer Philosoph ohne die Kompetenz wissenschaftlicher Textinterpretation aus, und wenn sich dieses Auslegen, wie bei Husserl und Heidegger, nicht bloß auf Texte, sondern vor allem auf die gelebte Lebenswirklichkeit beziehen soll, ist man auch wieder bei Wittgenstein, dem zufolge wir es bei den zu beschreibenden Sprachspielen immer zugleich mit Lebensformen zu tun haben; so hat man mit Recht von Wittgensteins «sprachphilosophischer Hermeneutik» gesprochen.[150] Das klassische Profil der Analytischen Philosophie ist in der Gegenwart so konturschwach geworden, dass viel dafür spricht, die Situation unseres Faches als «postanalytisch» zu bezeichnen.[151]

Siglen

AM Aristoteles, *Metaphysik*, übers. von H. Bonitz, Reinbek 1966

ANE Aristoteles, *Nikomachische Ethik*, übers. von O. Gigon, München 1973

AP Aristoteles, *Politik*, übers. von O. Gigon, München 1972

APH Aristoteles, *Perì hermeneías (Lehre vom Satz)*, übers. von E. Rolfes, Hamburg 1974

DA René Descartes, *Abhandlung über die Methode*, übers. von A. Buchenau, Hamburg 1957

DM René Descartes, *Meditationen mit sämtlichen Einwänden und Erwiderungen*, übers. von A. Buchenau, Hamburg 1954

FEE Johann Gottlieb Fichte, *Erste Einleitung in die Wissenschaftslehre*, in: ders., *Erste und zweite Einleitung in die Wissenschaftslehre und Versuch einer neuen Darstellung der Wissenschaftslehre*, Hamburg 1954

FrG Gottlob Frege, *Der Gedanke*, hg. von G. Patzig, Göttingen 1966

FrSB Gottlob Frege, *Sinn und Bedeutung*, in: ders., Funktion, Begriff, Bedeutung, hg. von G. Patzig, Göttingen 1962, 38 ff.

FV Johann Gottlieb Fichte, *Versuch einer neuen Darstellung der Wissenschaftslehre*, in: ders., *Erste und zweite Einleitung in die Wissenschaftslehre und Versuch einer neuen Darstellung der Wissenschaftslehre*, Hamburg 1954, 109 ff.

FZE Johann Gottlieb Fichte, *Zweite Einleitung in die Wissenschaftslehre*, in: ders., *Erste und zweite Einleitung in die Wissenschaftslehre und Versuch einer neuen Darstellung der Wissenschaftslehre*, Hamburg 1954, 39 ff.

H Georg Wilhelm Friedrich Hegel, *Werke in zwanzig Bänden*, Frankfurt am Main 1969 f. (zit. nach Band und Seitenzahl)

Hr Johann Gottfried Herder, *Sprachphilosophie. Ausgewählte Schriften*, hg. von E. Heintel, Hamburg 1960

HSZ Martin Heidegger, *Sein und Zeit*, Tübingen 1927

Hu David Hume, *Ein Traktat über die menschliche Natur*, 2 Bände, übers. von Th. Lipps, hg. von R. Brandt, Hamburg 1989

HWP *Historisches Wörterbuch der Philosophie*, Basel/Darmstadt 1971 ff.

KA Immanuel Kant, *Anthropologie in pragmatischer Hinsicht*
KG Immanuel Kant, *Grundlegung zur Metaphysik der Sitten*
KK Immanuel Kant, *Kritik der reinen Vernunft*
KKU Immanuel Kant, *Kritik der Urteilskraft*
KP Immanuel Kant, *Prolegomena zu einer jeden künftigen Metaphysik, die als Wissenschaft wird auftreten können*
L John Locke, *Versuch über den menschlichen Verstand* (4 Bücher in 2 Bänden), hg. von M. Buhr, Berlin 1962 (zit. nach Buch, Kapitel und §)
M Jaap Mansfeld (Hg.), *Die Vorsokratiker I/II*, Stuttgart 1983/1999
Mo George Edward Moore, *Principia Ethica*, übers. von B. Wisser, Stuttgart 1970
MW Max Weber, *Schriften 1894–1922*, hg. von D. Kaesler, Stuttgart 2002
Mx Karl Marx, *Die Frühschriften*, hg. von S. Landshut, Stuttgart 1953
N Friedrich Nietzsche, *Werke in drei Bänden*, hg. von K. Schlechta, 2. Aufl., München 1960
PK Platon, Kratylos
Pl Helmuth Plessner, Die Stufen des Organischen und der Mensch. Einleitung in die philosophische Anthropologie (1928), 3. Aufl., Berlin / New York 1975
Q Willard Van Orman Quine, *Two Dogmas of Empiricism*, in: ders., *From a Logical Point of View*, New York/Evanston 1953/61, 20ff.
SW Arthur Schopenhauer, *Die Welt als Wille und Vorstellung*, Band I und II
WPU Ludwig Wittgenstein, *Philosophische Untersuchungen*
WT Ludwig Wittgenstein, *Tractatus logico-philosophicus*

Anmerkungen

1 Vgl. Herbert Schnädelbach / Heiner Hastedt / Geert Keil (Hg.), *Was können wir wissen, was sollen wir tun? Zwölf philosophische Antworten*, 2. Aufl., Reinbek 2011.

2 Vgl. Kapitel 1, insbes. 24 ff.

3 Vgl. Odo Marquard, *Inkompetenzkompensationskompetenz?* In: ders., *Abschied vom Prinzipiellen*, Stuttgart 1981, 23 ff.

4 Vgl. Robert Spaemann, *Die kontroverse Natur der Philosophie*, in: ders., *Schritte über uns hinaus. Gesammelte Reden und Aufsätze I*, Stuttgart 2010, S. 56–116.

5 Vgl. Herbert Schnädelbach, *Philosophie in Deutschland 1831–1933*, Frankfurt am Main 1983, 131 ff.

6 Vgl. Geert Keil, *Ist Philosophie eine Wissenschaft?*, in: Simone Dietz et. al. (Hg.), *Sich im Denken orientieren. Für Herbert Schnädelbach*, Frankfurt am Main 1996, 32–51.

7 Vgl. Martin Heidegger, *Über den Humanismus* (1946), Frankfurt am Main o.J., 21 f.

8 Vgl. dazu auch Gary Gutting, *What Philosophers Know. Case Studies in Recent Analytic Philosophy*, Cambridge 2009, 5–8. Gutting verfolgt dasselbe Ziel wie dieses Buch, nämlich einen «*substantial body of disciplinary knowledge*» der Philosophen aufzuweisen, freilich im Bereich der neueren Analytischen Philosophie. Deshalb versteht sich das Schlusskapitel über die analytisch-synthetisch-Unterscheidung als Brücke zu dieser wichtigen Publikation. (Den Hinweis darauf verdanke ich Wolfgang Detel.)

9 Jean le Rond d'Alembert, *Discours préleminaire des éditeurs* zur *Encyclopédie* (1751), Oeuvres I, 302.

10 Vgl. Francis Bacon, *Novum Organon*, Aphorismen I, § 70.

11 Noch zu Beginn des 19. Jahrhunderts galt an der Universität Königsberg die Vorschrift, die Dekane sollten bei der Durchsicht der Dissertationen dafür sorgen, «*ne quid novi insit*» [dass nichts Neues darin sei]; zit. nach Wolf Lepenies, *Das Ende der Naturgeschichte*, Frankfurt am Main 1978, 9.

12 Vgl. dazu Herbert Schnädelbach, *Philosophie in Deutschland …*, a.a.O., 106 ff.

13 Wilhelm von Humboldt, *Werke*, hg. von Andreas Flitner und Klaus Giel, Darmstadt 1961, Band IV, 257.

14 Die Konsequenzen für die Disziplingeschichte der Philosophie an der Berliner Universität sind ausgeführt in: Herbert Schnädelbach, *Philosophie auf dem Weg von der System- zur Forschungswissenschaft. Oder: Von der Wissenschaftslehre zur Philosophie als Geisteswissenschaft*, in: Heinz-Elmar Tenorth in Zus. mit Volker Hess und Dieter Hoffmann (Hg.), *Geschichte der Universität Unter den Linden 1810–2002*, Band 4: *Genese der Disziplinen: Die Konstitution der Disziplinen*, Berlin 2010, 151–199. – Dieser Vorgang kann als paradigmatisch gelten für die Entwicklung der deutschsprachigen philosophischen Institute.

15 Vgl. meine ausführlichere Darstellung in: Herbert Schnädelbach, *Philosophie in Deutschland …*, a.a.O., 89–138.

16 Vgl. dazu Herbert Schnädelbach, *Erklären und Verstehen – zwei Welten der Wissenschaft?*, in: Gottfried Magerl / Heinrich Schmidinger (Hg.), *Einheit und Freiheit der Wissenschaft. Idee und Wirklichkeit, hg. von der Österreichischen Forschungsgemeinschaft*, Wien/Köln/Weimar, 7–24.

17 Vgl. dazu meine Streitschrift *Morbus hermeneuticus – Thesen über eine philosophische Krankheit*, in: Herbert Schnädelbach, *Vernunft und Geschichte. Vorträge und Abhandlungen*, Frankfurt am Main 1987, 279–284.

18 Vgl. Herbert Schnädelbach, *Philosophie in Deutschland …*, a.a.O., 131 ff.

19 Vgl. Richard Rorty, *Der Spiegel der Natur. Eine Kritik der Philosophie*, übers. von M. Gebauer, Frankfurt am Main 1981, 283 ff.

20 Vgl. Edmund Husserl, *Philosophie als strenge Wissenschaft*, in: LOGOS, Band I, 1910/11; Buchausgabe hg. von W. Szilasi, Frankfurt am Main 1965.

21 Vgl. Kapitel 14.

22 Adorno berichtete von seinem Aufenthalt in Oxford nach seiner Emigration, es habe ihn erstaunt, dass es dort immer nur auf das bessere Argument angekommen sei. Zu seiner ambivalenten Haltung gegenüber dem Argumentieren vgl. Herbert Schnädelbach, *Dialektik als Vernunftkritik – Zur Konstruktion des Rationalen bei Adorno*, in: ders., *Vernunft und Geschichte*, a.a.O., insbes. 190 ff.

23 Vgl. dazu meine Berliner Abschiedsvorlesung *Das Gespräch der*

Philosophie, abgedruckt in: Herbert Schnädelbach, *Analytische und postanalytische Philosophie. Vorträge und Abhandlungen 4*, Frankfurt am Main 2004, 334–352, insbes. 338 f.

24 Vgl. dazu auch Adorno: «Es käme darauf an, Erkenntnisse zu haben, die nicht absolut richtig, hieb- und stichfest sind …, sondern solche, denen gegenüber die Frage nach der Richtigkeit sich selber richtet.» (*Minima moralia* (1951), § 44, abgedruckt in: *Gesammelte Schriften*, Band 4, Frankfurt am Main 1997, 78 f.)

25 Vgl. Kap. 14.

26 Vgl. dazu Herbert Schnädelbach, *Analytische und postanalytische Philosophie*, a.a.O., 9–44.

27 Dieser Ausdruck, der erst nach 1848 aufkommt, sollte immer in Anführungszeichen gesetzt werden wegen seiner wissenschafts- und ideologiepolitischen Aspekte; vgl. dazu: Walter Jaeschke, *Zur Genealogie des deutschen Idealismus*, in: A. Arndt / W. Jaeschke (Hg.), *Materialität und Spiritualität. Philosophie und Wissenschaft nach 1848*, Hamburg 2000, 219-234.

28 Zur Geschichte der Wertphilosophie vgl. Herbert Schnädelbach, *Philosophie in Deutschland …*, a.a.O., 198–234.

29 Maßgebend war dafür John Locke mit dem 3. Buch seines *Essay Concerning Human Understanding* (1960).

30 «Wenn die Philosophen ein Wort gebrauchen – «Wissen», «Sein», «Gegenstand», «Ich», «Satz», «Name» – und das *Wesen* des Dings zu erfassen trachten, muß man sich immer fragen: Wird denn dieses Wort in der Sprache, in der es seine Heimat hat, je tatsächlich so gebraucht? – Wir führen die Wörter von ihrer metaphysischen, wieder auf ihre alltägliche Verwendung zurück.» (WPU 116)

31 Donald Davidson, *Inquiries in Truth and Interpretation*, Oxford 1984, XIII; die treffende Übersetzung stammt von Joachim Schulte in der deutschen Ausgabe: *Wahrheit und Interpretation*, Frankfurt am Main 1986, 9.

32 Vgl. Michel Foucault, *Die Ordnung der Dinge* (dt. Ausg. von *Les mots et les choses*), Frankfurt am Main 1974, 78 ff.

33 Vgl. Kapitel 5.

34 Die fregesche Verwendung von ‹Sinn› und ‹Bedeutung› wird im Text durch den Index ‹F› angegeben.

35 Vgl. Gottlob Frege, *Sinn und Bedeutung*, in: ders., *Funktion, Begriff, Bedeutung. Fünf logische Studien*, (hg. von G. Patzig, Göttingen 1962, 39).

36 Platon, *Sophistes*, 262a ff.
37 Vgl. Art. Urteil, in: *Historisches Wörterbuch der Philosophie* (HWP), Band 11, Sp. 441 ff.
38 Christoph Rapp, *Aristoteles zur Einführung*, Hamburg 2001, 78 ff.
39 Vgl. Christoph Rapp, *Aristoteles zu Einführung*, a.a.O.
40 Frege sagt dazu: «Wenn die Philosophen von dem ‹absoluten› Sein sprechen, so ist dies eigentlich eine Vergötterung der Kopula», zit. nach einer Besprechung von Wolfgang Kienzler, *Begriff und Gegenstand. Eine historische und systematische Studie zur Entwicklung von Gottlob Freges Denken* (Frankfurt am Main 2009), in: *Information Philosophie*, 2011, Heft 3, 100 f.
41 Kant, *Logik*, § 17.
42 Hume verweist selbst auf Berkeley, in: David Hume, *Ein Traktat über die menschliche Natur*, übers. von Th. Lipps, Hamburg 1904/1989, Band I, 7. Abschnitt.
43 Gottlob Frege, *Funktion, Begriff, Bedeutung*, a.a.O., 65, vgl. auch 70.
44 Vgl. Gottlob Frege, a.a.O., 69.
45 Vgl. Gottlob Frege, a.a.O., 73 f.
46 Dieter E. Zimmer, *So kommt der Mensch zur Sprache*, München 1996, 8.
47 Vgl. David Lewis, *Konventionen. Eine sprachphilosophische Abhandlung*, übers. von. R. Posner, Berlin 1975.
48 Vgl. die klassische Kritik von Noam Chomsky: *A Review of B.F. Skinner's «Verbal behavior»*, zuerst in: Language 35, 1, (1959), 26-58.
49 Berlin 1766; jetzt auch als Googlebook.
50 Eugenio Coseriu, *Geschichte der Sprachphilosophie: Von den Anfängen bis Rousseau*, Bern 2003, 347.
51 Wilhelm von Humboldt, *Ueber die Verschiedenheiten des menschlichen Sprachbaues*, in: *Werke*, a.a.O., Band III, 191.
52 Donald Davidson, *Inquiries in Truth and Interpretation*, a.a.O., 282.
53 Vgl. Helmut Gipper, *Gibt es ein sprachliches Relativitätsprinzip? Untersuchungen zur Sapir-Whorf-Hypothese*, Frankfurt am Main 1972.
54 Vgl. Max Scheler, *Phänomenologie und Erkenntnistheorie*, in: *Gesammelte Werke*, Band 10: Schriften aus dem Nachlass I, 384.
55 Vgl. Kap. 8.

56 Vgl. Charles S. Peirce, *Fragen hinsichtlich gewisser Vermögen, die man für den Menschen in Anspruch nimmt*, in: *Schriften* I, hg. von K.-O. Apel, Frankfurt am Main 1967, 186; hier auch seine Kritik an der Idee der Introspektion.

57 Vgl. dazu Herbert Schnädelbach, *Reflexion und Diskurs. Fragen einer Logik der Philosophie*, Frankfurt am Main 1977.

58 Vgl. Jerry Fodor, *The Language of Thought*, Cambridge/Mass. 1975.

59 Vgl. Thomas Hobbes, *Leviathan*, Kap. 3 und 4.

60 Vgl. Ernst Cassirer, *Philosophie der symbolischen Formen*, 2. Aufl., Darmstadt 1953/1988, Teil I.

61 Ernst Cassirer, *Philosophie der symbolischen Formen*, a.a.O., Teil III, 222 ff.

62 Vgl. Susanne K. Langer, *Philosophie auf neuem Wege. Das Symbol im Denken, im Ritus und in der Kunst* (dt. Ausgabe von *Philosophy in a New Key*, 1942), Frankfurt am Main 1984, 34 ff.

63 Ebd., 86 ff.

64 Theodor W. Adorno, *Negative Dialektik*, Frankfurt am Main 1966, 63.

65 Theodor W. Adorno, *Negative Dialektik*, a.a.O., 25.

66 Georg Christoph Lichtenberg, *Schriften und Briefe*, hg. von W. Promies, 2. Band, Sudelbücher II, München 1971, 412.

67 Vgl. den Titel der Schrift Schellings (1795): *Vom Ich als Princip der Philosophie oder über das Unbedingte im menschlichen Wissen.*

68 Vgl. dazu die klassische Darstellung von Ernst Tugendhat, *Selbstbewußtsein und Selbstbestimmung*, Frankfurt am Main 1979, 68 ff.

69 Analog dazu hat Hegel auf die Ambivalenz des Begriffs ‹Person› hingewiesen: Er bezeichnet zum einen die Würde des Individuums als Rechtssubjekt und dient gleichzeitig als Ausdruck seiner Verachtung (3, 357) – etwa in dem entrüsteten Ausdruck «Diese Person!». So spricht in Thomas Manns *Buddenbrooks* die Konsulin von Christians Freundin Aline Puvogel.

70 Dies ist genauer ausgeführt bei Friedrich Wilhelm Joseph Schelling, *Vom Ich als Princip der Philosophie oder über das Unbedingte im menschlichen Wissen*, a.a.O.

71 Zu Hegels spekulativer Grundfigur vgl. Herbert Schnädelbach, *Hegel zur Einführung*, Hamburg 1999, 14 ff.

72 Vgl. Herbert Schnädelbach, *Über historistische Aufklärung,* in: ders., *Vernunft und Geschichte. Vorträge und Abhandlungen,* Frankfurt am Main 1987, 23 ff.

73 Zur Propositionalitätsthese vgl. Herbert Schnädelbach, *Erkenntnistheorie zur Einführung,* Hamburg 2002, 32 ff.

74 Vgl. den für die deutschsprachige Diskussion wegweisenden Aufsatz von Günther Patzig, *Satz und Tatsache,* in: ders., *Sprache und Logik,* Göttingen 1970, 39 ff.

75 Gottfried Wilhelm Leibniz, *Vernunftprinzipien der Natur und der Gnade,* Hamburg 2002, § 4.

76 *Immanuel Kant über die von der Königl. Akademie der Wissenschaften für das Jahr 1791 ausgesetzte Preisfrage: Welches sind die wirklichen Fortschritte, die die Metaphysik seit Leibnitzens und Wolf's Zeiten in Deutschland gemacht hat,* hg. aus dem Nachlass von F. Th. Rink, Königsberg 1804, A 35.

77 Die folgenden Fichte-Zitate stammen aus seiner nachgelassenen Schrift *Wissenschaftslehre novo methodo* (1798), zit. nach: Manfred Frank (Hg.), *Selbstbewußtseinstheorien von Fichte bis Sartre,* Frankfurt am Main 1991, hier 10.

78 Zum Folgenden vgl. Ernst Tugendhat, *Selbstbewußtsein und Selbstbestimmung,* a.a.O., 50 ff.

79 Vgl. Ernst Tugendhat, a.a.O., 89.

80 Vgl. die Arbeiten von Sydney Shoemaker, in: M. Frank (Hg.), *Analytische Theorien des Selbstbewußtseins,* Frankfurt am Main 1994, 37 ff.

81 Manfred Frank, *Selbstbewußtsein und Selbsterkenntnis,* Stuttgart 1991, 6.

82 Manfred Frank, a.a.O., 7.

83 So der Vorschlag von Hermann Schmitz, der die Bedeutung des affektiven Betroffenseins hervorhebt, in: ders., *Bewußtsein als instabiles Mannigfaltiges,* in: Sybille Krämer (Hg.), *Bewußtsein. Philosophische Beiträge,* Frankfurt am Main 1996, 171.

84 *Immanuel Kant über die von der Königl. Akademie der Wissenschaften für das Jahr 1791 ausgesetzte Preisfrage: Welches sind die wirklichen Fortschritte, die die Metaphysik seit Leibnitzens und Wolf's Zeiten in Deutschland gemacht hat,* a.a.O. A 35.

85 Fragment 15; zit. nach: Jaap Mansfeld (Hg.), *Die Vorsokratiker I,* Stuttgart 1999.

86 Fragment 4, zit. n.: Jaap Mansfeld (Hg.), *Die Vorsokratiker I*, a.a.O.

87 Zum Folgenden vgl. Ernst Topitsch, *Vom Ursprung und Ende der Metaphysik*, Wien 1958.

88 Zit. nach Christoph Rapp, *Vorsokratiker*, München 1991, 72.

89 Eigene Übersetzung des Fr. 1; der griechische Text in M I, 244.

90 Zur Stoa vgl. die Gesamtdarstellung von Maximilian Forschner, *Die stoische Ethik*, Stuttgart 1981.

91 Zit. nach Wilhelm Capelle (Hg.), *Die Vorsokratiker*, Stuttgart 1968, 377.

92 Zit. nach Wilhelm Capelle (Hg.), a.a.O., 369.

93 Vgl. den Klassiker: Wilhelm Nestle, *Vom Mythos zum Logos* (1940), Stuttgart 1998.

94 Vgl. Cicero, *De legibus*.

95 Friedrich Schiller dichtet: «Wenn der Gedrückte nirgends Recht kann finden/ Wenn unerträglich wird die Last – greift er/ Hinauf getrosten Mutes in den Himmel/ Und holt herunter seine ew'gen Rechte/ Die droben hangen unveräußerlich/ Und unzerbrechlich wie die Sterne selbst – / Der alte Urstand der Natur kehrt wieder/ Wo Mensch dem Menschen gegenübersteht.» (Wilhelm Tell, 2. Akt, 2. Szene)

96 Vgl. Rolf Schönberger, *Thomas von Aquin zur Einführung*, Hamburg 1998, 155 f.

97 Vgl. die immer noch aktuelle Darstellung von Heinz Heimsoeth, *Die sechs großen Themen der abendländischen Metaphysik und der Ausgang des Mittelalters*, Darmstadt 1958, Kapitel VI; vgl. auch Josef Pieper, *Scholastik. Gestalten und Probleme der mittelalterlichen Philosophie*, München 1978, Kapitel IX.

98 Vgl. Francis Bacon, *Das Neue Organon (Novum Organon)*, hg. von Manfred Buhr, Berlin 1962, zum Erfahrungsbegriff vor allem 74 ff., auch 110; zum Gottesbezug 15 und 32.

99 Immanuel Kant, *Metaphysische Anfangsgründe der Naturwissenschaft*, A VIII.

100 Vgl. David Hume, *Eine Untersuchung über den menschlichen Verstand*, übers. von Raoul Richter, Hamburg 1955 ff., 54 ff.

101 Vgl. zum Folgenden die Nachweise bei: Geert Keil, *Handeln und Verursachen*, Frankfurt am Main 2000.

102 Vgl. George Berkeley, *Eine Abhandlung über die Prinzipien der menschlichen Erkenntnis*, übers. von Alfred Klemmt, Hamburg 1957 ff., §§ 65 f.

103 Zit. nach Geert Keil, *Handeln und Verursachen*, a.a.O., 242.
104 Vgl. Geert Keil, a.a.O., 244.
105 Vgl. dazu Nancy Cartwright, *How the Laws of Physics Lie*, Oxford 1983.
106 Vgl. Geert Keil, a.a.O., 249.
107 Vgl. Alexis Fritz, *Der naturalistische Fehlschluss*, Freiburg 2009, 110.
108 Vgl. Gerhard Müller, Art. ‹*Utilitarismus*›, in: *Theologische Realenzyklopädie*, Band 34, Berlin / New York 2002, 462.
109 William K. Frankena, zit. nach: Alexis Fritz, *Der naturalistische Fehlschluss*, a.a.O., 111.
110 Der Klassiker ist Richard M. Hare, *The Language of Morals*, Oxford 1952.
111 Vgl. Martin Heidegger, *Nietzsches Wort «Gott ist tot»*, in: ders., *Holzwege*, Frankfurt am Main 1977.
112 Vgl. William K. Frankena, *Der naturalistische Fehlschluß*, in: Günther Grewendorf / Georg Meggle (Hg.), *Linguistik und Philosophie*, Frankfurt am Main 1974, 90.
113 Vgl. William K. Frankena, a.a.O., 87 f.
114 Die von Hegel selbst später wiederholte Argumentation findet sich in der Schrift *Über die wissenschaftlichen Behandlungsarten des Naturrechts* (1802/03), 463 ff. Sie ist auch die Grundlage für Max Schelers antikantianisches Werk *Der Formalismus in der Ethik und die materiale Wertethik* (1913). – Marcus George Singer nennt Hegels Formalismuseinwand «fast unglaublich einfältig»; vgl. ders., *Verallgemeinerung in der Ethik. Zur Logik moralischen Argumentierens*, Frankfurt am Main 1975, 291.
115 Vgl. dazu Herbert Schnädelbach, *Hegel zur Einführung*, Hamburg 1999, 135 f.
116 Vgl. dazu die einschlägigen begriffsgeschichtlichen Artikel von Reinhart Koselleck, in: Otto Brunner / Werner Conze / Reinhart Koselleck, *Geschichtliche Grundbegriffe*, 8 Bände, Stuttgart 2004.
117 Vgl. Karl Kautsky, *Ethik und materialistische Geschichtsauffassung* (1906), Auszug abgedruckt in: Hans Jörg Sandkühler / Rafael de la Vega (Hg.), *Marxismus und Ethik*, Frankfurt am Main 1974, 193 ff. Diese explizit gegen Kant, den Neukantianismus, aber auch den «ethischen Sozialismus» in der II. Internationale (insbes. Eduard Bernstein) gerichtete Ethikauffassung wurde von Hans Jörg Sandkühler in verschärfter Form erneut vorgetra-

gen im o.g. Werk, I ff. und 7 ff. Lenin soll sie auf «einen Nenner» gebracht haben: «Unsere Sittlichkeit ist von den Interessen des proletarischen Klassenkampfes abgeleitet.» (Ebd. VII)

118 Karl Marx, *Das Kapital I*, Berlin 1959, 18.

119 Vgl. Michael Stürmer, *Das ruhelose Reich. Deutschland 1866–1918*, Berlin 1983, 226. – Bismarck soll sich 1875 sogar selbst in einem Gespräch mit Schmoller als Kathedersozialisten bezeichnet haben, so Wikipedia, Art. Gustav Schmoller.

120 Michael Stürmer, *Das ruhelose Reich*, a.a.O., 269.

121 Vgl. Herbert Schnädelbach, *Die Sprache der Werte*, in: ders., *Analytische und postanalytische Philosophie*, a.a.O., 266 ff.

122 Vgl. dazu die unklare und unzureichend kompetente Einleitung Adornos zu: Theodor W. Adorno, Hans Albert et. al. (Hg.), *Der Positivismusstreit in der deutschen Soziologie*, Berlin/Neuwied 1969, insbes. 71 ff.

123 Zu dieser Unterscheidung vgl. Johannes Erich Heyde, *Wert. Eine philosophische Grundlegung*, Erfurt 1926, 7.

124 Vgl. Georg Henrik von Wright, *The Varieties of Goodness*, London 1963.

125 «Der Wertebegriff ist ein Begriff für die von Umständen abhängige schwankende Schätzung von Gütern und Tugenden, aber doch nicht selbst ein Gut oder eine Tugend.» (Hermann Lübbe, *Freiheit und Pluralisierung der Religion*, in: Zur Debatte 2/2011, S. 24.)

126 So zum Beispiel Robert B. Brandom, *Expressive Vernunft* (dt. Ausg. von *Making it explicit*), Frankfurt am Main 2000.

127 Martin Heidegger, *Holzwege*, Frankfurt am Main 1977, 227.

128 Vgl. meine Darstellung in: *Philosophie in Deutschland …*, a.a.O., 230.

129 Vgl. Reinhard Mehring, *Carl Schmitt zur Einführung*, Hamburg 2001, 119.

130 Reinhard Mehring, a.a.O., 119.

131 Arthur C. Danto, *Analytical Philosophy of Action*, Cambridge 1973, 8 ff. (meine Übers.).

132 Vgl. Joel Feinberg, *Handlung und Verantwortung*, in: Georg Meggle (Hg.), *Analytische Handlungstheorie*, Band 1: *Handlungsbeschreibungen*, Frankfurt am Main 1977, 186 ff.

133 Vgl. Hannah Arendt, *Vita activa oder Vom tätigen Leben*, Stuttgart 1960.

134 Vgl. dazu Michael Pauen, *Illusion Freiheit? Mögliche und unmögliche Konsequenzen der Hirnforschung*, Frankfurt am Main 2004; dazu entgegengesetzt: Geert Keil, *Willensfreiheit*, Berlin/New York 2007; auch: ders., *Willensfreiheit und Determinismus. Grundwissen Philosophie*, Stuttgart 2009.

135 Denn sonst könnte man mit Karl Valentin sagen: «Wollen hätt' er schon mögen, aber dürfen hat er sich nicht getraut.» – Zur Theorie der Willensakte vgl. Gilbert Ryle, *Der Begriff des Geistes* (dt. Ausg. von *The Concept of Mind*, Oxford 1949), Stuttgart 1969, 78 ff.

136 Zu diesem Kapitel vgl. die ausführliche Darstellung in: Herbert Schnädelbach, *Vernunft. Grundwissen Philosophie*, Stuttgart 2007.

137 Die akademische Skepsis war die leitende Lehre in der späteren, von Platon gegründeten Akademie; ‹pyrrhonisch› wird die viel radikalere Tradition der Skepsis genannt, die von Pyrrho von Elis um 320 v. Chr. begründet wurde.

138 Friedrich Schiller, *Die Jungfrau von Orleans*, III, 6.

139 Seit Jahren häufen sich Titel wie *Analytische Philosophie des Geistes* (Bieri/Beckermann), *Analytische Philosophie der Erkenntnis* (Bieri) oder *Analytische Einführung in die Ethik* (Birnbacher), daneben gibt es auch: analytische Sprachphilosophie, analytische Religionsphilosophie etc.

140 Vgl. als prominentes Beispiel den Sammelband: Hans-Johann Glock / Kathrin Glüer / Geert Keil (Hg.), *Fifty Years of Quine's «Two Dogmas»*, Amsterdam / New York 2003.

141 Vgl. Donald Davidson, *Wahrheit und Interpretation*, a.a.O., 261 ff.

142 Vgl. Geert Keil, *Kritik des Naturalismus*, Berlin / New York 1993; vgl. auch: Geert Keil / Herbert Schnädelbach (Hg.), *Naturalismus. Philosophische Beiträge*, Frankfurt am Main 2000.

143 Vgl. das Interview von Kathrin Glüer mit Donald Davidson, in: dies., *Donald Davidson zur Einführung*, Hamburg 1993, 156 ff.

144 Vgl. Hans-Johann Glock / Kathrin Glüer / Geert Keil (Hg.), *Fifty Years of Quine's «Two Dogmas»*, a.a.O., 7.

145 S.o., Kapitel 3.

146 Vgl. Herbert Schnädelbach, *Reflexion und Diskurs. Fragen einer Logik der Philosophie*, Frankfurt am Main 1977, 277 ff.; vgl. auch: Verena Mayer, *Implicit Thoughts: Quine, Frege and Kant on Ana-*

lytic Propositions, in: Hans-Johann Glock / Kathrin Glüer / Geert Keil (Hg.), *Fifty Years of Quine's «Two Dogmas»*, a.a.O., 61 ff.

147 Michael Dummett, *Ursprünge der analytischen Philosophie*, übers. von Joachim Schulte, Frankfurt am Main 1988, 11.

148 Odo Marquard, *Schwierigkeiten mit der Geschichtsphilosophie*, Frankfurt am Main 1973, 22.

149 Vgl. dazu Bernhard Waldenfels, *Phänomenologie in Frankreich*, Frankfurt am Main 1983.

150 Jörg Zimmermann, *Wittgensteins sprachphilosophische Hermeneutik*, Frankfurt am Main 1975.

151 Vgl. Herbert Schnädelbach, *Analytische und postanalytische Philosophie*, a.a.O., 35 ff.